管党治党新思想

易海云◎著

党建读物出版社

图书在版编目(CIP)数据

管党治党新思想 / 易海云著. —北京 : 党建读物出版社, 2016. 7 (2016. 9 重印)

ISBN 978 - 7 - 5099 - 0763 - 4

Ⅰ. ①管… Ⅱ. ①易… Ⅲ. ①中国共产党—党的建设—研究 Ⅳ. ①D26

中国版本图书馆 CIP 数据核字(2016)第 146541 号

管党治党新思想

GUANDANG ZHIDANG XIN SIXIANG

易海云　著

责任编辑：刘宗琴
责任校对：张学民
封面设计：嘉信一丁
出版发行：党建读物出版社
地　　址：北京市西城区南横东街 6 号（邮编:100052）
网　　址：http://www. djcb71. com
电　　话：010 - 58587632/7681
经　　销：新华书店
印　　刷：保定市中画美凯印刷有限公司

2016 年 7 月第 1 版　2016 年 9 月第 3 次印刷

710 毫米 × 1000 毫米　16 开本　17. 75 印张　228 千字

ISBN 978 - 7 - 5099 - 0763 - 4　定价：39. 00 元

序　认真学习贯彻习近平总书记党建思想进一步开创全面从严治党新局面

江金权*

党的十八大以来，习近平总书记带头践行党要管党、从严治党，就加强和改进新形势下党的建设提出了一系列新思想、新观点、新论断、新要求，涵盖党的思想建设、组织建设、作风建设、反腐倡廉建设和制度建设各个方面，形成了一个系统的、开放的、发展的执政党建设思想理论体系，为从严管党治党提供了强大的理论武器和行动指南。

全面从严治党，是习近平总书记党建思想的一条主线，也是它的鲜明主题。从严治党是我们党的一贯要求。习近平总书记强调全面从严治党，不仅是对我们党从严治党优良传统的继承，而且是一个新发展，因为全面从严治党不仅强调"严"，而且强调"全"，同时赋予"严"字很多新内涵，因而是一个新要求。"全"，首先是指全要素，就是要把从严治党贯彻落实到管党治党的各个方面，不能是某些方面严、某些方面宽，某些方面紧、某些方面松；其次是指全过程，就是要把从严治党贯彻落实到管党治党的始终，不能严一阵宽一阵、紧一阵松一阵。全面从严治党，以其"全""严"二字，构成了习近平总

* 作者时任中共中央党的建设工作领导小组成员兼秘书组组长，中共中央政策研究室副主任、研究员；现任中央纪委驻国资委纪检组组长、国资委党委委员。

书记党建思想的鲜明特色。

全面从严治党这个新概念、新要求，是习近平总书记于 2014 年 12 月在江苏考察时第一次提出来的，但这个重要思想贯穿于他系列重要讲话的始终。仔细研读习近平总书记系列重要讲话不难发现，凡涉及党的建设问题时，他使用最多的词就是“党要管党、从严治党”，几乎每次讲话都强调“党要管党、从严治党”。特别是在中央纪委历次全体会议、全国组织工作会议、全国宣传工作会议、全国政法工作会议和关于党的群众路线教育实践活动的一系列讲话中，他都从不同层面、不同角度深刻阐述了从严治党问题。在党的群众路线教育实践活动总结大会上的重要讲话中，他深刻阐述了从严治党的重大意义，提出了从严治党的八项要求，吹响了从严治党进军号。在党的十八届四中全会上的重要讲话中，他再次强调要落实从严治党责任制，并从持之以恒抓好作风建设、坚定不移推进反腐败斗争、严守党的政治纪律和政治规矩等方面对落实从严治党方针作出深刻阐述。可见，全面从严治党是习近平总书记党建思想的主题和主线，他的一系列重要论述，都是围绕全面从严治党来展开的，是全面从严治党的具体化。

习近平总书记深刻阐述了全面从严治党的重大意义。他指出，坚持全面从严治党，事关党和人民事业成败，事关党的生死存亡。在全国组织工作会议上的重要讲话中，他说：“党要管党，才能管好党；从严治党，才能治好党。……如果管党不力、治党不严，人民群众反映强烈的党内突出问题得不到解决，那我们党迟早会失去执政资格，不可避免被历史淘汰。这决不是危言耸听。”在党的群众路线教育实践活动总结大会上的重要讲话中，他指出：“历史使命越光荣，奋斗目标越宏伟，执政环境越复杂，我们就越要增强忧患意识，越要从严治党，做到‘为之于未有，治之于未乱’，使我们党永远立于不败之地。全党同志必须在思想上真正明确，党的执政地位和领导地位并不是自然而然就能长期保持下去的，不管党、不抓党就有可能出问题甚至出大问题，结果不只是党的事业不能成功，还有亡党亡国的危险。”

全面从严治党重要思想，贯穿于习近平总书记抓党建实践的始终。党的十八大以来，以习近平同志为总书记的党中央聚精会神抓党的建设，一个鲜明特点就是坚持从严治党。中央政治局作出了改进工作作风、密切联系群众的“八项规定”，体现的是从严治党；坚持“老虎”“苍蝇”一起打，毫不容情地惩治腐败，体现的是从严治党；扎实开展党的群众路线教育实践活动，对作风之弊、行为之害来一次大排查、大扫除、大检修，重拳打击形式主义、官僚主义、享乐主义和奢靡之风，体现的是从严治党；开展“三严三实”专题教育，体现的是从严治党；开展“两学一做”学习教育，体现的是从严治党；提出好干部二十字标准，强调领导干部要忠诚干净担当、为官有为，体现的是从严治党。

习近平总书记提出全面从严治党，不仅是着眼于管党治党，而且着眼于治国理政。我们党是执政党，管党治党的科学化水平，不仅直接关系到党的先进性和纯洁性，而且直接关系到党的执政能力，关系到国家的长治久安，关系到中国特色社会主义的前途命运。因此，治国必先治党，治党务必从严。党的十八大以来，习近平总书记提出并形成了全面建成小康社会、全面深化改革、全面依法治国、全面从严治党的战略布局。在“四个全面”战略布局中，全面从严治党既是重要组成部分，又是根本保障。就是说，全面从严治党不仅是提高党的建设科学化水平，加强党的执政能力建设、先进性和纯洁性建设的需要，而且是全面深化改革、全面依法治国的需要，是全面建成小康社会、实现中华民族伟大复兴中国梦的根本保证。

习近平总书记提出全面从严治党，具有很强的现实针对性。在党的群众路线教育实践活动总结大会上的重要讲话中，习近平总书记指出：“以毛泽东、邓小平、江泽民同志为核心的党的三代中央领导集体和以胡锦涛同志为总书记的党中央都高度重视从严治党，党的十八大以来党中央在从严治党上进行了新探索。通过长期实践和探索，我们在从严治党上取得了重大成果、积累了重要经验，总体做得是好的。”“同时，我们也要看到，这些年来，在一些地方和单位，‘四风’问题越积越多，党内和社会上潜规则越来越盛行，政治生态和社会环境受到污染，根子就在从严治党没有做到位。有些地方和单位看起来党在管党治党，但没有管到位上，没有严到份儿上。这次活动之所以能取得明显成效，原因就是我们坚持言必信、行必果，认认真真管，实实在在严。这说明，只要真管真严、敢管敢严、长管长严，而不是管一阵放一阵、严一阵松一阵，就没有什么解决不了的问题，就不至于使小矛盾积重难返、小问题酿成大患。”我们党是一个严肃的马克思主义政党，管党治党必须讲严格、讲认真。严治才是真治，“抓而不紧，等于不抓”。因此，从严治党必须是全要素、全过程的“严”，换言之就是要“全面严”“常态严”。

习近平总书记还把“从严”作为治国理政的一个基本方针。他指出：“世间事，做于细，成于严。从严是我们做好一切工作的重要保障。我们共产党人最讲认真，讲认真就是要‘严’字当头，做事不能应付，做人不能对付，而是要把讲认真贯彻到一切工作中去，作风建设如此，党的建设如此，党和国家一切工作都如此。一切何必当真的观念，一切干一下得了的想法，一切得过且过的心态，都是对党和人民事业有大害而无一利的，都是万万要不得的！”

那么，习近平总书记关于实现全面从严治党重要思想包括哪些基本内容呢？实际上，习近平总书记在党的群众路线教育实践活动总结大会上的重要讲话中对此已经作了集中阐述。他指出：“这次教育实践活动，对我们探索新形势下从严治党的特点和规律具有十分重要的牵引作用。从严治党必须具体地而不是抽象地、认真地而不是敷衍地落实到位，这是这次活动给我们提供的最深刻的启示。全党要以此为起点，在从严治党上继续探索、不断前进。”他强调“不是管一阵放一阵、严一阵松一阵”，而是要“真管真严、敢管敢严、长管长严”，讲的是从严治党要贯彻党的建设全过程；他提出从严治党八项要求，讲的就是从严治党要贯彻党的建设全要素。就是说，虽然总书记当时尚未使用全面从严治党这个概念，但所阐述的就是全面从严治党的基本内涵和基本要求。

2014 年 11 月，习近平总书记在福建调研时再次强调，从严治党从治理“四风”起步，也要从治理“四风”延伸。各级党组织要认真按照党章办事，把对党组织的管理和监督、对党员干部特别是领导干部的管理和监督、对党内政治生活的管理和监督在标准上严格起来，在内容上系统起来，在措施上完善起来，在环节上衔接起来，做到不漏人、不缺项、不掉链，使存在的问题能及时发现，发现的问题能及时解决，解决一个问题能举一反三、触类旁通。这段论述，进一步丰富了全面从严治党的思想内涵。

2015 年 6 月 26 日，在中共中央政治局会议上，习近平总书记指出，全面从严治党任务艰巨繁重，党要管党、从严治党，必须有坚强的制度作保证，首先是把党的纪律和规矩立起来、严起来，执行到位。党的性质和宗旨都决定了纪严于法、纪在法前，要把执纪和执法贯通起来，把党的纪律和规矩挺在前面，用纪律和规矩管住大多数，做到有规在先、抓早抓小，使全体党员、干部严格执行党规党纪，模范遵守国家法律法规。这段论述，阐述了制度治党、依规治党的重要意义，同样进一步丰富了全面从严治党的思想内涵。

习近平总书记不仅提出了全面从严治党这个重大命题，确立了新形势下执政党建设的主题，而且坚持问题导向、革旧布新，在党的思想建设、组织建设、作风建设、反腐倡廉建设和制度建设各方面提出了一系列新思想、新观点、新论断、新要求，赋予全面从严治党全新的、丰富的思想内涵和实践要求，具有高度的思想性、理论性、时代性、针对性和可操作性。围绕全面从严治党这个主题，总书记先后提出了党章是全党必须遵循的总章程总规矩，坚持和用好党内政治生活的“四大法宝”，恢复批评和自我批评“利器”本色，补好精神之“钙”，从严治党关键是从严治吏，好干部必须坚持二十字标准，领导干部要忠诚干净担当、做到“三严三实”，党员干部要守纪律讲规矩，年轻干部要多“墩墩苗”，择天下英才而用之，作风建设永远在路上，把权力关进制度的笼子，坚决反对特权思想和特权现象，对腐败要零容忍、坚持“老虎”“苍蝇”一起打，领导干部在意识形态斗争面前不能“爱惜羽毛”，等等。这一系列理论创新观点和新要求及其构成的理论体系，既符合马克思主义政党建设基本原理，又符合当代中国国情党情，既符合马克思主义执政党建设的一般规律，又具有中国特色、时代特色，读起来耳目一新，悟起来思想深刻，用起来富有实效（党的十八大以来的实践已充分证明），是马克思主义执政党建设理论的最新成果，是全面从严治党的理论武器和行动指南。只有把这些新思想、新观点、新论断、新要求学习好、贯彻好、落实好，全面从严治党的新局面才能真正形成。

加强理论研究是学习、贯彻习近平总书记全面从严治党重要思想的重要环节。近两年，研究习近平总书记全面从严治党重要思想的热潮正在兴起，并取得了不少成果。年轻学者易海云同志的《管党治党新思想》就是这些研究成果中比较系统、全面的一个。初稿甫成，作者就送我征求意见，并索序于我。见到这个比较系统、全面的研究成果，我眼睛一亮，饶有兴致地阅了两遍，提出了一些修改参考意见。仔细阅读该书，我觉得有这么几个鲜明特点：

一是梳理系统，研究深入。党的十八大以来，习近平总书记坚持问题导向，对党要管党、从严治党发表了一系列重要讲话。作者在认真学习、反复研读总书记这一系列重要讲话的基础上，从党的思想建设、组织建设、作风建设、反腐倡廉建设、制度建设等方面作了比较系统的梳理、研究，提炼形成了坚持思想建党、严肃党内政治生活、从严推动组织建设、持续深入改进作风、坚定不移惩治腐败、严明党的纪律、坚持制度治党、落实从严治党责任等总书记关于全面从严治党的核心思想。同时，作者还对总书记全面从严治党思想形成的国际国内时代背景、重大意义和主要特点作了阐述和概括。这有助于读者从总体上把握习近平总书记全面从严治党重要思想的理论体系。

二是概括精准，抓住要害。习近平总书记全面从严治党重要思想内容全面、内涵丰富、针对性和指导性非常强，是新时期管党治党的行动指南。作者在坚持读原著学原文悟原理的基础上，深刻把握总书记全面从严治党重要思想的精髓要义、科学真理和具体指向，对一些新提法、新表述、新概括作了深入研究。书稿中的每一个章节、每一个标题、每一段引文，都是总书记全面从严治党重要思想最核心的观点、最经典的论述、最全新的内容。比如，坚定理想信念，补足精神之"钙"；加强党性修养，增强政治定力；增强党内政治生活的政治性原则性战斗性；择天下英才而用之；对作风之弊、行为之垢来一次大排查、大检修、大扫除；坚持以零容忍态度惩治腐败；严明党的政治纪律和政治规矩；制度治党是管党治党最有效的方式；把抓好党建作为最大的政绩等，这些内容都是习近平总书记全面从严治党重要思想理论体系中的核心观点。

三是深挖渊源，论证有据。习近平总书记全面从严治党重要思想，是党的建设伟大实践成功经验的正确总结，是着眼于新的历史条件下管党治党的战略判断。作者对习近平总书记全面从严治党思想的新观点，基本上都从马克思主义经典作家、党和国家的历代领导人等重要论述中作一些引证，以论证总书记提出新观点的理论渊源，增强说服力和穿透力。比如，总书记提出"群众路线是党的生命线和根本工作路线"这一新观点，作者就将马克思主义群众观作了一些必要的阐述，以论证这一新观点是在坚持与继承基础上的与时俱进。还比如，总书记提出“坚持‘老虎’‘苍蝇’一起打”这一新论断，作者就将恩格斯、毛泽东、邓小平、江泽民、胡锦涛等关于反腐败的重要论述予以引证，以增强其可行性和必要性，等等。通过这些引证和论述，来说明习近平总书记全面从严治党重要思想与马克思主义党建理论是既一脉相承而又与时俱进的关系。

四是语言简洁，恰如其分。习近平总书记全面从严治党重要思想语言鲜活生动、通俗易懂、形象直白，既有温馨的亲和力、感染力，又有强烈的震撼力、冲击力。作者通篇把总书记关于全面从严治党思想的重要观点，直接作为章、节、部分的标题，比如，作风建设永远在路上、牢固树立大抓基层的鲜明导向、用好巡视这把反腐“利剑”、党章是根本大法、把权力关进制度的笼子里等，这些都是总书记的原话，放在标题上起到画龙点睛作用。同时，作者对每一章节、每一部分的论述，语言较为简洁、文字较为干净、表达较为充分，力求在表述方式、文字风格上与习近平总书记系列重要讲话保持一致。

当然，习近平总书记全面从严治党重要思想是一个开放的理论体系，仍然会随着实践的发展而不断发展。仅从这个意义上讲，对习近平总书记全面从严治党重要思想的研究才刚刚开始。因此，《管党治党新思想》只是一个阶段性成果，而且某些部分可能有更好的概括、表述方式。不过，对一部初创之作，我们没有必要求全责备。

是为序。

2016 年 4 月 11 日

目　录

第一章　全面从严治党思想产生的时代背景、重大意义和主要特点

党的十八大以来，习近平同志发表了一系列重要讲话，涉及政治、经济、文化、社会、生态、外交、军事以及党的建设等诸多领域，提出了许多新思想、新观点、新概括、新论断、新要求。其中，关于加强和改进党的建设的论述非常丰富，涵盖党的思想建设、组织建设、作风建设、反腐倡廉建设和制度建设等方方面面。这些重要论述，不是笼统地就党建谈党建，而是始终贯穿一个很鲜明的主题，这就是全面从严治党。2014 年 12 月，习近平同志在江苏考察时，首次提出“全面从严治党”重大战略举措，与全面建成小康社会、全面深化改革、全面依法治国一起，构成新时代条件下坚持和发展中国特色社会主义的重大战略布局。由“从严治党”到“全面从严治党”，是党的建设理论的重大创新，对继续推进党的建设新的伟大工程、实现“两个一百年”奋斗目标和中华民族伟大复兴的中国梦，具有重大战略意义和现实意义，其特点非常鲜明突出。

第一节　国际国内环境的深刻影响

进入新世纪新阶段，世情、国情、党情正在发生深刻变化，三者相互影响、相互渗透、相互作用的特点更加突出。习近平同志坚持用时代发展眼光审视，科学判断这些变化对党的建设提出的新要求，坚持问题导向，强化责任担当，以改革创新精神不断推进党的建设实践

创新、理论创新、制度创新。习近平同志在江苏调研时强调，要全面贯彻党的十八大和十八届三中、四中全会精神，落实中央经济工作会议精神，主动把握和积极适应经济发展新常态，协调推进全面建成小康社会、全面深化改革、全面推进依法治国、全面从严治党，推动改革开放和社会主义现代化建设迈上新台阶。从“三个全面”到“四个全面”，标志着我们党把全面从严治党作为重要的战略举措，也标志着习近平同志全面从严治党思想的成熟，该思想的产生、发展、形成，具有深厚的现实背景和历史背景。

一、国际环境的深刻影响

当今世界正处在大发展大变革大调整时期。世界多极化、经济全球化深入发展，科技进步日新月异，国际金融危机影响深远，世界经济格局发生新变化，国际力量对比出现新态势，全球思想文化交流交融交锋呈现新特点，综合国力竞争和各种力量较量更趋激烈，给我国发展带来新的机遇和挑战。和平与发展仍是当今时代主题，但国际战略竞争和矛盾也在发展，综合国力竞争日趋激烈，世界仍很不安宁，世情发生深刻变化，对习近平同志形成全面从严治党思想产生深刻影响。

（一）经济全球化深入发展

经济全球化是国家、民族经济关系跨越自身疆界的显著变化，是生产力发展的要求，是第二次世界大战后新科技革命推动的结果，是不以人的意志为转移的客观趋势。目前，经济全球化一个重要趋势是从西方主导变成西方失势，全球治理中“南升北降”明显。世界经济仍旧行进在坎坷复苏的道路上，发达经济体经济冷热不一，新兴市场和发展中经济体步入经济结构调整进程，经济增速进一步放缓。全球经济复苏基本面巩固，各国经济复苏格局分化，增长步伐存在明显差别，不同发达经济体中，美国经济稳健，欧盟经济持续低迷，日本经济徘徊在衰退边缘，发达国家乃至全球经济加剧分化；新兴市场和发展中经济体面临内外部挑战，经济发展总体持续放缓，表现也不尽相同。各国经济走势分化、结构分化、周期分化以至于应对政策分化的现象还将持续。在全球化时代，各国相互依存加深，愈发形成利益与命运共同体。在相互关系日益密切的同时，相互间的矛盾和摩擦也会趋向尖锐化。

2014 年 10 月 29 日，美国联邦公开市场委员会宣布停止资产购买，从而结束了 2008 年 11 月以来非常规的数量宽松货币政策。这一调整的外溢效应给其他经济体带来了巨大压力。尽管美联储已经开始退出数量宽松货币政策，但欧元区和日本等发达经济体却与美国背道而驰，继续实施战后最大规模的扩张性货币政策。新兴市场经济体进入中高速增长周期。国际货币基金组织数据显示，新兴市场经济体国内生产总值年均增长率一路从 2010 年的 7.5% 降到 2014 年的 4.4%。究其原因，首先，多年超低利率环境已经随着美国货币政策转向而消失；其次，随着增速放缓和非常规激励效能不断减弱，大宗商品繁荣周期走到尽头；再次，前一阶段各国改革带来的红利丰厚期进入尾声，支撑经济增长的政府剩余潜能遭到削弱；最后，发达经济体的开放周期发生改变，他们趋向构建更符合自身利益的国际经贸规则体系，新兴市场经济体面临外部环境恶化的挑战。

近年来，世界经济复苏形势基本得以巩固，劳动力市场持续改善，物价稳中有降，公共债务水平总体稳定。与此同时，各经济体经济增速分化加剧，国际贸易与对外直接投资仍处于低速增长通道，大宗商品价格波动显著。政治、经济、地缘等各种因素相互交织和对世界经济影响加深，世界经济仍处在国际金融危机后的深度调整期。预计今后几年世界经济仍将面临诸多不稳定、不确定因素，复苏道路依然曲折，大幅回暖的概率较小。

国际金融危机爆发后，全球经济进入深度调整，需要总体收缩，国际上以埃里安为代表的学者将这种全球经济增长的长期低迷，称为全球经济新常态。在2014年底召开的中央经济工作会议上，习近平同志系统地阐述了我国经济发展新常态。与国际上相比，习近平同志用“新常态”来概括我国当前的新阶段，是在全面调查、客观分析国内外政治经济形势的基础上，对我国经济社会发展阶段结构性变化作出的科学判断。面对我国经济发展新常态，对习近平同志全面从严治党思想提出新的要求，需要发扬钉钉子的精神，推进全面深化改革和创新发展，需要党员干部转换观念，提高认识，改进方法，加倍努力。

（二）世界多极化更趋明朗

认识当今世界格局，需要从20世纪末到21世纪初，两个10年美国历史地位的变化来思考分析。20世纪90年代，美国作为唯一超级大国，在国际体系中居于明显的主导地位。21世纪以来，形势逐步发生变化，美国相继发动了阿富汗战争和伊拉克战争，使自身陷入被动局面，而2008年发生的国际金融危机，进一步削弱了美国的地位。伴随美国力量的下降，西方大国与新兴大国的地位与影响呈现了此消彼长的态势，二十国集团取代八国集团成为世界经济的主要论坛，以“金砖国家”为代表的新兴经济体地位与影响显著上升，使世界多极化的趋势更加明显，出现一超多强和多个力量中心。美国对国际事务的主导能力呈下降趋势，但其主导地位发生根本改变需要更长时间。虽然新兴大国的地位与影响明显上升，但都无意也没有能力替代美国的领导地位。

传统安全与非传统安全问题交织，国际安全挑战更加复杂多样。国际安全形势处于总体稳定、局部动荡、风险增多的过渡期，国际矛盾和斗争具有尖锐性，和平与发展的时代主题不会改变。国际安全领域大事频发，全球安全形势总体稳定，但地区安全局势动荡面显著上升，国际安全挑战日益增多，国际安全格局发生微妙变化，加强国际安全合作需求上升、难度加大。美国“控局能力”和意愿下降，战略重心“内倾”和“东移”，对外战略总体收缩且不负责任，致使此前美国对外扩张干涉乃至侵略颠覆造成的后遗症集中爆发，地区局势动荡面显著上升。乌克兰危机引发冷战结束以来最激烈的大国对抗，传统地缘政治回归态势明显。表面看，乌克兰危机源于乌克兰民众在“西向”还是“东向”的国家发展方向上的冲突，深层原因则是俄美欧对乌克兰的激烈角逐。冷战思维和军事同盟逆势发展，亚太安全环境趋于复杂。美国继续推进“亚太再平衡”战略，强化同盟体系，加大军事投入，引发地区国家间关系紧张，对地区稳定构成严重挑战。西亚北非国家转型艰难，地区安全局势持续动荡。“阿拉伯之春”带来的动荡持续深化，各国经济恶化，社会矛盾突出，极端势力迅速扩张，地区局势不容乐观。“伊斯兰国”活动猖獗，恐怖主义已从非传统安全威胁发展成当今世界最主要的安全问题之一。埃博拉病毒肆虐西非多国，重大传染性疾病成为国际安全新威胁。

互联网与信息技术迅猛发展，深刻影响人类社会发展进程。信息技术的发展，创造着新的经济活动形态、新的社会治理模式、新的生活方式，人类社会与经济生活由现实世界转入现实与虚拟两个世界，网络已经嵌入了人类的整个社会运行，网络赋予国家安全新内涵。2013 年“斯诺登事件”不仅折射了美国网络霸权，而且也为各国的国家安全敲响了警钟。21 世纪一个重要趋势是各国更加从战略上重视网络与信息安全，纷纷制定本国网络安全战略，同时在国际上争夺网络规则制定权。网络对世界的影响力和塑造力越来越大，网络空间已发展成大国政治新的竞争场，对国家安全带来新的挑战。

面对世界多极化明朗趋势，我们党要更好统筹国际国内两个大局，夯实走和平发展道路的基础。习近平同志指出：“走和平发展道路，是我们党根据时代发展潮流和我国根本利益作出的战略抉择。”“世界繁荣稳定是中国的机遇，中国发展也是世界的机遇。和平发展道路能不能走得通，很大程度上要看我们能不能把世界的机遇转变为中国的机遇，把中国的机遇转变为世界的机遇，在中国与世界各国良性互动、互利共赢中开拓前进。”① 这些需要我们党加强与世界各国政党交流，营造良好的和平发展环境。需要我们党更加注重自身建设，提高与各国政党打交道的能力。

（三）我国周边环境总体稳定

发展同周边国家睦邻友好关系是我国周边外交的一贯方针，也是实现“两个一百年”奋斗目标、实现中华民族伟大复兴中国梦的需要。通过深耕周边，践行“亲、诚、惠、容”理念，我国同14个陆邻国关系总体和睦稳定，同绝大多数陆邻国建立了战略伙伴关系，各方面友好合作继续深化。通过提出“一带一路”等战略构想，形成各类合作机制和平台，让周边国家搭乘我国发展机遇的顺风车，深化了同周边国家的利益融合，增强了周边国家对我国的向心力。初步形成东西联动、海陆互补的有利战略态势。在稳固北方战略利益格局背景下，关照南部战略利益格局的转化，形成有利于我国以北（俄罗斯）促西（中亚）的战略大格局，加大对西南部（印巴—南亚）与东南部（东盟）战略缝隙的经营。“东稳、西进、北固、南下”的周边战略蓝图清晰显现。但是，在东海、南海和朝鲜半岛三个重要战略方向的安全形势依然严峻。日本在军事安全领域强行推进保守政策，民意基础严重受损，在钓鱼岛和历史问题上坚持错误言行，导致中日关系持续走低，陷入邦交正常化以来最困难局面，与我国战略互惠名存实亡，经贸、投资、文化等交往合作继续滑坡。2014年以来，日方表现出改善对华关系的一些积极姿态，在双方达成四点原则共识基础上，两国领导人在北京亚太经合组织会议期间举行了会见，但出现僵局的症结并未解决，远未达到“拨开乌云见明月”的程度。越南借我国在西沙群岛钻探作业为由，引发部分地区针对中资企业和人员的暴力打砸抢烧事件，导致中越南海争

---

① 《习近平谈治国理政》，外文出版社2014年版，第247页、第248页。

端急剧升温，中越关系骤然恶化，跌至关系正常化20多年来最低点。后来双方虽然采取了种种措施修复关系，但中越之间固有矛盾并未解决，政治、战略互信缺失，民意基础严重受损，加上越南国内政情复杂尖锐，中越恢复和发展全面合作战略伙伴关系难度很大。中菲关系继续深陷低谷，虽然北京亚太经合组织会议期间，中菲元首接触交谈，但南海争端依然是修复和发展两国关系的最大障碍。朝鲜半岛冷战格局没有改变，朝核问题仍处于僵持阶段，重启六方会谈几经努力未见成效，半岛局势仍有诸多不测因素。

美国加大渗透和影响，蓄意在我国周边制造紧张气氛。美国同日本、韩国、菲律宾双边联盟有所加强，同新加坡、越南、印度尼西亚、马来西亚等新老伙伴关系有不同程度的提升，对某些国家采取"软实力、巧外交"战术，试图通过非政府组织引发"颜色革命"，伺机介入并影响其"政治民主化"进程。继续主导跨太平洋战略经济伙伴关系协定（TPP）谈判，从经济上掌控东亚。计划大量增加资金用以支持并帮助训练东南亚国家军队，加强小型盟国海上军事袭扰能力和外交反制力，同印度和越南等国家建立伙伴关系，企图将印度发展成为海陆兼顾和战略平衡大外交的支点，不断插手东海和南海事务，在我国同有关国家的岛礁主权归属争端中偏袒日本、菲律宾、越南。同日本、韩国、菲律宾、泰国、印度等国频频举行联合军演，或明或暗以我国为假想敌，为我国周边安全格局的重塑带来新变数。在东亚地缘政治、地缘安全和地缘经济格局中，大国因素越来越明显和突出。大国之间的竞争和合作相互交织，受乌克兰危机、"伊斯兰国"以及中东乱局等因素的牵制和拖累，美国在东亚拼凑军事联盟集团、构筑围堵我国的"亚洲版北约"的图谋难以实现。

东盟整体战略地位上升，但干扰力量难排除。东盟积极推进地区一体化进程，继续奉行大国平衡外交，积极推进东盟"三个共同体"建设，总人口达6亿的东盟将迈向"准超国家集团"，成为东亚地缘政治格局中“用一个声音说话”的一极。值得警惕的是，东盟总体上是倾向于美国的。一些东南亚国家的变革正在加快节奏，实现转型。一些国家在战略上和经济上都表现出在中美两边下注的现象，其中缅甸最为突出。缅甸持续深入的“向西看”政治大转型，美、日、欧等对缅甸的深度介入，给中缅关系投下阴影，中缅关系呈现出“近而不亲”的状态，过去一直存在的一些深层次矛盾爆发出来，使得我国利益受到损害。未来也不排除老挝和柬埔寨受到美国拉拢而同美国扩大政治关系的可能。巴育政权虽然将泰国从动荡不止、濒临崩溃的危局中挽救出来，但其执政之路绝非坦途。在南海问题上，个别国家以美国重返亚太为后盾，不断挑衅我国在南海岛礁的主权，利用外交、法理、资源开发和军事存在等手段，不断强化对岛礁和海域的主权宣示和实际管控，这方面尤以菲律宾和越南为甚，频频挑起事端。美国等域外国家明显加大介入力度，使南海问题更趋复杂。南海局势恶化将直接威胁东南亚地区和平稳定，甚至阻碍东亚共同体建设进程、海上丝绸之路构想和互联互通倡议实现，给以合作共赢为主流的中国—东盟关系蒙上阴影。

习近平同志强调：“我国周边充满生机活力，有明显发展优势和潜力，我国周边环境总体上是稳定的，睦邻友好、互利合作是周边国家对华关系的主流。”① 政策和策略是党的生命。习近平同志全面从严治党思想，也是在我国周边环境总体稳定的形势下产生发展的。作为党员干部，要从战略高度分析和处置问题，提高驾驭全局、统筹谋划、操作实施能力，增进全面安全、共同安全、合作安全理念，为促进形成我国改革发展稳定良好外部条件贡献力量。

二、国内环境的深刻影响

在中国国内，1992 年的市场化浪潮、1997 年的香港回归、2001

---

① 《习近平谈治国理政》，外文出版社 2014 年版，第 297 页。

年的加入世界贸易组织（WTO）、2003 年的抗击非典、2008 年的奥运盛会、2015 年的抗战胜利 70 周年，这些重大事件，刻画了一个历史悠久的大国迈向复兴的轨迹。特别是党的十八大以来，从强调全面建成小康社会，到部署全面深化改革，再到推进全面依法治国和全面从严治党，我国政治经济社会正发生着深刻的变化。这些变化，与习近平同志全面从严治党思想的产生和发展，有着密不可分的联系，并对其产生影响。

（一）国情的深刻变化

当前，我国正处在进一步发展的重要战略机遇期，在新的历史起点上继续向前迈进。但必须清醒地看到，我国仍处于并将长期处于社会主义初级阶段的基本国情没有变，人民日益增长的物质文化需要同落后的社会生产之间的矛盾这一社会主要矛盾没有变。这两个“没有变”，是我国继续推进改革开放和现代化建设的最大国情，也是习近平同志全面从严治党思想的根本依据。

1. 经济发展呈现新常态。目前我国经济增长速度正从高速增长转向中高速增长，发展方式正从规模速度型粗放增长转向质量效率型集约增长，经济结构正从增量扩能为主转向调整存量、做优增量并举的深度调整，发展动力正从传统增长点转向新的增长点，进入一个新常态，对党领导经济工作的观念、体制、方式方法提出了一系列新要求。认识新常态、适应新常态、引领新常态，需要树立新思维、探索新途径、运用新方式。这种新与旧的更替、破与立的转换所产生的阵痛，转变发展方式、调整产业结构所要求的对局部利益和眼前利益的舍弃，金山银山与绿水青山之间的两难抉择，需要把工作着力点放到转方式调结构、推动经济社会持续健康发展上来。

2. 全面建成小康社会的关键期。党的十八大报告根据我国经济社会发展实际，在党的十六大、十七大确立的全面建设小康社会目标基础上提出了一些新的更具明确政策导向、更加针对发展难题、更好顺应人民意愿的新要求，以确保到 2020 年全面建成小康社会，这是发展改革成果惠及十几亿人口的小康社会，是经济、政治、文化、社会、生态文明全面发展的小康社会，是为中华民族伟大复兴奠定坚实基础的小康社会。全面建成小康社会，必须以更大的政治勇气和智慧，抓住机遇，深化改革，充分发挥党的领导核心作用，实现这个战略目标。

3. 全面深化改革的攻坚期。改革是发动机，是中国发展的内生动力。30 多年改革实践，使中国成长为世界第二大经济体。全面深化改革关系到“两个一百年”奋斗目标的实现，是国家现代化进程中必须迈过的“坎”。改革越深化，矛盾越复杂，越需要拿出更大的政治勇气和政治智慧，越需要有“明知山有虎，偏向虎山行”的胆识，有“逢山开路、遇河架桥”的勇气，有“敢啃硬骨头、敢涉险滩、敢过深水区”的担当。越需要深刻认识所肩负的历史责任，坚持问题导向，不畏难、不躲闪，拿实招、出狠招，向积存多年的顽瘴痼疾开刀，坚决打破不合理利益格局固化的藩篱，坚决破除影响和制约科学发展的体制机制障碍。

4. 全面依法治国的机遇期。法治是治国理政的重要方式，是国家长治久安的重要基石，也是现代国家文明进步的重要标志。法治兴则国兴，法治衰则国衰。古人讲：“国无常强，无常弱。奉法者强则国强；奉法者弱则国弱。”作为长期执政的马克思主义政党，我们党治理的是一个有着 13 亿人口、国情复杂的大国，是一个正处于全方位空前剧烈变革的大国，要保证国家统一、法制统一、政令统一、市场统一，实现经济发展、政治清明、文化昌盛、社会公正、生态良好，推进国家治理体系和治理能力现代化，适应对外开放不断深化、构建开放型经济新体制，维护我国主权、安全、发展利益，迫切需要运用好法治这个有效方式。全面依法治国战略几乎与全面深化改革自然伴生，两者如鸟之两翼、车之两轮，共同推进全面建成小康社会滚滚向前。

可见，经济发展进入新常态，对党领导经济工作提出新的挑战，既需要改善领导经济工作的方式，又需要加强党的自身建设，培养一大批政治上强、懂经济、会管理的领导干部并充实到各级领导班子。如期全面建成小康社会，是我们党向人民作出的庄严承诺。同时，全面深化改革、全面依法治国，是党的十八届三中、四中全会作出的决定，都是我们党为实现战略目标提出的重大战略举措，这些光荣而艰巨的使命，历史地赋予了我们党。只有坚持党要管党、从严治党，提高党的执政能力和执政水平，才能切实增强党的创造力、凝聚力、战斗力，确保党始终成为中国特色社会主义事业的坚强领导核心，从而更好地凝聚全国人民的智慧和力量，万众一心地为实现党的执政使命不懈奋斗。

（二）党情的深刻变化

这些年来，我们党的自身建设取得明显成效，但要看到，党所处的历史方位和执政条件发生了重大变化，党的自身状况也发生着深刻变化，加强和改进党的建设任务依然繁重。党的十八大报告指出："新形势下，党面临的执政考验、改革开放考验、市场经济考验、外部环境考验是长期的、复杂的、严峻的。精神懈怠危险、能力不足危险、脱离群众危险、消极腐败危险更加尖锐地摆在全党面前。"这是我们党面对实现中华民族伟大复兴中国梦的历史使命，面对实现全面建成小康社会的宏伟目标，面对全面深化改革和全面依法治国的繁重任务，对党的领导水平和执政水平、党的建设状况、领导干部和党员队伍素质，作出的重大正确判断。

1. 精神懈怠危险。精神上的懈怠主要是信仰缺失的问题。比如，一些党员干部以批评和嘲讽马克思主义为"时尚"、为噱头；有的精神空虚，认为共产主义是虚无缥缈的幻想；有的理想信念动摇，把配偶子女移民到国外、钱存在国外，给自己"留后路"，随时准备"跳船”；有的热衷于求神拜佛，光宗耀祖的封建习气日益浓厚；有的去街头巷尾算命看相、测字问卦，甚至把巫医神婆请进屋装神弄鬼。一些地方党组织和党员干部对中央方针政策和重大决策部署阳奉阴违，搞“上有政策、下有对策”。对待上级指示，态度不严肃，学习不认真，执行不坚决，有令不行，有禁不止，虽然三令五申，依然我行我素。还有一些地方党组织和党员干部在重大是非面前不开口，在原则问题上旗帜不鲜明，立场摇摆，含糊其辞，模棱两可，瞻前顾后，左顾右盼。对错误的东西不批评、不抵制，对正确的东西不支持、不宣扬，既不扶正气，又不敢祛邪气，是非不分，赏罚不明。

2. 能力不足危险。能力不足主要是能力素质不适应的问题。比如，一些党员干部存在因循守旧、不思进取，照抄照搬、照本宣科的本本主义思想。有的习惯于单凭老方式老办法想问题、做工作，缺乏主动性和创造性；有的习惯于凭主观意志办事，盲目蛮干，随意性和片面性严重。一些党员干部不好学习、应付学习、功利学习。有的热衷于迎来送往，忙于事务、忙于应酬，喜欢喝小酒、钓小鱼、打小牌，玩心太重、玩物丧志；有的对学习说起来重要，做起来次要，忙起来不要；有的热衷于到党校、干部学院、行政学院“学习”，视为是“认认人、养养神、串串门”的良机，把主要精力和时间用到社交活动上，跑门子、拉关系、搞小圈子，把学校当作“公关”“社交”场所。还有一些党员干部不认真学习领会和贯彻党的理论和路线方针政策，不注意汲取群众创造的新鲜经验，不尊重客观规律，思想严重脱离实际。有的对待上级部署囫囵吞枣、断章取义，执行上级决定照本宣科、等因奉此，或者照猫画虎、生搬硬套，以前怎么做就怎么做，别人怎么做就怎么做，完全不顾本地本部门实际情况。一些领导班子软弱涣散、战斗力弱、凝聚力差，一些领导干部缺乏领导气魄、组织能力和处事办法，致使一些事项议而不决、决而不行。

3. 脱离群众危险。脱离群众危险主要是群众观念和群众观点淡漠的问题。比如，一些党员干部宗旨意识淡薄，漠视群众的意愿和诉求。有的官气十足、独断专行，对人民群众抖威风、摆架子，高高在上，“吃拿卡要”“冷硬横冲”现象时有发生；有的对实际情况不了解不关注，不愿深入困难艰苦地区，不愿帮助基层和群众解决实际问题，甚至不愿同基层和普通群众打交道，怕给自己添麻烦，工作上敷衍塞责、推诿扯皮、得过且过；有的不深入实际调研，经常坐在办公室天南海北空发议论指示，不顾地方实际和群众意愿，喜欢拍脑袋决策、拍胸脯表态，盲目铺摊子、上项目，最后拍屁股走人，留下一堆后遗症；有的对上吹吹拍拍、曲意逢迎，对下吆五喝六、横眉竖目，门难进、脸难看、事难办，甚至不给钱不办事，收了钱乱办事。

4. 消极腐败危险。消极腐败危险主要是贪图享乐、以权谋私的问题。比如，一些党员干部在市场经济大潮中晕晕乎乎、头脑发热，不能正确对待个人利益，心为物役，信奉金钱至上、名利至上、享乐至上，心里没有任何敬畏，行为没有任何底线，最终走向腐化堕落；有的拈轻怕重，安于现状，不愿吃苦出力，满足于现有学识和见解，陶醉于已经取得的成绩，不立新目标，缺乏新动力，“清茶报纸二郎腿，闲聊旁观混光阴”；有的挥霍公款，追求物质享受，情趣低俗，玩物丧志，沉迷于吃喝玩乐，沉湎花天酒地，热衷灯红酒绿，纵情声色犬马；有的滥用职权，贪赃枉法，权权、权钱、权色交易，谋取不正当利益，与提供金钱、美色贿赂的不法奸商、黑恶势力勾肩搭背、沆瀣一气、同流合污；有的利用手中权力，荫庇子女在建筑地产、工程招投标等热门领域一本万利，老婆和衙内们成为变相受贿、出卖公权的同伙帮凶。

应对这些考验和危险，是我们党面临的“时代大考”。对此，落实党要管党、从严治党任务比以往任何时候都更繁重、更为紧迫。习近平同志强调，党面临的“赶考”远未结束，要求所有领导干部和全体党员要继续把人民对我们党的“考试”、把我们党正在经受和将要经受各种考验的“考试”考好，努力交出优异的答卷。因此，必须全面从严治党，推动党的思想建设、组织建设、作风建设、反腐倡廉建设和制度建设全面加强，解决党自身面临的各种问题，确保党始终站在时代前列，引领中国社会前进的正确方向。

（三）民情的深刻变化

改革开放特别是新世纪以来，我国经济社会发生显著变化，经济保持持续健康发展，社会稳定、人民安居乐业，同时也带来社会结构的深刻改变，人民群众利益诉求的多元多样，民众参与经济社会建设的愿望强烈，社会矛盾显著增多，给党的建设带来新挑战。

1. 人口流动性明显加大。改革开放以后伴随着工业化、城镇化进程的推进，城市中涌现出大量流动人口，从最初的农民工进城打工，发展到地区间由于经济发展水平不平衡而引起的人口迁徙，流动人口规模不断扩大，占常住人口比例逐年提高，对当地社会经济的发展产生了重大影响。2015 年我国流动人口数量达 2. 47 亿人，相当于每近 6 个人中有 1 人是流动人口。流动人口的城镇化以及他们所产生的社会经济正效应，对社会经济发展、和谐社会构建有着重要影响。流动人口中以新生代中青年居多，“80 后”新生代农民工已经成为劳动年龄流动人口的主力军。人口大量外流的影响除了能带来生活水平的改善之外，也同时造成了农村地区青壮年劳动力的大量外迁，现存劳动力数量和质量的急剧下降，多数农村中仅剩下老人、妇女和儿童，农业劳动力严重缺乏，致使农村中对劳动强度要求较高的生产因为缺乏青壮劳力而逐渐消失。随着人口的大量涌入，城市原有的基础设施与日益增加的人口数量之间的不协调性凸显。公共交通、住房保障、医疗服务、教育资源负担加重，随着城市规模的日益扩大，城市病成为许多大城市面临的普遍问题，包括人口增多、用水用电紧张、交通拥堵等。

2. 利益诉求明显增强。利益诉求表达是社会成员为了实现既定目标，通过法定渠道直接或者间接地向执政党、政府和各级社会组织反映情况，提出意见，表明要求，并以合法合理的方式实现自身利益的政治参与过程。改革开放以来，我国社会结构发生了重大变化，利益诉求表达主体也呈现多元化，包括个人、群体，甚至包括很多与事件本身无直接利益冲突的个人或群体，后者参与的目的只是表达、发泄情绪，这类主体因曾经遭受过不公平对待，长期积累不满情绪，借机宣泄，潜在的风险不可忽视。从信访反映的内容看，大多数都是反映群众利益诉求的，也有一部分反映涉法涉诉问题的，既有新问题，也有大量旧案重提的问题，既有法律规定的受理事项，也有大量房屋拆迁纠纷和经济纠纷的问题，这些问题有不少是案情复杂，长期未得到有效解决，处理难度较大。大量的信访问题如果处理不及时，或者处置不当，极有可能引发群体性事件。

3. 民主参与意识明显提高。近年来，随着基层民主政治建设稳步推进，基层管理民主化、制度化步伐不断加快，群众的主体意识、民主意识、维权意识、政治参与意识明显增强。群众对涉及群众切身利益的重要决策、重大事项和大额资金使用等情况非常关心，要求参与监督；对基层组织换届选举，积极参加，要求选出真正有能力、作风正，能为群众办实事好事的代言人；利用“民主听证会”等形式，积极建言献策，贡献智慧，发挥作用。

4. 素质能力明显提升。一些新技术、新媒体的迅速发展，大大拓宽了群众接受新知识的渠道，大多数民众都有手机，开通微信、微博，了解信息，接受教育，获取知识，群众的整体素质得到明显提升。现在人人都有传播器，人人是发报机，信息传播速度快，各级党委、政府之所以在一些公众事件中很被动，原因之一在于有的群众有时候能够利用网络造势。群众素质能力的提升，对于党的建设提出了新要求，需要正确应对、及时应对、有效应对。一些党的干部如果不及时学习，甚至掌握的政策还没有群众多、没有群众快，处理群众矛盾纠纷时就会陷入被动。

习近平同志指出，对我们这样一个在 13 亿人口大国长期执政的党，管党治党一刻不能松懈。如果管党不力、治党不严，人民群众反映强烈的党内突出问题得不到解决，那我们党迟早会失去执政资格，不可避免会被历史淘汰。民情的深刻变化，对党的建设提出新要求。比如，人口流动性加大对党的组织覆盖和工作覆盖提出新要求，一些非公有制经济组织、社会组织党建工作比较薄弱；利益诉求增强和民主参与意识提高，对党组织和党员干部密切党群干群关系提出了新的挑战；等等。

第二节　指导新时期党的建设的强大思想武器

习近平同志在任总书记伊始的中外记者见面会上，提出将对民族的责任、对人民的责任、对党的责任，落脚到从严治党、使党始终成为坚强领导核心上。他指出，全面从严治党，就要认认真真管，实实在在严，只要真管真严、敢管敢严、长管长严，而不是管一阵放一阵、严一阵松一阵，就没有什么解决不了的问题。他强调，全面从严治党，核心是加强党的领导，基础在全面，关键在严，要害在治。习近平同志全面从严治党思想，有力发展和丰富了马克思主义党建理论，全面总结了党的建设的成功经验，提供了管党治党的根本遵循。

一、一脉相承：发展了马克思主义党建理论

我们国家和民族的发展必须有一个主轴，中华民族走向繁荣、富强、民主和文明必须有一个坚强的领导核心，这个领导核心无可替代，就是执政的中国共产党。为锻就坚强的领导核心，中国共产党从成立开始就非常重视党的自身建设，对如何建设党、建设什么样的党作了积极探索。比如，1939 年 10 月，毛泽东同志在《〈共产党人〉发刊词》中首次把党的建设比喻为“伟大的工程”，并明确提出把党建设成为一个全国范围的、广大群众性的、思想上政治上组织上完全

巩固的马克思主义政党。以新中国的成立和社会主义制度的确立为标志，党的建设伟大工程取得了巨大成就。党的十一届三中全会以后，以邓小平同志为核心的第二代领导集体，着力推进党的建设新的伟大工程，明确提出“把我们党建设成为有战斗力的马克思主义政党，成为领导全国人民进行社会主义物质文明和精神文明建设的坚强核心”。[①] 随着中国特色社会主义实践的不断深入，从党的十四届四中全会通过的《中共中央关于加强党的建设几个重大问题的决定》到党的十六大，以江泽民同志为核心的第三代党中央领导集体，从加强党的建设新的伟大工程高度，提出“就是要把党建设成为用邓小平理论武装起来、全心全意为人民服务、思想上政治上组织上完全巩固、能够经受住各种风险、始终走在时代前列、领导全国人民建设有中国特色社会主义的马克思主义政党”。[②] 党的十六大以后，以胡锦涛同志为总书记的党中央站在新的历史起点上，着力提高党的建设科学化水平，明确强调“使党始终成为立党为公、执政为民，求真务实、改革创新，艰苦奋斗、清正廉洁，富有活力、团结和谐的马克思主义执政党”。90 多年来，我们党把马克思主义基本原理与中国具体实际紧密结合，在不同历史时期形成了探索开拓中国道路的理论结晶，形成了马克思主义中国化的理论成果，即毛泽东思想和中国特色社会主义理论体系，对丰富和发展马克思主义党建理论作出了巨大贡献。

党的十八大以来，以习近平同志为总书记的党中央领导集体，一方面坚持马克思主义党建理论的基本原则；另一方面又团结带领全党全国各族人民进行具有许多新的历史特点的伟大斗争，开创中国特色社会主义事业新局面的伟大实践。习近平同志坚持问题导向和科学思维，以当代中国共产党人的全局视野和战略眼光，坚定中国自信、立

---

① 《邓小平文选》第 3 卷，人民出版社 1993 年版，第 39 页。

② 《江泽民文选》第 2 卷，人民出版社 2006 年版，第 43 页。

足中国实际、总结中国经验、针对中国难题，提出协调推进全面建成小康社会、全面深化改革、全面依法治国、全面从严治党的“四个全面”战略布局。“四个全面”相辅相成、相互促进、相得益彰，是我们党治国理政方略与时俱进的新创造，是马克思主义与中国实践相结合的新飞跃。习近平同志第一次为全面从严治党标定清晰路径，锻造中国特色社会主义坚强领导核心，进一步开创了马克思主义党建理论的新境界，展现了马克思主义党建理论更加灿烂的真理光芒。习近平同志全面从严治党思想，是一个科学完整的党的建设理论体系，核心问题是始终保持党同人民群众的血肉联系，始终保持党的先进性和纯洁性；科学内涵是思想建党从严、组织建设从严、作风要求从严、反腐败斗争从严、制度治党从严、落实责任从严；目标是增强自我净化、自我完善、自我革新、自我提高能力，确保党始终成为中国特色社会主义事业的坚强领导核心。习近平同志这个战略思想，既是对马克思主义党建理论的坚持和继承，又是对马克思主义党建理论的丰富和发展；既体现了与马克思主义党建理论的一脉相承，又体现了马克思主义党建理论的与时俱进。

二、历史新标：总结了党的建设伟大实践的成功经验

90 多年来，我们党深刻把握历史方位的根本性变化，深刻把握形势任务的时代性要求，在推进党的建设伟大实践中，作出过很多重大部署，推出过很多重大举措，取得了很多成功经验。比如，早在 1929 年 12 月，我们党在古田会议首次提出了思想建党的要求。1935 年 12 月，瓦窑堡中央政治局扩大会议确定了从思想上建党的方针，系统论述了思想建党的基本原则和基本方法。正是我们党一贯坚持从思想上建党的方针，始终把思想建设放在首位，才能在事业转折的重要关头，克服党内存在的各种错误思想，战胜一个又一个困难和艰难险阻，取得革命、建设和改革的伟大胜利。习近平同志深刻总结我们党从思想上建设党的实践经验，提出坚持思想建党和制度治党紧密结合的重要论断，强调要使加强制度治党的过程成为加强思想建党的过程，也要使加强思想建党的过程成为加强制度治党的过程；从严治党靠教育，也靠制度，二者一柔一刚，要同向发力、同时发力。这些重要论断，就使思想建党上升到新的高度，拓展新的内涵，赋予新的使命。

再比如，我们党始终高度重视作风建设，在不同历史时期，针对党内作风方面存在的突出问题，开展了一系列整党整风运动，如著名的延安整风运动，堪称中国共产党自身建设的一次创造性探索。毛泽东同志曾这样指出："我们党，经过延安整风，教育了广大干部，团结了全党，保证了抗日战争和解放战争的胜利。这个传统，我们一定要发扬。"① 改革开放以来，我们党开展了整党、以"讲学习、讲政治、讲正气"为主要内容的党性党风教育、"三个代表"重要思想学习教育活动、保持共产党员先进性教育活动、学习实践科学发展观活动等，这些活动都对加强党的作风建设起到了重要作用，积累了成功经验。党的十八大以来，习近平同志充分运用这些成功实践经验，针对群众反映强烈的突出问题，在全党开展以为民务实清廉为主要内容的党的群众路线教育实践活动，以抓铁有痕、踏石留印的精神，对形式主义、官僚主义、享乐主义和奢靡之风的"四风"问题进行大排查、大检修、大扫除，刹住了"四风"蔓延势头，教育实践活动取得了重大成果。还比如，针对党内腐败问题，习近平同志深刻总结我们党反腐败斗争的成功经验，坚持"老虎""苍蝇"一起打，坚持零容忍的态度不变、猛药去疴的决心不减、刮骨疗毒的勇气不泄、严厉惩处的尺度不松，做到有案必查、有腐必惩，下大气力拔"烂树"、治"病树"、正"歪树"，着力营造了不敢腐、不能腐、不想腐的浓厚氛围。

---

① 《建国以来毛泽东文稿》第 12 册，中央文献出版社 1998 年版，第 387 页。

据国家统计局2013年11月在21个省区市开展的民意调查显示，87.3%的群众认为不正之风和腐败问题与以往相比有好转，77.1%的群众认为查处领导干部违纪违法案件有力度。这些从严从实加强党的建设成绩的取得，都是以习近平同志为总书记的党中央在总结党的建设实践经验的基础上，从转变作风入手，通过反腐败发力，用信仰塑灵魂，以制度作保障，直击积弊、扶正祛邪，动真碰硬管党治党，敢于担当管党治党，凝心聚力管党治党所取得的，推动党的建设开创了新局面，党风政风呈现了新气象，党群关系出现了新面貌，进一步赢得了党内的普遍赞誉、人民群众的高度信任。

三、行动指南：提供了管党治党有力的根本遵循

面对纷繁复杂的世界形势和日益激烈的国际竞争，任何执政党都必然会经受各种严峻的挑战和考验，都必须正视历史和人民的不断检验和选择。历史经验表明，马克思主义政党夺取政权不容易，执掌好政权尤其是长期执掌好政权更不容易。随着地位的变化、权力的扩大、执政环境和活动方式的改变等，如何有效加强党的自身建设，如何认识、把握和运用共产党执政规律提高党的执政能力、巩固党的执政地位、完成党的执政使命，都给执政党建设带来新的课题。邓小平同志早就说过："中国要出问题，还是出在共产党内部。"① 他告诫全党"对这个问题要清醒"。党的十八大报告指出："新形势下，党面临的执政考验、改革开放考验、市场经济考验、外部环境考验是长期的、复杂的、严峻的，精神懈怠危险、能力不足危险、脱离群众危险、消极腐败危险更加尖锐地摆在全党面前。不断提高党的领导水平和执政水平、提高拒腐防变和抵御风险能力，是党巩固执政地位、实现执政使命必须解决好的重大课题。"因而必须看到，在新的历史条件下，我们党的自身主体在发生巨大的变化，社会环境在发生全面而

---

① 《邓小平文选》第3卷，人民出版社1993年版，第380页。

深刻的变化，落实党要管党、从严治党的任务比以往任何时候都更为繁重、更为严峻、更为紧迫。

党要管党，才能管好党；从严治党，才能治好党。习近平同志反复强调，对我们这样一个在一个13亿多人口大国长期执政的党，管党治党一刻不能松懈。他指出，关于从严治党，党中央的态度很鲜明，就是要采取一切措施，认真地而不是敷衍地、深入地而不是表面地解决党内存在的各种矛盾和问题；全面从严治党，就要认认真真管，实实在在严，只要真管真严、敢管敢严、长管长严，而不是管一阵放一阵、严一阵松一阵，就没有什么解决不了的问题。这些重要论述，是对全面从严治党的重要性和紧迫性的深刻阐述，也是对全党同志的深刻警醒。坚持党要管党、从严治党，不是一个空洞的口号，而是对加强和改进党的建设的全面要求，需要贯彻和体现到党的思想建设、组织建设、作风建设、反腐倡廉建设和制度建设的各项工作中。习近平同志在推进党的建设新的伟大工程进程中，既提出全面从严治党总的要求，也明确党的建设各方面的具体要求。比如，加强思想建党，常补精神之“钙”，坚守共产党人精神家园；坚持从严治吏，培养选拔党和人民需要的好干部；树立大抓基层的鲜明导向，夯实党执政的组织基础；锲而不舍、驰而不息改进作风，始终保持党同人民群众的血肉联系；严明党的纪律，维护党的集中统一；以零容忍态度惩治腐败，坚决遏制腐败现象蔓延势头；严肃党内政治生活，营造良好政治生态；坚持制度治党，提高党内法规制度的科学性和执行力；把抓好党建作为最大的政绩，认真落实从严管党治党责任；等等。这些新思想、新观点，是管党治党的新要求，是新时期党的建设的行动指南。为此，要深刻领会这些新思想、新观点的丰富内涵和实践要求，在“全”字上下足功夫，在“严”字上铆足力气，把人民对我们党的“考试”、把我们党正在经受和将要经受各种考验的“考试”考好，努力交出优异的答卷。

第三节　全面从严治党思想的主要特点

党的十八大以来，以习近平同志为总书记的党中央高度重视党的建设新的伟大工程，着眼于进行具有许多新的历史特点的伟大斗争，着眼于经受“四大考验”、防范“四种危险”，着眼于党要管党、从严治党，开拓创新，敢于担当，聚精会神抓党建，取得了丰硕的实践成果、理论成果、制度成果，其中最重要的是习近平同志提出了“全面从严治党”的战略举措，逐步形成了习近平同志全面从严治党思想，极大丰富和发展了马克思主义执政党建设理论宝库。习近平同志的全面从严治党思想，归纳起来主要有以下几个方面的特点。

一、贯穿着坚定的信仰追求

习近平同志在一系列重要讲话中反复强调理想信念问题。他多次指出，革命理想高于天。坚定理想信念，坚守共产党人的精神追求，始终是共产党人安身立命的根本。还形象地说，理想信念就是共产党人精神上的“钙”，没有理想信念，理想信念不坚定，精神上就会“缺钙”，就会得“软骨病”，就可能导致政治上变质、经济上贪婪、道德上堕落、生活上腐化。他指出，检验信念的客观标准，主要看干部是否能在重大政治考验面前有政治定力，是否能树立牢固的宗旨意识，是否能对工作极端负责，是否能做到吃苦在前、享受在后，是否能在急难险重任务面前勇挑重担，是否能经得起权力、金钱、美色的诱惑。他强调，这样的检验需要一个过程，不是一下子、经历一两件事、听几句口号就能解决的，要看长期表现，甚至看一辈子。有一个道理要反复讲，就是党的干部必须“永不动摇信仰”。作为共产党人，坚定理想信念，既要胸怀远大理想，又要脚踏实地为实现党在现阶段的基本纲领而不懈奋斗。这些旗帜鲜明、立场坚定的重要论述，充分体现了对马克思主义、共产主义的坚定信仰，对中国特色社会主义的坚定信念，对党和人民事业必胜的坚定信心。这是对我们党 90 多年来始终高举理想信念精神旗帜最鲜明的总结，是基于历史逻辑、理论逻辑和实践逻辑得出的科学论断。

二、贯穿着坚强的政治定力

所谓政治定力，就是党员干部在思想上政治上排除各种干扰、消除各种困惑，坚持正确立场、保持正确方向的素质和能力。习近平同志在党的十八届一中全会上指出，我们必须始终保持对马克思主义的坚定信仰、对共产主义和中国特色社会主义的坚定信念，按照马克思主义政治家的标准严格要求自己，始终把人民放在心中最高位置，把为党和人民事业贡献力量作为自己的最高追求，为坚持和发展中国特色社会主义不懈奋斗，以此来开阔胸襟和眼界，以此来增强政治定力和政治敏锐性，以此来提高抵御各种风险和经受住各种考验的能力。他强调，无论国际国内环境多么复杂多变，党员干部都要始终保持清醒头脑，在事关重大政治原则问题上决不动摇。他指出，作为共产党人，就是要敢于“亮剑”，敢于与一切错误思想言论和行为作斗争，坚决反对西方敌对势力西化分化的政治图谋，始终在大是大非面前旗帜鲜明，在风浪考验面前无所畏惧。这些坚定有力、深刻透彻的重要论述，充分体现出坚强的政治信仰、政治自信、政治清醒、政治立场，对正确的政治路线、政治方向、政治道路的无比坚定。

三、贯穿着鲜明的问题导向

直面问题，毫不避讳，这是习近平同志全面从严治党思想的鲜明品格。习近平同志指出，如果管党不力、治党不严，人民群众反映强烈的党内突出问题得不到解决，那我们党迟早会失去执政资格，不可避免被历史淘汰。这不是危言耸听。他强调，我们自豪而不自满，决不会躺在过去的功劳簿上。他指出，新形势下，我们党面临着许多严峻挑战，党内存在着许多亟待解决的问题。尤其是一些党员干部中发生的贪污腐败、脱离群众、形式主义、官僚主义等问题，必须下大气力解决。全党必须警醒起来。他在十八届中央纪委二次全会上强调，我们也要清醒地看到，当前一些领域消极腐败现象仍然易发多发，一些重大违纪违法案件影响恶劣，反腐败斗争形势依然严峻，人民群众还有许多不满意的地方。在党的群众路线教育实践活动总结大会上他指出，我们国家要出问题主要出在共产党内，我们党要出问题主要出在干部身上。党培养一个干部特别是高级干部是很不容易的。这些年，一些干部包括一些相当高层次的领导干部因违犯党纪国法落马，我们很痛心。我们中央的同志说起这些事都很痛心，都有一种恨铁不成钢的感觉。他在党的十八届三中全会上强调指出，要有强烈的问题意识，以重大问题为导向，抓住关键问题进一步思考，着力推动解决我国发展面临的一系列突出矛盾和问题。这些重要论述，贯穿着强烈的问题意识、鲜明的问题导向。

四、贯穿着强烈的忧患意识

忧患意识是一种危机感、责任感、使命感，是中华民族的生存智慧，是促进国家进步、民族振兴的催化剂和动力源。从习近平同志全面从严治党思想中，我们可以感受到强烈的忧患意识。2013 年 12 月 26 日，习近平同志在纪念毛泽东同志诞辰 120 周年座谈会上的讲话中，就引用《孟子》的“生于忧患，死于安乐”，告诫全党要有忧患意识。2014 年 6 月 30 日，在中共中央政治局第十六次集体学习时，习近平同志强调，我们共产党人的忧患意识，就是忧党、忧国、忧民意识，这是一种责任，更是一种担当。要深刻认识党面临的执政考验、改革开放考验、市场经济考验、外部环境考验的长期性和复杂性，深刻认识党面临的精神懈怠危险、能力不足危险、脱离群众危险、消极腐败危险的尖锐性和严峻性，深刻认识增强自我净化、自我完善、自我革新、自我提高能力的重要性和紧迫性，坚持底线思维，做到居安思危。要教育引导全党同志特别是各级领导干部坚持“两个务必”，自觉为党和人民不懈奋斗，不能安于现状、盲目乐观，不能囿于眼前、轻视长远，不能掩盖矛盾、回避问题，不能贪图享受、攀比阔气。2014 年 10 月 8 日，习近平同志在党的群众路线教育实践活动总结大会上指出，历史使命越光荣，奋斗目标越宏伟，执政环境越复杂，我们就越要增强忧患意识，越要从严治党，使我们党永远立于不败之地。这些语重心长的重要论述，充分体现了对党的事业的忧患意识，有了这种忧患意识，我们党才能始终保持沉着清醒、居安思危、着眼长远。

五、贯穿着高度的历史担当

党的十八大把中国特色社会主义事业的接力棒交到以习近平同志为总书记的中央领导集体手中，这是一项崇高的历史使命，是一份沉甸的历史责任。习近平同志在十八届中央政治局常委同中外记者见面时强调："全党同志的重托，全国各族人民的期望，是对我们做好工作的巨大鼓舞，也是我们肩上的重大责任。这个重大责任，就是对民族的责任，对人民的责任，对党的责任。责任重于泰山，责任任重道远。我们一定夙夜在公，勤勉工作，努力向历史、向人民交出一份合格的答卷。"他在全国组织工作会议上指出，党的干部必须坚持原则、认真负责，面对大是大非敢于亮剑，面对矛盾敢于迎难而上，面对危机敢于挺身而出，面对失误敢于承担责任，面对歪风邪气敢于坚决斗争。他在党的群众路线教育实践活动中央政治局召开的专门会议上指出，中央政治局的同志必须有天下为公的宽阔胸襟，摒弃任何私心杂念，把为全中国人民谋利益作为自己唯一的追求，为党的事业和人民利益鞠躬尽瘁。这些铿锵有力的重要论述，充分体现了始终把责任举过头顶、把百姓装在心中，敢于负责、勇于担当，对国家、对民族、对人民的历史担当。只有敢于担当，才能清醒把握时代和实践赋予我们党的新的历史使命，做出无愧于历史、无愧于时代、无愧于人民的辉煌业绩。

六、贯穿着真挚的为民情怀

亲民乐民爱民，是习近平同志全面从严治党思想平民风格中最显著的特征。习近平同志在党的十八届一中全会结束后与中外记者见面时强调，人民对美好生活的向往，就是我们的奋斗目标。我们一定要始终与人民心心相印、与人民同甘共苦、与人民团结奋斗。在河北阜平、甘肃定西考察扶贫开发工作时他指出，我们共产党人对人民群众的疾苦要有仁爱之心、关爱之心。对困难群众，我们要格外关注、格外关爱、格外关心，千方百计地为他们排忧解难。无论在地方还是到中央，他都以最大努力与广大群众保持密切联系，尽最大可能与普通群众保持亲密接触，坚持走平民路线、抒平民情怀、展平民风格，让广大老百姓感到非常亲切、非常亲近、非常自然。无论是庆丰包子铺里与市民一起排队就餐，还是南锣鼓巷与老街坊“拉家常”；无论是深圳莲花山公园与市民相伴而行，还是深圳罗湖区渔民村里与居民亲切交谈；无论是在甘肃兰州养老餐厅给老人端菜送饭，还是到河北阜平访贫时在炕上盘腿而坐、雪地上与乡亲搀扶而行；等等。用老百姓的话说：“总书记没有一点架子，到家里就跟走亲戚一样。”这些重要论述和亲民行为，充分体现了习近平同志始终把人民放在心中最高位置，彰显了鲜明的群众立场、群众观念、群众感情。只有保持对人民的真挚情怀，以忠诚之心对待党的宗旨，以敬畏之心对待手中权力，以感恩之心对待人民群众，才能实现好、维护好、发展好最广大人民的根本利益，夯实群众基础、凝聚群众力量，巩固党的执政地位、实现党的执政使命。

七、贯穿着务实的作风要求

坚持实事求是，就能兴国兴党；违背实事求是，就会误党误国。这是习近平同志反复强调的一个重要观点，也是全面从严治党思想的重要内容。他在纪念毛泽东同志诞辰 120 周年座谈会上强调指出，实事求是，是马克思主义的根本点，是中国共产党人认识世界、改造世界的根本要求，是我们党的基本思想方法、工作方法、领导方法。他还在多个场合一再强调，空谈误国、实干兴邦，全面建成小康社会要靠实干，基本实现现代化要靠实干，实现中华民族伟大复兴要靠实干，要大兴求真务实之风，以“逢山开路、遇河架桥”的精神锐意进取、真抓实干，以“踏石留印、抓铁有痕”的劲头狠抓落实、善作善成。他指出，实践证明，一切事业都是干出来的，不是说出来的。一切难题，只有在实干中才能破解；一切办法，只有在实干中才能见效；一切机遇，只有在实干中才能抓住和用好。而工作干得怎样，必须用事实来说话、拿成果来表明、以实效来检验。他强调，坚持求真务实、政贵有恒，自觉践行“两个务必”。敏于行、慎于言，降虚火、求实效，实一点，再实一点；保持“功成不必在我”的境界，一张好的蓝图一干到底；把谦虚谨慎、艰苦奋斗、一心为民的要求落实到履行职责的各个环节。这些重要论述，充分体现了一切从客观实际出发，尊重客观规律，务求实效的工作作风。只有坚持实事求是、求真务实，才能把理论与实践、知与行、思路与举措、动机与效果有机统一起来，才能促使党的建设各项工作不断取得扎扎实实的成效。

八、贯穿着科学的思维方法

以马克思主义思想方法解决中国的实际问题，是中国共产党的传家宝。党的十八大以来，习近平同志运用辩证唯物主义、历史唯物主义的世界观和方法论，充分地展现了善抓矛盾的治党方法。习近平同志在中共中央政治局第十一次集体学习时强调，各级领导干部要原原本本学习和研读经典著作，努力把马克思主义哲学作为自己的看家本领。关于组织工作的开展，习近平同志充分展现了他运用“两点论”分析问题的思维模式，强调指出，选拔干部既要看才、也要看德；任用干部既要看长处又要看短处，用其所长、避其所短或补其所短，让干部各得其所、各展所长。2013 年 2 月，习近平同志在甘肃调研时强调，要重用“四种人”：使那些对群众感情真挚、深得群众拥护的干部，那些说话办事有灼见、有效率的干部，那些对上对下都实实在在、不玩虚招的干部，那些清正廉洁、公众形象好的干部，得到褒奖和重用；使那些享乐思想严重、热衷于形式主义、严重脱离群众的干部，受到警醒和惩戒。习近平同志在推进反腐倡廉工作上，既部署“过河的任务”，又指导如何解决“桥或船的问题”，强调指出，反腐不仅要“老虎”“苍蝇”一起打，还要把“权力关进制度的笼子里”，健全权力运行制度和监督体系，加强反腐败国家立法，加强反腐倡廉党内法规制度建设，深化腐败问题多发领域和环节的改革，确保国家机关按照法定权限和程序行使权力。这些重要论述，始终贯穿着马克思主义的唯物辩证法，体现出严谨缜密的辩证思维、系统思维、底线思维和战略思维。只有深刻学习和领会科学的思维方法，掌握马克思主义方法论，提高统筹兼顾、“弹钢琴”的能力，才能增强解决各种矛盾和问题、驾驭复杂局面的本领，有效推进党的建设各项工作。

第二章　坚持思想建党，筑牢执政信仰根基

思想建党是中国共产党的伟大创造，是中国共产党永葆先进性和纯洁性的重要法宝。党的十八大以来，习近平同志高度重视思想上建党，强调意识形态工作是党的一项极端重要的工作，强调从严治党要坚持思想建党和制度治党紧密结合。这为进一步坚持、加强和改善思想上建党指明了方向，是思想建党原则这一优良传统在新形势下的新发展、新提升、新概括。

第一节　推进理论创新是思想建党的首要任务

理论是行动的先导。高度重视理论建设和理论指导，是我们党的一个鲜明特点和独特优势。始终把党的思想建设放在党的建设的首位，是我们党自身建设的一贯要求，而思想建党的首要任务就是推进理论创新。

一、注重思想建党是我们党的伟大创造和优良传统

思想建党，就是推进马克思主义理论创新，坚持用马克思主义及最新理论成果武装头脑、指导实践、推动工作，永葆党的先进性和纯洁性，提高党的创造力、凝聚力、战斗力。党的十八大以来，以习近平同志为总书记的党中央领导集体，特别重视思想建党。习近平同志多次就思想建党作出明确要求，他特别告诫全党，思想的滑坡是最严重的病变，“总开关”没拧紧，各种出轨越界、跑冒滴漏就在所难免了。强调坚持思想建党和制度治党紧密结合；要使加强制度治党的过

程成为加强思想建党的过程，也要使加强思想建党的过程成为加强制度治党的过程。

重视思想建党，是我们党在实践中探索总结加强党的建设的一条重要经验，是增强自我净化、自我完善、自我革新、自我提高能力的有力武器。早在 1929 年 12 月，我们党为解决党内各种非无产阶级思想的表现及问题，红四军党的第九次代表大会通过由毛泽东同志主持起草的《中国共产党红军第四军第九次代表大会决议案》（即古田会议决议）明确提出，红军党内最迫切的问题，要算是教育的问题。强调为了红军的健全与扩大，为了斗争任务之能够负荷，都要从党内教育做起。同时规定在农村革命根据地加入共产党的具体条件。古田会议系统回答了建党建军的一系列根本问题，首次提出了思想建党的原则。1935 年 1 月，遵义会议后，毛泽东同志倡导的从思想上建党的原则逐步成为全党共识。同年 12 月，瓦窑堡中央政治局扩大会议指出："中国共产党是中国无产阶级的先锋队。因此一切愿意为着共产党的主张而奋斗的人，不问他们的阶级出身如何，都可以加入共产党。""能否为党所提出的主张而坚决奋斗，是党吸收新党员的主要标准。社会成分是应该注意到的，但不是主要的标准。应该使党变为一个共产主义的熔炉，把许多愿意为共产党主张而奋斗的新党员，锻炼成为有最高阶级觉悟的布尔什维克的战士。"这次会议系统论述了思想建党的基本原则和基本方法，标志着毛泽东同志关于从思想上建党理论的形成。抗日战争时期，毛泽东同志写了一系列重要著作，为思想建党提供理论基础，特别是经过延安整风运动，不仅确立了实事求是的思想路线，而且找到解决党内思想矛盾的有力办法，延安整风运动也成为着重在思想上建设党的伟大实践。毛泽东提出很多思想建党的著名论断，如"有许多党员，在组织上入了党，思想上并没有完全入党，甚至完全没有入党"；我们的党"为要领导革命运动更好地发展，更快地完成，就必须从思想上组织上认真地整顿一番。而为要从组织上整顿，首先需要在思想上整顿，需要展开一个无产阶级对非无产阶级的思想斗争”。这使从思想上建党的理论更加完备、更加成熟。新中国成立后，毛泽东同志对党的思想建设提出很多重要论断，进一步发展了在党执政条件下从思想上建党的理论。

党的十一届三中全会后，以邓小平同志为核心的党的第二代中央领导集体，坚持和发展了毛泽东党建思想，科学地回答和解决了执政和改革开放条件下如何在思想上建党的问题，强调坚持解放思想、实事求是的思想路线；要完整地准确地理解毛泽东思想，坚持马列主义、毛泽东思想的指导地位。并教育全党“老祖宗不能丢”，在任何时候都要坚守共产党人的理想信念。在党员、干部中开展了为期三年的整党，进一步实现全党思想上、政治上的高度一致，纠正一切违反四项基本原则，违反十一届三中全会以来党的路线的“左”的和右的错误倾向。党的十三届四中全会后，以江泽民同志为核心的第三代中央领导集体，创造性地运用毛泽东建党思想和邓小平党建理论，从理论与实践的结合上回答和解决了新的历史条件下思想建党的时代课题，强调要切实把思想建设放在党的建设首位；马克思主义的基本原理任何时候都要坚持，否则我们的事业就会因为没有正确的理论基础和思想灵魂而迷失方向，就会归于失败。在党员干部中广泛开展以“讲学习、讲政治、讲正气”为主要内容的党性党风教育，是解决党内思想问题的新形式。创造性地提出“三个代表”重要思想，是思想建党的根本指针。党的十六大以后，以胡锦涛同志为总书记的党中央领导集体，高度重视思想建党，强调思想理论建设是党的建设的根本；一个马克思主义政党，只有坚持以科学的理论为指导，才能制定正确的路线方针政策，才能凝聚全党全国人民为崇高的理想和目标而奋斗。在全党开展的保持共产党员先进性教育活动，是我们党在改革开放和发展社会主义市场经济条件下用发展着的马克思主义武装全党的一项重大举措。党的十八大以来，以习近平同志为总书记的党中央领导集体，强调坚持思想建党和制度治党紧密结合，要使加强制度治党的过程成为加强思想治党的过程，也要使加强思想建党的过程成为加强制度治党的过程。在全党开展了党的群众路线教育实践活动、“三严三实”专题教育、“学党章党规、学系列讲话，做合格党员”学习教育，是党内集中性教育活动和经常性教育的重要实践，是思想建党的重要抓手和鲜明特征。

我们党 90 多年的奋斗历程表明，思想建党是我们党的独有创造，是党的优良传统和宝贵经验。正是我们党一贯坚持从思想上建党的方针，始终把思想建设放在首位，总能使我们党在事业转折的重要关头，克服党内存在的各种错误思想，战胜一个又一个困难和艰难险阻，取得革命、建设和改革的伟大胜利。

二、理论创新永无止境

理论是思想建设的核心和灵魂。理论创新是先导，要使党和国家的发展不停顿，首先理论上不能停顿。习近平同志高度重视推进理论创新，他在陕西考察调研时强调，我们党之所以能够历经考验磨难无往而不胜，关键就在于不断进行实践创新和理论创新。马克思主义必须同中国实际相结合，实现中国化、时代化。他还指出，我们党在中国这样一个有着 13 亿人口的大国执政，面对着十分复杂的国内外环境，肩负着繁重的执政使命，如果缺乏理论思维的有力支撑，是难以战胜各种风险和困难的，也是难以不断前进的。

重视理论创新，善于理论创新，是马克思主义经典作家在理论和实践上的重要贡献。马克思指出：“批判的武器当然不能代替武器的批判，物质力量只能用物质力量来摧毁；但是理论一经掌握群众，也会变成物质力量。”① “理论在一个国家实现的程度，总是决定于理论满足这个国家的需要的程度。”恩格斯说：“我们党有个很大的优点，

---

① 《马克思恩格斯选集》第 1 卷，人民出版社 2012 年版，第 9 页。

就是有一个新的科学的世界观作为理论的基础。"[①] 列宁指出："没有革命理论，就不会有坚强的社会主义政党。""只有以先进理论为指南的党，才能实现先进战士的作用。"[②] 毛泽东同志为我们党的理论创新作出巨大贡献，写下了大量理论鸿篇巨著，形成了指导我们党取得革命、建设胜利的毛泽东思想。他指出："指导一个伟大的革命运动的政党，如果没有革命理论，没有历史知识，没有对于实际运动的深刻的了解，要取得胜利是不可能的。"[③] 邓小平同志领导我们党确立和重申了党的马克思主义的思想路线，并将其概括为："实事求是，一切从实际出发，理论联系实际，坚持实践是检验真理的标准，这就是我们党的思想路线。"[④] 以邓小平同志为核心的第二代中央领导集体，带领我们党坚持把马克思列宁主义基本原理同中国具体实际紧密结合，以毛泽东思想为指导，形成了指导我们党取得改革开放伟大胜利的邓小平理论。江泽民同志在《加强党的理论建设》一文中指出："我们国内的建设和改革的任务是很繁重的。我们面临大量开创性的、前人没有提出或前人没有涉及的课题，面临大量错综复杂的矛盾。广大人民群众每天都创造新事物、新经验。这就要求我们用马列主义、毛泽东思想作指导，深入实际进行理论的探索、概括和创造。"胡锦涛同志在纪念建党 90 周年大会上指出："中国共产党人坚信马克思主义基本原理是颠扑不破的科学真理，坚信马克思主义必须随着实践发展而不断丰富和发展，从来不把马克思主义看成是空洞、僵硬、刻板的教条。"建党 90 多年来，我们党形成了两大理论成果，一大理论成果就是毛泽东思想。毛泽东思想是马克思列宁主义在中国的运用和发展，系统回答了在一个半殖民地半封建的东方大国，如何实现新民主

---

① 《马克思恩格斯选集》第 2 卷，人民出版社 2012 年版，第 10 页。

② 《列宁选集》第 1 卷，人民出版社 2012 年版，第 312 页。

③ 《毛泽东选集》第 2 卷，人民出版社 1991 年版，第 533 页。

④ 《邓小平文选》第 2 卷，人民出版社 1994 年版，第 278 页。

主义革命和社会主义革命的问题，并对建设什么样的社会主义、怎样建设社会主义进行了艰辛探索，以创造性的内容为马克思主义宝库增添了新的财富。另一大理论成果是中国特色社会主义理论体系。中国特色社会主义理论体系是包括邓小平理论、“三个代表”重要思想以及科学发展观等重大战略思想在内的科学理论体系，系统回答了在中国这样一个十几亿人口的发展中大国建设什么样的社会主义、怎样建设社会主义，建设什么样的党、怎样建设党，实现什么样的发展、怎样发展等一系列重大问题，是对毛泽东思想的继承和发展。这两大理论成果是党带领全国各族人民探索开拓中国道路的理论创新。

习近平同志指出，实践创新和理论创新永无止境。毛泽东思想、邓小平理论、“三个代表”重要思想、科学发展观都是在实践基础上的理论创新。我们要继续与时俱进，推进马克思主义不断发展。推进理论创新，“老祖宗不能丢”，就是要把握理论创新的正确方向，不能偏离马克思主义基本原理。习近平同志反复强调“两个基本”，即马克思主义基本原理不能丢，丢了就丧失了根本；科学社会主义基本原则不能丢，丢了就不是社会主义。“又要讲新话”，就是不断推进马克思主义中国化、时代化、大众化。没有先进理论武装的党，不可能是先进的党；没有先进理论武装的共产党员，不可能发挥先锋战士的作用。只有具备较高的理论水平，才能正确揭示和理解社会发展规律、坚定理想信念，才能理解、掌握和贯彻落实党的路线、方针、政策，才能增强共产党人辨别理论是非、政治是非的能力。从这个意义上来看，思想理论建设在党的建设中起着奠基的作用。思想理论建设是党的根本性建设，中国特色社会主义事业永不停息地向前发展，马克思主义中国化的进程也会持续不断地向前推进。

三、“四个全面”是理论创新的新飞跃

善于把马克思主义的基本原理同中国的具体实际相结合，不断推进马克思主义中国化，是我们党永葆先进性的重要法宝。党的十八大以来，习近平同志把握新大势，着眼新问题，立足新实践，在重要会议、重大事情、重要国事中作出一系列重要讲话，提出许多富有创见、一针见血、振奋人心、令人鼓舞的新思想、新观点、新论断，为改革发展稳定、内政国防外交、治党治国治军提供重要指导、理论支撑、发展方向。特别是他在江苏考察调研时提出的“全面建成小康社会、全面改革开放、全面依法治国、全面从严治党”，为中国特色社会主义理论体系注入了新的内容和鲜活力量，是我们党把马克思主义基本原理和中国实际相结合的又一次重大突破，是我们实现中国梦的共同思想基础，是马克思主义中国化的新飞跃，是当代中国的马克思主义。

“四个全面”是引领民族复兴的战略布局。习近平同志坚持问题导向和科学思维，以当代中国共产党人的全局视野和战略眼光，坚定中国自信、立足中国实际、总结中国经验、针对中国难题，提出“四个全面”战略布局。习近平同志第一次将全面建成小康社会，定位为“实现中华民族伟大复兴中国梦的关键一步”；第一次将全面深化改革的总目标，确定为“完善和发展中国特色社会主义制度、推进国家治理体系和治理能力现代化”；第一次将全面依法治国，论述为全面深化改革的“姊妹篇”，形成“鸟之两翼、车之两轮”；第一次为全面从严治党标定清晰路径，要求“增强从严治党的系统性、预见性、创造性、实效性”，锻造我们事业更加坚强的领导核心。“四个全面”，既有目标又有举措，既有全局又有重点，每一个“全面”都具有重大战略意义。发展是时代的主题和世界各国的共同追求，改革是社会进步的动力和时代潮流，法治是国家治理体系和治理能力现代化的重要保障，从严治党是执政党加强自身建设的必然要求。四者之间不是简单并列关系，而是有机联系、相互贯通的顶层设计。深化改革、依法治国、从严治党是战略举措，全面建成小康社会是战略目标。全面深化改革和全面依法治国，一个是动力，一个是保障，共同支撑和推动奋斗目标的实现。中国共产党是伟大事业的领导核心，只有全面从严治党，才能更好发挥总揽全局、协调各方的作用，为前三个全面提供坚强保证。

全面建成小康社会是当代中国发展的总目标。全面小康，核心就在全面。它覆盖的人群是全面的，是不分地域的全面小康，是不让一个人掉队的全面小康。习近平同志指出："全面建成小康社会，最艰巨最繁重的任务在农村、特别是在贫困地区。没有农村的小康，特别是没有贫困地区的小康，就没有全面建成小康社会。"他强调，"全面实现小康，一个民族都不能少""全面建成小康社会，没有老区的全面小康，特别是没有老区贫困人口脱贫致富，那是不完整的""小康不小康，关键看老乡"。它涉及的领域是全面的，立足于发展中国特色社会主义事业五位一体总布局。在"四个全面"战略布局中，全面建成小康社会是处于引领地位的战略目标。因为，只有全面深化改革，破除利益藩篱，实现全面小康才有动力；只有全面依法治国，建立规则秩序、推进公平正义，实现全面小康才有保障；只有全面从严治党，锻造领导核心、提供政治支撑，实现全面小康才有保证。

改革让中国道路越走越宽广。党的十八大以来，习近平同志对全面深化改革作出了一系列重要论述，强调"改革开放是有方向、有立场、有原则的"，是"不断推动社会主义制度自我完善和发展，而不是对社会主义制度改弦易辙"；强调"全面深化改革的总目标是完善和发展中国特色社会主义制度、推进国家治理体系和治理能力现代化"；强调要处理好"解放思想和实事求是的关系、整体推进和重点突破的关系、顶层设计和摸着石头过河的关系、胆子要大和步子要稳的关系、改革发展稳定的关系"；强调"改革开放是一个系统工程，必须坚持全面改革，在各项改革协同配合中推进"。这些重要论述，明确了全面深化改革的战略布局，实现了改革理论和政策的一系列重大突破，形成了全面深化改革的重要战略思想。在"四个全面"战略布局下审视，改革既是驱动力，也是凝聚力；既是方法路径，也是精神内核。只有全面深化改革，推动发展的动力才能越来越强大，中国特色社会主义道路才能越走越宽广。

法治让国家治理迈向新境界。党的十八届四中全会在理论和实践的基础上，绘就全面依法治国新蓝图，为法治中国建设标定新的里程碑，标志依法治国进入“快车道”。习近平同志强调指出，“任何人都没有法律之外的绝对权力”“政府职能转变到哪一步，法治建设就要跟进到哪一步”，“让人民群众在每一个司法案件中都感受到公平正义”，“领导干部要做尊法学法守法用法的模范”，这些重要论述，开阔了法治的格局、丰富了法治的内涵、拓展了法治的外延，为全面依法治国提供了根本遵循。全面依法治国是为子孙万代计，为长远发展谋的战略举措，总目标是建设中国特色社会主义法治体系、建设社会主义法治国家，实现科学立法、严格执法、公正司法、全民守法，促进国家治理体系和治理能力现代化。在“四个全面”中，全面依法治国这一战略举措，与全面深化改革、全面从严治党相辅相成，共同为全面建成小康社会提供基本动力、基本保障、基本支撑。

全面从严治党锻造坚强领导核心。办好中国的事，关键在党，关键在人。“打铁还需自身硬”，“我们的责任，就是同全党同志一道，坚持党要管党、从严治党，切实解决自身存在的突出问题”，“党要管党，才能管好党；从严治党，才能治好党”“党的作风关系人心向背，关系党的生死存亡”，“腐败问题越演越烈，最终必然会亡党亡国”，等等。习近平同志这些重要论述，表明了他管党治党的坚强决心，体现了敢于担当、勇于担责的崇高风范。在继承优良传统、总结实践经验的基础上，习近平同志在我们党 90 多年历史上首次提出“全面从严治党”，既是时代发展的必然趋势，也是伟大事业和伟大工程的必然要求。在“四个全面”战略布局中，全面从严治党体现了伟大事业与伟大工程的统一，体现了党的建设与治国理政的统一。协调推进

“四个全面”，最根本的是坚持党的领导不动摇，全面从严治党，锻造坚强领导核心，为全面建成小康社会、全面深化改革、全面依法治国提供政治保证，为实现“两个一百年”奋斗目标凝聚共识、凝聚力量。

第二节　坚定理想信念，补足精神之“钙”

理论武装是思想建党的重要内容。用科学理论武装头脑，最关键的是要抓住理想信念这个重点，把理想信念建立在对科学理论的理性认同上，建立在对历史规律的正确认识上，建立在对基本国情的准确把握上。理想信念属于世界观、人生观、价值观的范畴，是人们对自身与外界关系的自觉体认与主动调整，是对终极目标的确认与追求，决定了人们对生存状态、生存观念、生存价值的感悟和认同。坚定理想信念是共产党人的毕生追求和终身课题。习近平同志多次强调指出，革命理想高于天，有一个道理要反复讲，就是党的干部必须“永不动摇信仰”。这一科学论断掷地有声、震撼心灵，具有很强的现实性、针对性和指导性，为我们坚守共产党人精神追求提供了重要遵循。

一、坚定的理想信念是共产党人的命脉和灵魂

对于一个政党而言，理想信念犹如一面旗帜，是马克思主义政党区别于其他政党的显著特征。习近平同志强调指出：“坚定理想信念，坚守共产党人精神追求，始终是共产党人安身立命的根本。对马克思主义的信仰，对社会主义和共产主义的信念，是共产党人的政治灵魂，也是共产党人经受任何考验的精神支柱。”这是对我们党 90 多年来始终高举理想信念精神旗帜最鲜明、最简洁的概括，是基于历史逻辑、理论逻辑和实践逻辑得出的科学论断。

我们党是靠坚定的理想信念从小到大、从弱到强，不断取得新的胜利的。在发展壮大的历程中，我们党曾遇到不少困难和挫折，为什

么能够一次次化险为夷、转“危”为“机”？究其原因，最核心的就是我们党始终拥有坚定的理想信念。我们党自诞生之日起，就把马克思主义写在自己的旗帜上，把实现共产主义确立为最高理想。党章明确规定党的最高理想和最终目标是实现共产主义，党的根本宗旨是全心全意为人民服务。这样的理想信念，既能成为我们真正的精神支柱，又能产生伟大的力量。党的创始人李大钊曾豪迈地预言：“试看将来的环球，必是赤旗的世界!”即使站在敌人的绞刑架下，他仍然慷慨讲演：“不能因为你们今天绞死了我，就绞死了伟大的共产主义。”方志敏在阴湿昏暗的死囚牢里，曾写下光耀千秋的信仰绝唱：“敌人只能砍下我们的头颅，决不能动摇我们的信仰!”革命先辈们坚贞不屈的理想追求，感染和激励着一代又一代的共产党人为党和人民的事业鞠躬尽瘁、死而后已。华西村老书记吴仁宝深情地说：“我自己不仅要一辈子心向党，一辈子跟党走，还要带领华西人永远地心向党、跟党走。”可以说，中国共产党90多年的历史就是一部共产党人在坚定理想信念的旗帜下一往无前的奋斗史。我们党坚持远大理想与共同理想的统一、坚定理想与立足现实的统一，带领全党全国人民统一思想意志、统一步调行动，不为任何风险所惧，不为任何干扰所惑，集聚一切力量促发展，坚定不移地推进中国特色社会主义事业。

当前，在多元、多变的思想冲击之下，在拜金、拜物等观念腐蚀之下，信仰缺失是一个需要引起高度重视的问题，决不能放任不管，决不能听之任之，否则将要忘党忘国。问渠哪得清如许？为有源头活水来。这个源头，就是理想，就是信念。习近平同志指出：“理想信念坚定，是好干部第一位的标准，是不是好干部首先看这一条。如果理想信念不坚定，不相信马克思主义，不相信中国特色社会主义，政治不合格，经不起风浪，这样的干部能耐再大也不是我们党需要的好干部。只有理想信念坚定，用坚定理想信念炼就了‘金刚不坏之身’，干部才能在大是大非面前旗帜鲜明，在风浪考验面前无所畏惧，在各种诱惑面前立场坚定，在关键时刻靠得住、信得过、能放心。”崇高的理想、坚定的信念始终是党员干部站稳政治立场、抵御各种诱惑、保持先进性和纯洁性的决定性因素。只有坚定理想信念，加强党员干部思想建设，才能增强自我净化、自我完善、自我革新、自我提高能力，才能增强党的创造力、凝聚力、战斗力，确保党始终成为中国特色社会主义事业的坚强领导核心。

二、检验理想信念的客观标准

“疾风知劲草，板荡识诚臣”。理想信念既不是看不见的，也不是摸不着的，每个时期都有它的检验标准。习近平同志在新进中央委员会的委员、候补委员学习贯彻党的十八大精神研讨班上的讲话中深刻指出：“衡量一名共产党员、一名领导干部是否具有共产主义远大理想，是有客观标准的，那就要看他能否坚持全心全意为人民服务的根本宗旨，能否吃苦在前、享受在后，能否勤奋工作、廉洁奉公，能否为理想而奋不顾身去拼搏、去奋斗、去献出自己的全部精力乃至生命。”① 这个重要论述，为新时期衡量党员干部是否具有远大理想提供了客观标准，阐明了当代共产党人对于理想信念所应具有的坚定执着态度和具体行动标准，为党员干部坚定理想信念树立了实践标尺，具有很强的现实指导意义。

“四个能否”是检验理想信念的客观标准。“能否坚持全心全意为人民服务的根本宗旨”是思想基础，为人民服务，是共产党人的价值追求，理想信念是否坚定，就是要看共产党员能否践行党的宗旨，能否全心全意为人民服务，能否用实际行动为人民谋利益、谋福祉。“能否吃苦在前、享受在后”是基本要求，讲奉献、讲付出是共产党人的一贯作风和要求，理想信念是否坚定，就是要看共产党员能否艰

① 《毫不动摇坚持和发展中国特色社会主义 在实践中不断有所发现有所创造有所前进》，《人民日报》2013 年 1 月 6 日。

苦奋斗、吃苦耐劳，能否不讲享乐、生活朴素，能否只讲奉献、不讲条件。“能否勤奋工作、廉洁奉公”是价值体现，大公无私、无私无畏是共产党人的气概，理想信念是否坚定，就是要看共产党员能否夙夜在公、勤勉工作，能否秉公用权、无私奉献，能否廉洁自律、保持操守。“能否为理想而奋不顾身去拼搏、去奋斗、去献出自己的全部精力乃至生命”是最终目标，敢于拼搏、敢于担当是共产党人的精神状态，理想信念是否坚定，就是要看共产党员能否在大是大非面前和危难关键时刻站得出来，能否在国家、民族、人民的利益受到严重威胁的紧要关头豁得出来，在事关改革发展稳定大局特别是关系党和国家命运的重大事件面前冲得上来，展现共产党人的政治本色。

习近平同志指出：“没有远大理想，不是合格的共产党员；离开现实工作而空谈远大理想，也不是合格的共产党员。”① “四个能否”的检验标准，要把远大理想同中国实际和时代特征紧密结合起来。共产主义只有在社会主义社会充分发展和高度发达的基础上才能实现，是一个非常漫长的历史过程，想一下子进入共产主义，是不切实际的。我国现在正处于并将长期处于社会主义初级阶段，建立富强民主文明和谐的社会主义现代化国家是我国现阶段的奋斗目标。因而在现阶段，共产党员要把坚定理想信念同坚持和发展中国特色社会主义紧密联系起来，既要志存高远胸怀共产主义最高理想，又要从社会主义初级阶段的基本国情出发，立足当前、脚踏实地，扎扎实实做好每一项工作、完成好每一项任务，为坚持和发展中国特色社会主义贡献力量。

三、坚定理想信念的基本路径

崇高信仰、坚定信念不会自发产生。习近平同志指出：“形象地

---

① 《毫不动摇坚持和发展中国特色社会主义　在实践中不断有所发现有所创造有所前进》，《人民日报》2013 年 1 月 6 日。

说，理想信念是共产党人精神上的'钙'，没有理想信念，理想信念不坚定，精神上就会'缺钙'，就会得'软骨病'。现实生活中，一些党员、干部出这样那样的问题，说到底是信仰迷茫、精神迷失。"①坚定理念信念，不是一句空口号，需要经过长期不懈的勤奋学习、刻苦实践、加强修养才能达到。习近平同志强调："思想教育要突出重点，加强党性和道德教育，引导党员、干部坚定理想信念，坚守共产党人精神追求。引导党员、干部必须认真学习马克思列宁主义、毛泽东思想特别是中国特色社会主义理论体系，自觉用贯穿其中的立场、观点、方法武装头脑、指导实践、推动工作，始终不渝为中国特色社会主义共同理想而奋斗。要加强警示教育，让广大党员、干部受警醒、明底线、知敬畏，主动在思想上画出红线、在行动上明确界限，真正敬法畏纪、遵规守矩。"②

抓好思想理论建设这个根本。要炼就"金刚不坏之身"，必须用科学理论武装头脑，不断培植共产党人的精神家园。习近平同志强调："只有学懂了马克思列宁主义、毛泽东思想、邓小平理论、'三个代表'重要思想、科学发展观，特别是领会了贯穿其中的马克思主义立场、观点、方法，才能心明眼亮，才能深刻认识和准确把握共产党执政规律、社会主义建设规律、人类社会发展规律，才能始终坚定理想信念，才能在纷繁复杂的形势下坚持科学指导思想和正确前进方向，才能带领人民走对路，才能把中国特色社会主义不断推向前进。"③ 理论上的贫乏必然导致思想上的落伍。不可否认，在思想理

---

① 习近平：《紧紧围绕坚持和发展中国特色社会主义 学习宣传贯彻党的十八大精神》，《求是》杂志2012年第23期。

② 习近平：《在党的群众路线教育实践活动总结大会上的讲话》，《人民日报》2014年10月9日。

③ 习近平：《在中央党校建校80周年庆祝大会暨2013年春季学期开学典礼上的讲话》，《人民日报》2013年3月3日。

论建设方面，有些党员干部学历不低，但马克思主义理论功底不深，缺乏对马克思主义理论深入、系统的学习，不能运用科学的世界观和方法论观察、分析和解决实际问题，以致出现种种偏差和错误。坚定理想信念，领导干部特别是高级干部要把系统掌握马克思主义基本理论作为看家本领，老老实实、原原本本学习马克思列宁主义、毛泽东思想特别是邓小平理论、"三个代表"重要思想、科学发展观。党校、干部学院、理论学习中心组等都要把马克思主义作为必修课，成为马克思主义学习、研究、宣传的重要阵地。新提拔干部、年轻干部尤其要抓好理论学习，通过坚持不懈学习，学会运用马克思主义立场观点方法观察和解决问题，坚定理想信念，坚定共产主义远大理想，真诚信仰马克思主义，矢志不渝为中国特色社会主义而奋斗，坚持党的基本理论、基本路线、基本纲领、基本经验、基本要求不动摇。一名党员、干部，只有系统掌握、自觉运用马克思主义立场观点方法观察世界，全面了解党的历史，提高辩证思维能力，才能获得理想信念的真理支撑、历史支撑和现实支撑，做到虔诚而执着、至信而深厚。

抓好党性教育这个核心。习近平同志指出，共产党员要"自觉加强党性修养，增强党的意识、宗旨意识、执政意识、大局意识、责任意识，切实做到为党分忧、为国尽责、为民奉献"。党员干部加强党性教育、增强党性修养，首先要自觉增强政治定力。政治定力，就是在思想上政治上排除各种干扰、消除各种困惑，坚持正确立场、保持正确方向的能力。面对世情、国情、党情发生深刻变化、世界范围内各种思想文化交融交锋更加频繁、意识形态领域斗争长期而复杂的新形势下，习近平同志强调，领导干部要自觉增强政治定力。作为一名党员、干部，要毫不动摇地坚持马克思主义和共产主义信仰，始终坚持中国特色社会主义的道路自信、理论自信、制度自信，与党中央保持高度一致，坚决贯彻中央决策部署，进一步增强政治敏锐性和政治鉴别力，坚决与各种错误思想作斗争，真正做到"千磨万击还坚劲，任尔东西南北风”。其次要严格党内政治生活，开展积极健康的思想斗争，严明政治纪律和政治规矩，强化党组织的教育、管理和监督，守住信念防线、道德防线和法治防线，在任何情况下都稳得住心神、管得住行为、守得住清贫。加强自律管理，做到“吾日三省吾身”，常修为政之德，常思贪欲之害，常怀律己之心，克己自律，防微杜渐，自重、自省、自警、自励，永葆共产党人的先进本色。

抓好道德建设这个基础。习近平同志指出：“要继承和弘扬我国人民在长期实践中培育和形成的传统美德，坚持马克思主义道德观、坚持社会主义道德观，在去粗取精、去伪存真的基础上，坚持古为今用、推陈出新，努力实现中华传统美德的创造性转化、创新性发展，引导人们向往和追求讲道德、尊道德、守道德的生活，让 13 亿人的每一分子都成为传播中华美德、中华文化的主体。”① 道德是提高人的精神境界、促进人的自我完善、推动人的全面发展的内在动力。历史和现实反复表明，一个社会是否文明进步，一个国家能否长治久安，很大程度上取决于公民思想道德素质。当前党员干部在道德方面还存在不少突出问题，一些党员干部存在道德失范、诚信缺失现象，理想信念淡漠、人生观价值观扭曲，是非、善恶、美丑界限混淆，拜金主义、享乐主义、极端个人主义有所滋长，以权谋私、造假欺诈、见利忘义、损人利己现象时有发生。这些问题如果不加以认真解决，就会败坏党风政风和社会风气，影响正常经济社会秩序，损害党和国家形象。全面提高党员干部道德素质，就要加强社会公德、职业道德、家庭美德、个人品德教育，弘扬中华传统美德，弘扬时代新风，弘扬真善美、贬斥假恶丑；就要深入开展道德领域突出问题专项教育和治理，加强政务诚信、商务诚信、社会诚信和司法公信建设，建立健全社会信用体系，营造诚实守信的良好社会环境；就要始终牢记

① 《习近平谈治国理政》，外文出版社 2014 年版，第 160—161 页。

"两个务必"，培养健康的生活情趣，保持高尚的精神追求，自觉抵制拜金主义、享乐主义和奢靡之风，在改造客观世界的同时努力改造自己的主观世界，树立正确的世界观、人生观、价值观。

四、推动理论武装进一步深化

理论创新每前进一步，理论武装就要跟进一步。用科学的理论武装头脑，以理论上的清醒来保证政治上的坚定，是我们党一条重要政治经验。习近平同志强调，宣传思想工作要巩固马克思主义在意识形态的指导地位，巩固全党全国人民团结奋斗的共同思想基础。把全党全国各族人民凝聚在共同理想的旗帜下，心往一处想、劲往一处使，13 亿人的智慧和力量就必定能汇集起不可战胜的磅礴力量，成为实现中国梦最强大的支撑。

深入开展中国特色社会主义宣传教育。习近平同志指出，在当代中国，坚持和发展中国特色社会主义，就是真正坚持和发展社会主义。他还强调，实践充分证明，中国特色社会主义是中国共产党和中国人民团结的旗帜、奋进的旗帜、胜利的旗帜。我们要全面建成小康社会、加快推进社会主义现代化、实现中华民族伟大复兴，必须始终高举中国特色社会主义伟大旗帜，坚定不移坚持和发展中国特色社会主义。党的十八大要求全党坚定对中国特色社会主义的道路自信、理论自信、制度自信，其根本原因就在这里。开展中国特色社会主义宣传教育，要讲清楚中国特色社会主义是党和人民长期实践取得的根本成就，讲清楚中国特色社会主义是由道路、理论体系、制度三位一体构成的，讲清楚建设中国特色社会主义的总依据、总布局、总任务，讲清楚夺取中国特色社会主义新胜利的党的基本理论、基本路线、基本纲领、基本经验、基本要求，讲清楚中国特色社会主义的实践特色、理论特色、民族特色、时代特色，讲清楚确保党始终成为中国特色社会主义事业的坚强领导核心。同时，各级各类新闻媒体可开设专题专栏，深入宣传阐释中国特色社会主义的真谛要义，全面反映中国特色社会主义的生动实践，坚定广大干部群众对中国特色社会主义的道路自信、理论自信、制度自信、文化自信。

深入宣传中国梦的基本内涵、思想底蕴和实践要求。习近平同志指出："实现中华民族的伟大复兴，就是中华民族近代以来最伟大的梦想。"这个梦想，凝聚了几代中国人的夙愿，体现了中华民族和中国人民的整体利益，是每一个中华儿女的共同期盼。实现中华民族伟大复兴的中国梦提出来后，得到全党全国各族人民的真心拥护和全面支持。深化中国梦宣传教育，必须深入阐释国家富强、民族振兴、人民幸福这个基本内涵，阐释实现中国梦必须在党的领导下坚持中国道路、弘扬中国精神、凝聚中国力量，讲清楚国家梦、民族梦与个人梦的关系，讲清楚实现远大理想必须苦干实干，引导人们按照习近平同志强调的"中国梦归根到底是人民的梦，必须紧紧依靠人民来实现，必须不断为人民造福"，"我们的人民热爱生活，期盼有更好的教育、更稳定的工作、更满意的收入、更可靠的社会保障、更高水平的医疗卫生服务、更舒适的居住条件、更优美的环境，期盼着孩子们能成长得更好、工作得更好、生活得更好"，脚踏实地、一步一个脚印地实现"每个中国人的梦"。同时，注重开展中国梦主题宣讲活动、教育活动、文化活动，推动中国梦入脑、入心、入行动，避免在空洞的梦上过度渲染，避免将中国梦概念化、固化、庸俗化。

培育和践行社会主义核心价值观。习近平同志在同北京大学师生座谈时指出："每个时代都有每个时代的精神，每个时代都有每个时代的价值观念""我们提出要倡导富强、民主、文明、和谐，倡导自由、平等、公正、法治，倡导爱国、敬业、诚信、友善，积极培育和践行社会主义核心价值观。富强、民主、文明、和谐是国家层面的价值要求，自由、平等、公正、法治是社会层面的价值要求，爱国、敬业、诚信、友善是公民层面的价值要求。这个概括，实际上回答了我们要建设什么样的国家、建设什么样的社会、培育什么样的公民的重大问题。”社会主义核心价值体系是凝心聚力的兴国强国之魂，决定着中国特色社会主义发展方向。社会主义核心价值观是社会主义核心价值体系的内核，体现社会主义核心价值体系的根本性质和基本特征，反映社会主义核心价值体系的丰富内涵和实践要求。培育和践行社会主义核心价值观，对于巩固全党全国各族人民团结奋斗的共同思想道德基础、夺取中国特色社会主义新胜利、提高国家文化软实力，具有重要意义。习近平同志指出：“要切实把社会主义核心价值观贯穿于社会生活方方面面。要通过教育引导、舆论宣传、文化熏陶、实践养成、制度保障等，使社会主义核心价值观内化为人们的精神追求，外化为人们的自觉行动。”深入开展社会主义核心价值观学习教育，深化对社会主义核心价值观内涵的宣传阐释，大力倡导富强、民主、文明、和谐，大力倡导自由、平等、公正、法治，大力倡导爱国、敬业、诚信、友善，推动社会主义核心价值观内化于心、外化于行，提高社会知晓率、认同度，用社会主义核心价值观引领社会思潮、凝聚社会共识，成为全体人民的价值追求和自觉行动。注重宣传教育、示范引领、实践养成相统一，注重政策保障、制度规范、法律约束相衔接。习近平同志强调，实现中国梦必须弘扬中国精神。这种中国精神，需要经过社会主义核心价值观的化育和培养，通过开展中国精神宣传教育，大力弘扬民族精神和时代精神，进一步增强爱国主义、集体主义、社会主义观念，丰富人民群众的精神世界。

第三节　加强党性修养，增强政治定力

加强党性修养，必须做到持之为明镜、内化为修养、升华为信条。党的十八大以来，习近平同志从保持党的先进性和纯洁性的战略高度，强调广大党员干部特别是领导干部要自觉加强党性修养，强调一个党员的党性，不是随着党龄增长和职务提升而自然而然提高的，不加强党性修养和锤炼，党性不仅不会提高，反而会降低，甚至可能

完全丧失。这些重要论述和要求，是新形势下广大党员干部加强党性修养的思想武器，为我们锤炼党性、加强修养、增强定力提供了根本遵循和行为指南。

一、衡量党性强弱的根本尺子

党性是阶级性最高、最集中的表现，是无产阶级政党先进性、革命性和坚定性的集中反映。党性是我们党区别于其他政党的鲜明标志。坚持党性原则，是衡量党员立场和觉悟的准绳，是党员立身、立业、立言、立德的基石。习近平同志在参加河北省委常委班子专题民主生活会时指出："衡量党性强弱的根本尺子是公、私二字。"马克思主义认为，公与私是对立统一的关系。一方面，公与私是相对立、相冲突的；另一方面，公与私又是相互依存、相互联系的。对共产党员来说，对公私关系的理解不同，处理公私关系的方式不一样，就决定了不同的党性修养境界。

我们党自成立之日就把立党为公庄严地写在自己的旗帜上，要求全体党员特别是党的领导干部在处理公私关系上能做到大公无私。1938 年 10 月毛泽东在《中国共产党在民族战争中的地位》中就指出："共产党员无论何时何地都不应以个人利益放在第一位，而应以个人利益服从于民族的和人民群众的利益。因此，自私自利，消极怠工，贪污腐化，风头主义等等，是最可鄙的；而大公无私，积极努力，克己奉公，埋头苦干的精神，才是可尊敬的。"① 周恩来 1951 年 9 月在《关于知识分子的改造问题》中指出：工人阶级是"最可靠、最有希望、最大公无私的阶级"。② 邓小平 1980 年 12 月在中央工作会议上指出："要教育全党同志发扬大公无私、服从大局、艰苦奋斗、

① 《毛泽东选集》第 2 卷，人民出版社 1991 年版，第 522 页。

② 《周恩来统一战线文选》，人民出版社 1984 年版，第 216 页。

廉洁奉公的精神，坚持共产主义思想和共产主义道德。”① 刘少奇在《论共产党员的修养》中，以同样的观点阐明了大公无私是共产主义的道德追求，他说：“在一个共产党员的思想意识中，如果只有党的共产主义的利益和目的，真正大公无私，没有离开党而独立的个人目的和私人打算……他就可能有很好的共产主义道德。”②

在现实生活中，领导干部立党为公、执政为民的典型事例非常多，如杨善洲、焦裕禄、谷文昌、郑培民等党的好干部都是大公无私的优秀代表。同时，也有一些领导干部把当干部作为一种谋取私利、巧取豪夺的手段，如有的领导干部为了捞资本、谋升迁，不惜动用人力物力财力，大搞“形象工程”“政绩工程”；有的领导干部任人唯亲、任人唯利，甚至搞顺我者昌、逆我者亡；有的领导干部以权谋私、贪赃枉法，为自己和小团体谋取私利，甚至到了欲壑难填、蛇欲吞象的地步；有的甚至产生“人不为己，天诛地灭”的想法。这其中的动因都是一个“私”字。为此，习近平同志指出：“作为党的干部，就是要全心全意为人民服务，就是要诚心诚意为党和人民事业奋斗，就是要讲大公无私、公私分明、先公后私、公而忘私。”党员干部只有一心为公，事事出于公心，才能有正确的是非观、义利观、权力观、事业观，才能把群众装在心里，才能坦荡做人、谨慎用权，才能光明正大、堂堂正正。

当然，讲大公无私并不否定个人利益。党员干部讲大公无私是以承认个人利益为前提的，并且保护个人的合法利益。我们无论是进行革命或是建设，目的都是为全体人民谋福利，其中自然包括众多的个人利益。习近平同志指出：“干部合理合法的利益当然要承认，也要保障，但这同私心、私利、私欲不是同一个概念，不能混为一谈。”

① 《邓小平文选》第2卷，人民出版社1994年版，第367页。
②《刘少奇选集》上卷，人民出版社1981年版，第131页。

还强调："不能把'私'与一些基本利益、基本需求画等号。一个人要睡眠，保证了这个权益就是有'私'了？一天吃三顿饭就是有'私'了？基本福利、基本工资不拒绝，也是有'私'了？能这么解释吗？偷换概念嘛！我们说的'私'，是指在行使公权力时谋私，这是不允许的。"社会主义条件下的按劳分配，也正是兼顾了国家、集体和个人的利益，并且把他们有机地结合起来。在三者利益不发生冲突时，并不要求放弃个人利益。而且，随着国家、社会利益的发展，个人利益也会相应地得到增加。

二、加强党性修养做到"四个相统一"

习近平同志强调，坚强的党性，是成为高素质领导干部的首要条件。讲党性是具体的、现实的，应内化于心，外践于行，落实于做。领导干部加强党性修养，就是要加强理论修养、政治修养、道德修养、纪律修养和作风修养，并到工作和社会生活之中去磨砺党性、实践党性、检验党性，具体来说，要做到"四个相统一"。

坚持远大理想与现实目标相统一。习近平同志指出："没有远大理想，不是合格的共产党员；离开现实工作而空谈远大理想，也不是合格的共产党员。""在坚定共产主义信仰上，既不能'庸俗化'，天天高喊共产主义口号，去干'跑步进入共产主义'那种事。""在坚持中国特色社会主义共同理想上，既要有很强的战略定力，增强道路自信、理论自信、制度自信，又要有很实的工作作风，矢志不移地做好当前每一项工作。"党员干部既要树立共产主义的远大理想，坚定信念，以高尚的思想道德要求和鞭策自己，更要脚踏实地地为实现党在现阶段的基本纲领而不懈努力，扎扎实实地做好现阶段的每一项工作。忘记远大理想而只顾眼前，就会失去前进方向；离开现实工作而空谈远大理想，就会脱离实际。

坚持理论教育与实践锻炼相统一。习近平同志指出，我们党作为马克思主义执政党，不但要有强大的真理力量，而且要有强大的人格力量。他还指出，要炼就“金刚不坏之身”，必须用科学理论武装头脑，不断培植我们的精神家园。长期以来，习近平同志带头传承党的优良传统和作风，对自己、对亲属、对身边工作人员要求十分严格，从不搞半点特殊化；带头改进调查研究，深入基层了解实情，不封路、不扰民、不作秀，坐百姓炕、吃战士灶，与人民群众打成一片，真正做到了要求别人做到的自己先要做到，要求别人不做的自己坚决不做，真正起到了“其身正不令而从”的示范和引领作用。党员干部加强党性修养，一方面要增强学习的紧迫感，大兴学习之风，坚持学习、学习、再学习，孜孜以求，学而不怠，真正做到系统地而不是零碎地、深刻地而不是肤浅地、全面地而不是片面地学习马克思主义理论，努力做到入心入耳入脑、切实真学真信真行。另一方面要保持昂扬向上、奋发有为的精神状态，不怕困难，勇于进取，夙兴夜寐、勤奋工作，在矛盾面前，敢抓敢管、敢于碰硬；在风险面前，敢作敢为、敢担责任；在紧要关头，挺得上来、豁得出去。

坚持组织入党与思想入党相统一。习近平同志指出，党性不可能随着党龄增加而自然增强，也不可能随着职务升迁而自然增强，必须在严格的党内生活锻炼中不断增强。他强调，组织管理从严，严格日常教育和管理，疏通党员队伍出口，对丧失党员条件的及时进行组织处置，对道德败坏、蜕化变质的坚决清除出党。他指出，个人修炼从严，强化党的意识、组织意识、讲规矩意识，始终把党放在心中最高位置，永远忠诚于党、与党同心同德。他在全军政治工作会议上强调，要在党言党、在党忧党、在党为党，把爱党、忧党、兴党、护党落实到工作各个环节。组织上入党领进“门”，思想上入党才是党的人。衡量党员是不是真正从思想上入了党，政治思想素质高不高，主要是看有没有党性，党性纯不纯。实现思想上入党，必须经常性地开展党内积极的思想斗争，认真进行批评和自我批评。必须坚持理论联系实际，注重立场和世界观的改造，时时处处把党和人民利益放在高于一切的位置上，全心全意为人民服务，做到吃苦在前、吃亏在前、奉献在前。

坚持党性原则与人情感情相统一。习近平同志指出，我国是个人情社会，亲属圈、朋友圈、同事圈比较热络，要正确认识和处理人际关系，做到既有人情味又按原则办。他强调，要明确哪些是应当有、应当讲的人情，哪些是不应当有、不应当讲的人情，既要真诚待人、乐于助人，更要讲党性、讲原则，守住自己的政治生命线。要旗帜鲜明地同陈规陋习、顽瘴痼疾作斗争，当个人感情同党性原则、私人关系同人民利益相抵触时，要毫不犹豫站稳党性立场。坚持党性原则是共产党员党性修养的一个重要体现。在任何情况下都不能随波逐流，遇事要讲党性，讲原则，不能说话办事看“来头”，看“风向”。当然，讲原则并不是不讲人情，也不是一讲原则就否定灵活性。同时，还要自觉加强党性锻炼，把党组织的要求变成自觉的实际行动，在任何情况下都能够用党性原则自觉地严格约束自己，过好金钱关、名利关、权力关、人情关、美色关，永葆共产党员和人民公仆的本色。

三、自觉践行“三严三实”要求

“三严三实”是党员干部加强党性修养的总法则。习近平同志多次强调，各级领导干部要严以修身、严以用权、严以律己，谋事要实、创业要实、做人要实。这“三严三实”，贯彻着马克思主义政党建设的基本原则和内在要求，是共产党人最基本的政治品质和做人准则，也是党员、干部的修身之本、为政之道、成事之要。“三严三实”，涵盖修身用权律己、谋事创业做人等多个方面，蕴含着共产党人坚定的理想信念和崇高的精神追求，蕴含着严肃的政治原则和严明的纪律要求，蕴含着一切从实际出发、实事求是的思想路线，体现了世界观和方法论的有机统一、内在规律和外在约束的有机统一。“严以修身”，就是要加强党性修养，坚定理想信念，提升道德境界，追求高尚情操，自觉远离低级趣味，自觉抵制歪风邪气。“严以用权”，就是要坚持用权为民，按规则、按制度行使权力，把权力关进制度的笼子里，任何时候都不搞特权、不以权谋私。“严以律己”，就是要心存敬畏、手握戒尺，慎独慎微、勤于自省，遵守党纪国法，做到为政清廉。“谋事要实”，就是要从实际出发谋划事业和工作，使点子、政策、方案符合实际情况、符合客观规律、符合科学精神，不好高骛远，不脱离实际。“创业要实”，就是要脚踏实地、真抓实干，敢于担当责任，勇于直面矛盾，善于解决问题，努力创造出经得起实践、人民、历史检验的实绩。“做人要实”，就是要对党、对组织、对人民、对同志忠诚老实，做老实人、说老实话、干老实事，襟怀坦白，公道正派。

“三严三实”的实质是“严”与“实”，“严”字集中反映马克思主义政党严密的组织、严肃的生活、严格的制度、严明的纪律等基本特征。“实”字集中体现我们党一切从实际出发、理论联系实际、实事求是、在实践中检验和发展真理的思想路线。“三严”与“三实”相互关联、相辅相成，是统一严密而不可分割的整体。修身、用权、律己，必须“严”字当头，“实”在其中；谋事、创业、做人，必须“实”字引领，“严”作保障，做到严实结合、融为一体。党员干部要增强践行“三严三实”的思想自觉和行动自觉，从严上要求，向实处着力，很好落实到修身做人、为官用权、干事创业之中，深入转变作风、树立良好形象，努力成为党和人民需要的好干部，更好地履行共产党人的崇高职责。

当前，领导干部的作风与事业发展需要总体上是适应的，特别是经过党的群众路线教育实践活动，党风政风得到明显改善、呈现出新的气象，党群关系得到明显密切、展现出新的面貌，党的建设得到明显加强、开创出新的局面。同时，在领导干部队伍中也存在不少不严不实的突出问题。比如，有的理想信念动摇、信仰迷茫、精神迷失，不信马列信鬼神，不信中国信西方，甚至到封建迷信中寻找精神寄托；有的宗旨意识淡薄、忽视群众利益、漠视群众疾苦；有的无视党的政治纪律和政治规矩，对党不忠诚、做人不老实，有令不行、有禁不止、阳奉阴违，言行不一、表里不一、前后不一，呈现出双面人格；有的心中无党纪、眼里无国法，组织涣散、纪律松弛、我行我素，搞团团伙伙、亲亲疏疏和“小圈子”；有的道德修养不高，容易受社会上一些不良风气的侵袭，沉溺于低级趣味；有的不能正确对待手中的权力，不讲规矩，不讲程序，不愿接受监督，公器私用、设租寻租，官商勾结、利益输送，甚至滥用权力、以权谋私；有的不直面问题、不负责任、不敢担当，顶风违纪搞“四风”；有的好大喜功、急功近利，热衷于搞脱离实际、劳民伤财的“政绩工程”和沽名钓誉的“形象工程”；等等。这些问题严重影响党的形象、损害党群干群关系、妨碍事业发展，必须引起各级领导干部高度重视。

按照“三严三实”要求修身做人。做官先做人，做人先修身。做好人是做好官的前提和基础。试想，如果连人都做不好，又怎么能把官做好呢？党员干部特别是领导干部是党的事业的骨干，在修身做人上理应有更高的觉悟、更高的境界，也应有更高的标准、更严的要求。毛泽东在《纪念白求恩》中号召共产党人，要做“一个高尚的人，一个纯粹的人，一个有道德的人，一个脱离了低级趣味的人，一个有益于人民的人”；习近平同志强调做党和人民需要的好干部，必须坚持“信念坚定、为民服务、勤政务实、敢于担当、清正廉洁”，实际上讲的都是党员干部如何修身做人的问题。党员干部要切实按照“三严三实”要求，加强党性锻炼和道德修养，坚持把真理力量和人格力量统一起来，充分发挥先锋作用、引领作用，以过硬的思想品格和良好的精神风貌赢得群众信任和支持。

按照“三严三实”要求为官用权。党员干部特别是领导干部手中都有大大小小的权力。领导干部履好职、尽好责，必须正确对待权力，在为官用权中认真贯彻“三严三实”要求。为官用权必须牢固树立权为民赋、权为民用的正确权力观。在我国，人民是国家的主人、社会的主人和自己命运的主人，领导干部是人民的公仆，领导干部的权力是人民赋予的，是用来为人民服务的，公权姓“公”，必须而且只能公用，决不能把权力变成谋取私利的工具。为官用权要始终保持敬畏之心。古人讲：“君子之心，常怀敬畏。”敬畏不是畏首畏尾，而是一种发自内心的尊重，是一种如临深渊、如履薄冰的谨慎，是一种言有所戒、行有所止的自我约束。当干部、做领导，应当心存敬畏，有敬畏才会慎用权、守规矩，有敬畏才会行得正、站得稳。为官用权要过好金钱关、亲情关、美色关、交友关。为官用权要自觉接受监督，领导干部的情况，上级不是能天天看到的，下级也不是能天天看到的，而同级领导成员之间彼此是最熟悉的，因此，领导干部相互之间的监督是至关重要的。

按照“三严三实”要求干事创业。党员干部作为党的事业的骨干，在其位就要谋其政尽其责，就要想干事、能干事、干成事。30 多年前邓小平同志第三次复出时讲：“我出来工作，可以有两种态度，一个是做官，一个是做点工作。我想，谁叫你当共产党人呢。既然当了，就不能够做官，不能够有私心杂念，不能够有别的选择。”重温这段意味深长的话，我们无不为其所展现的崇高精神境界而感慨。既然做了党员干部，就要像邓小平同志那样，不为做大官，而要一心做大事，把为党和人民干出一番事业作为最大的价值追求，严肃认真履职，踏踏实实干事，创造经得起实践、历史和人民检验的业绩。以正确的事业观政绩观干事创业，坚持用实践观点、群众观点、历史观点对待事业和政绩，把实际成效作为检验政绩的重要标准，把维护群众利益、增进群众福祉作为干事创业的根本目的，树立“功成不必在我”的理念，实现实实在在没有水分的增长，坚决不搞虚政绩、假政绩、劣政绩。以敢于担当的精神干事创业，大事难事看担当，逆境困境看定力，进一步增强问题意识、创新意识、责任意识，敢于直面矛盾，善于攻坚克难，勇于动真碰硬，不断在解决时代课题和现实问题中把事业推向前进。以求真务实的作风干事创业，发扬钉钉子精神，对认准的事情紧盯不放，咬定青山不放松、一张蓝图绘到底，以锲而不舍、驰而不息的韧劲，不断开创事业发展新局面。

以严和实的精神做好各项工作。习近平同志在中央政治局第二十六次集体学习时的讲话中指出："'三严三实'是我们天天要面对的要求，大家要时时铭记、事事坚持、处处上心，随时准备坚持真理、随时准备修正错误，凡是有利于党和人民事业的，就坚决干、加油干、一刻不停歇地干；凡是不利于党和人民事业的，就坚决改、彻底改、一刻不耽误地改。"他在中央政治局专题民主生活会上指出，自觉把"三严三实"要求体现到坚持坚定正确的政治方向，自觉把"三严三实"要求体现到落实党中央重大决策部署上，自觉把"三严三实"要求体现到对分管方面的管理上，自觉把"三严三实"要求体现到严格要求自己上。践行"三严三实"，要立根固本，挺起精神脊梁，我们共产党人的根本，就是对马克思主义的信仰，对共产主义和社会主义的信念，对党和人民的忠诚。立根固本，就是要坚定这份信仰、坚定这份信念、坚定这份忠诚，只有在立根固本上下足了功夫，才会有强大的免疫力和抵抗力。要落细落小，注重细节小事，修身、用权、律己，谋事、创业、做人，贯穿领导干部工作生活方方面面，严和实是一件一件事情、一点一点修为积累起来的，必须落细落小，多积尺寸之功，经常防微杜渐。要修枝剪叶，自觉改造提高，每个同志都有改造自己、提高自己的职责，打扫思想灰尘、祛除不良习气、纠正错误言行永无止境，永远都是进行时。要从谏如流，自觉接受监督，领导干部践行"三严三实"，靠自身努力，也靠党和人民监督。我们党有严密的组织性和纪律性，党的根本宗旨是全心全意为人民服务，接受组织和人民监督天经地义。要总结经验，健全体制机制，使各种监督更加规范、更加有力、更加有效。

四、始终做到忠诚干净担当

忠诚干净担当是党员干部加强党性修养的总要求。习近平同志多次强调，领导干部要对党忠诚、个人干净、敢于担当，这抓住了党员干部安身立命、为官用权的关键，指明了党员干部加强党性修养、提高能力素质、培育优良作风、提升人格力量的努力方向。忠诚、干净、担当是一个有机整体。忠诚是党员干部应有的政治品格，没有忠诚，必然意志不坚、迷失方向，这样的人在风浪考验面前就会靠不住。干净是党员干部做人为官的底线，为政不廉，就很容易被糖弹击中，让权力偏离正确轨道，不可避免地走向腐败的深渊，这样的人就没有当领导的起码资格。担当是履职的内在要求，缺乏担当，就可能失职渎职，就容易在关键时候掉链子，这样的人难堪重任、难有作为。对领导干部来说，忠诚、干净、担当同等重要、缺一不可，不能有任何偏废。

永葆对党忠诚的政治品格。讲忠诚，是马克思主义政党的本质要求，是我们党团结统一的有力保证。“天下至德，莫大于忠。”在中国传统文化倡导的基本政治道德范畴中，“忠”字排在首位，是最重要的内核和最鲜明的底色。尽管忠诚在不同时代有不同的内涵，但忠诚的价值是超越时空的。对党员干部来说，对党忠诚仍然是第一位的要求，是党章明确规定必须履行的义务和政治责任。对党忠诚，就要忠诚于党的信仰。对马克思主义的信仰，对社会主义和共产主义的信念，是共产党人的政治灵魂，是共产党人经受任何考验的精神支柱。对党忠诚，就要忠诚于党的宗旨。我们党是一个以全心全意为人民服务为根本宗旨的马克思主义政党，共产党人对党忠诚与对人民忠诚是高度统一、完全一致的。对党忠诚，就要忠诚于党的组织。我们党是以民主集中制为组织原则建立起来的政治组织，忠诚于党实际上就是忠诚于党的组织。习近平同志指出：“全党同志要强化党的意识，牢记自己的第一身份是共产党员，第一职责是为党工作，做到忠诚于组织，任何时候都与党同心同德。”

坚守个人干净的为官底线。对于党员干部来说，能不能保持干净，不仅关系个人毁誉得失，而且关系党的形象、党的威望。只有个人干净，才能立身处世、得到他人信任，才能自身过硬、担当领导表率，才能正确履责、公正行使权力。一个领导干部能力再强、工作再勤奋，如果在干净上出了问题，一切奋斗努力和成长进步都会“归零”，甚至还不如“零”。个人干净必须筑牢思想防线，经常打扫思想尘埃，去除杂质、去除微生物，筑牢思想防线，保持思想上的纯洁性。个人干净必须敬畏法纪，自觉坚持在法律约束下用权、在制度笼子里用权，严格按照法定原则、法定职责、法定权限、法定程序公开透明行使权力，经常看一看法纪允许做什么、不允许做什么，经常问一问所办的事情依不依规、合不合法，做到谨遵法纪不出轨、严守法纪不越界，以依法依规用权保证廉洁用权。个人干净必须经常自警自省。习近平同志强调：“一个人能否廉洁自律，最大的诱惑是自己，最难战胜的敌人也是自己。”做人、处事、交友要自律、要慎重，要坚持慎独、慎微、慎友，自己给自己立规矩、自己给自己定框框、自己给自己不方便，注重从独处时做起、在细微处预防，牢记人情里面有原则、交往之中有政治，坚守为人和做官的底线，绝不越雷池半步。

强化敢于担当的责任意识。担当总是与责任紧密联系在一起的，有多大的担当才能干多大的事业，尽多大的责任才会有多大的成就。责任无处不在，担当义不容辞。党员干部要真正肩负起对党的责任、对人民的责任、对事业的责任，就必须在加快经济转型升级中敢于担当，主动承担起推动结构转型、创新驱动、内需驱动的责任，坚决打破一切不适应不符合新常态要求的思维定式，彻底转变一切不科学的发展方式，切实摒弃一切不正确的政绩观，更加自觉地把工作着力点放到转方式调结构、推动经济社会持续健康发展上来。在有效破解改革难题中敢于担当，深刻认识所肩负的历史责任，坚持问题导向，不畏难、不躲闪，拿实招、出狠招，向积存多年的顽瘴痼疾开刀，坚决打破不合理利益格局固化的藩篱，坚决破除影响和制约科学发展的体制机制障碍。在维护社会政治稳定中敢于担当，在利益关系复杂、群众诉求集中、矛盾冲突频发的地方，敢于站在第一线，主持公道正义，及时回应群众关切，有效化解矛盾，对侵害群众合法权益的行为要敢于动真格，对不合理不合法的诉求要敢于坚持原则。

第四节　牢牢把握意识形态工作领导权管理权话语权

做好意识形态领域的工作，是加强党的建设的重要任务。坚持思想建党，必须高度重视意识形态工作。党的十八大以来，习近平同志就做好意识形态领域的工作发表了一系列重要讲话，提出了牢牢把握意识形态工作领导权管理权话语权的重要论断，这是我们党对马克思主义思想建设理论的新发展，标志着党对社会主义意识形态建设规律的认识达到了新高度、开辟了新境界，对在新的历史条件下抓好意识形态工作，具有重要指导作用。

一、意识形态工作是党的一项极端重要的工作

经济基础决定上层建筑，上层建筑反作用于经济基础，这是马克思主义的基本原理。意识形态属于上层建筑，意识形态工作关系举什么旗、走什么路、立什么制等重大政治方向问题。为此，习近平同志对意识形态工作的重要地位和作用作了深刻阐述，强调指出：经济建设是党的中心工作，意识形态工作是党的一项极端重要的工作；能否做好意识形态工作，事关党的前途命运，事关国家长治久安，事关民族凝聚力和向心力；在集中精力进行经济建设的同时，一刻也不能放松和削弱意识形态工作。这些重要论述，充分论证了意识形态工作的极端重要性和根本战略性，是对“两手抓、两手都要硬”这一重要方针的继承和发展。

改革开放以来，我们党始终坚持以经济建设为中心，集中精力把

经济建设搞上去、把人民生活搞上去。这是由人民日益增长的物质文化需要同落后的社会生产之间的矛盾这一社会主要矛盾决定的。30多年来，我国生产力和综合国力得到极大增强，但我国仍处于并将长期处于社会主义初级阶段的基本国情没有变，人民日益增长的物质文化需要同落后的社会生产之间的矛盾这一社会主要矛盾没有变，我国是世界上最大的发展中国家的国际地位没有变。只要国内外大势没有发生根本变化，坚持以经济建设为中心就不能也不应该改变。这是坚持党的基本路线100年不动摇的根本要求，也是解决当代中国一切问题的根本要求。历史和现实一再证明，经济工作搞不好会出大问题，意识形态工作搞不好同样会出大问题；经济工作搞好了，意识形态工作搞不好也会出大问题。只有把物质文明建设和精神文明建设都搞好，国家物质力量和精神力量都增强，全国各族人民物质生活和精神生活都改善，中国特色社会主义事业才能顺利向前推进。

当前，意识形态领域很不平静，存在一些不容忽视的突出问题。主要表现在：世界范围内各种思想文化交流交融交锋更加频繁，意识形态领域渗透与反渗透的斗争深刻复杂，西方一些势力把中国的发展壮大视为西方制度模式和价值观的威胁，我国将长期面对西方遏制、促变的压力，长期受到意识领域西化、分化战略的渗透；国内有一些人在竭力与我们党争夺话语权和影响力，受到西方国家的蛊惑，鼓吹西方的制度模式是“普世价值”，极力宣传它那一套所谓“普世”的“民主”“自由”“人权”，一些不明真相的人跟着瞎起哄，造成思想混乱，也有人以“反思改革”为名，否定改革开放；随着社会变革和深化改革的推进，各种社会矛盾和问题层出不穷，人们思想观念独立性、选择性、多样性、多变性、差异性明显增强，一些人理想信念动摇，一些腐朽落后思想文件沉渣泛起；等等。这些问题如果长此放任下去，势必搞乱党心民心，危及社会和谐稳定和党的执政地位。

马克思主义是社会意识形态的旗帜和灵魂。意识形态工作一刻也不能放松和削弱，就是要充分认识意识形态工作的极端重要性，巩固马克思主义在意识形态领域的指导地位，巩固全党全国人民团结奋斗的共同思想基础，就是要毫不动摇地坚持马克思列宁主义、毛泽东思想和包括邓小平理论、“三个代表”重要思想、科学发展观在内的中国特色社会主义理论体系，就是要毫不动摇地坚持以马克思主义指导思想、中国特色社会主义共同理想、爱国主义为核心的民族精神和改革创新为核心的时代精神、社会主义荣辱观为基本内容的社会主义核心价值体系。学习好贯彻好落实好习近平同志系列重要讲话精神，坚定理想信念，巩固共同思想基础，形成强大精神支柱。

二、意识形态领域阵地不能丢

习近平同志强调，能否做好意识形态工作，事关党的前途命运，事关国家长治久安，事关民族凝聚力和向心力。意识形态工作具有根本性、战略性意义，这块阵地我们不去占领，人家就会去占领。只有坚守宣传思想阵地，才能真正牢牢把握意识形态工作的领导权管理权话语权。意识形态工作根本任务的实现，有赖于我们党的宣传、思想、文化、艺术等各方面阵地作用的充分发挥。利用好党校、干部学院、社会科学院、高校等阵地，深化中国特色社会主义、实现中华民族伟大复兴的中国梦的研究阐释，强化其马克思主义学习研究宣传的重要阵地的地位。加强报纸杂志、广播电视、互联网、移动终端的建设和管理，加强各种讲台论坛、研讨会、报告会的引导和管理，使这些宣传阵地坚定政治方向、站稳政治立场，宣传好党的路线方针政策，宣传好中国特色社会主义道路、理论体系和制度，增强广大人民群众的道路自信、理论自信、制度自信、文化自信，成为全党全社会坚定理想信念、营造良好氛围、凝聚社会共识的主渠道。

意识形态领域的情况非常复杂，需要积极开展舆论斗争。现在，我们一些同志以为搞改革开放，可以不搞意识形态斗争了。事实上，西方国家是非常重视意识形态斗争的，只是不明说。西方国家表面上反对宣传灌输，其实它们的宣传灌输搞得比谁都更来劲、更在行。我们不搞意识形态斗争，那是一厢情愿，因为西方敌对势力从来就没有放弃对其他国家特别是社会主义国家的意识形态斗争，不断花样翻新地进行渗透、颠覆活动。党员领导干部要增强阵地意识，善于识别西方敌对势力各种意识形态的把戏，深入开展网上舆论斗争，掌握网上舆论战场的主动权。对各种错误言论要敢于碰硬、敢于批评，旗帜鲜明地支持正面声音；对重大政治原则和大是大非问题，敢于站在风口浪尖上进行斗争，支持什么、反对什么，必须旗帜鲜明、态度坚定，决不能似是而非、模棱两可，决不能搞“爱惜羽毛”那一套，不要故作开明，不能做旁观者，不能当“绅士”，要作斗士。同时，对群众合理的批评和监督，不论多么尖锐，不能压制，不仅要欢迎，而且要认真改正；对学术问题，应该发扬民主，平等讨论，做到研究无禁区、宣传有纪律。

坚持党管媒体原则不动摇。习近平同志强调：“党和政府主办的媒体是党和政府的宣传阵地，必须姓党。党的新闻舆论媒体的所有工作，都要体现党的意志、反映党的主张，维护党中央权威、维护党的团结，做到爱党、护党、为党；都要增强看齐意识，在思想上政治上行动上同党中央保持高度一致；都要坚持党性和人民性相统一，把党的理论和路线方针政策变成人民群众的自觉行动，及时把人民群众创造的经验和面临的实际情况反映出来，丰富人民精神世界，增强人民精神力量。”党管媒体，是党在长期实践中形成的根本原则，是中国特色社会主义制度的重要方面，关系党的执政地位，关系事业的兴衰成败，任何时候都不能动摇。坚持党管媒体，就是要在思想上必须坚持马克思主义对新闻宣传部门的指导，在政治上必须同党中央保持一致，在组织上必须确保意识形态工作的领导权牢牢掌握在忠于马克思主义、忠于党、忠于人民的人手里。当前，社会思潮多元多样多变，新媒体、自媒体如雨后春笋般成长，我们已经进入了一个人人都有麦克风的时代。在这样的条件下，各类媒体更要讲政治、讲大局，坚持政治家办报、办刊、办台、办新闻网站，各级各类传播渠道都要坚持党的领导，严格执行党的政治纪律和宣传纪律。加强马克思主义新闻观教育，坚决反对西方所谓“新闻自由”。坚持什么、反对什么，说什么话、做什么事，都要符合党的要求。对于党的基本路线、重大原则问题、重要方针政策，媒体的宣传报道一定要有正确的立场、鲜明的观点、坚定的态度。始终坚持团结稳定鼓劲、正面宣传为主的方针，牢牢把握正确导向，把体现党的主张与反映人民心声统一起来，把坚持正确导向与通达社情民意统一起来，把正面宣传为主与加强和改进舆论监督统一起来，切实提高媒体的传播力公信力影响力，增强舆论引导的及时性针对性实效性。

加强网络管理和网上舆论引导。新兴媒体发展迅速，互联网成为许多人特别是年轻人获取信息的主要途径，对意识形态工作提出了新挑战。对此，习近平同志深刻指出，互联网已成为舆论斗争的主战场，我们能否顶得住、打得赢，直接关系我国意识形态安全和政权安全；把网上舆论工作作为宣传思想工作的重中之重来抓。截至 2015 年 12 月，我国网民已达 6.88 亿人，很多人特别是年轻人大部分信息都从网上获取。必须正视事实，加大投入，尽快掌握这个舆论战场的主动权，使我们的网络空间清朗起来，把互联网建设成为社会主义先进文化的新阵地、公共文化服务的新平台、人们精神文化生活的新空间。当前，我们对新兴舆论传播规律研究不够，认识有待提高，运用新兴媒介载体的能力不强，在新兴舆论阵地的话语权和影响力较差、掌控能力较弱。现在互联网上有一种奇怪现象，就是谁发表正面的言论，谁发表支持党和政府的言论，谁驳斥那些攻击、污蔑党和政府的言论，谁就会受到围攻。因而，牢牢把握意识形态工作的领导权管理权话语权，要把占领新兴舆论阵地作为宣传思想工作的重中之重来抓，建设好、管理好、运用好互联网。习近平同志指出，要开展网上正面宣传，对模糊认识进行引导，对错误言论进行驳斥；要讲究战略战术，人家打运动战、游击战，我们也不能只打正规战、阵地战，要机动灵活，针锋相对，出奇制胜，做到魔高一尺、道高一丈。坚决破除所谓“互联网不能管”“互联网管不了”的错误认识，坚定网络可管可控的决心和信心，采取经济、行政、法律、教育等手段，切实加强互联网的管理，推进网络实名制，依法打击网络造谣传谣行为，改善网络舆论生态，净化网络舆论空间。培养网络写作队伍，做好网络“意见领袖”工作，注意培养一批坚持正确导向、熟悉网络语言、掌握网络传播技巧的网络意见领袖，不断强化网上主流舆论。

三、弘扬主旋律，传播正能量

习近平同志指出：“必须坚持巩固壮大主流思想舆论，弘扬主旋律，传播正能量，激发全社会团结奋进的强大力量。”① 他还强调，坚持正面宣传为主，关键是要提高质量和水平，增强吸引力感染力。当前，我们进行具有许多新的历史特点的伟大斗争，面临的挑战和困难前所未有，必须坚持巩固壮大主流思想舆论，提高舆论报道的质量和水平，把握好时、度、效，增强吸引力和感染力，让群众爱听爱看、产生共鸣，充分发挥正面宣传鼓舞人、激励人的作用。必须弘扬主旋律，传播正能量，大力弘扬共产党好、社会主义好、改革开放好、伟大祖国好、各族人民好的时代主旋律，传播有利于振奋人民精神、凝聚民族力量、推动社会进步的正能量，在多元中立主导、在多样中谋共识、在多变中把方向，为统一社会思想提供主心骨、促进社会发展提供动力源。大力宣传好改革开放的伟大成就，宣传好党员干部改进工作作风、密切联系群众的先进事迹，宣传好人民群众的感人事迹和社会各方面感人至深的善行义举，为党和国家工作大局服好

---

① 《胸怀大局把握大势着眼大事　努力把宣传思想工作做得更好》，《人民日报》2013 年 8 月 21 日。

务，为民族复兴大业鼓好劲。

牢牢把握改革创新的动力源泉，着力提高宣传思想舆论工作水平，为巩固壮大主流思想舆论提供强力支撑。习近平同志强调，“宣传思想工作创新，重点要抓好理念创新、手段创新、基层工作创新，努力以思想认识新飞跃打开工作新局面”。[①] 随着国内外形势的变化和科技传播手段的发展，宣传思想舆论工作有些做法过去有效，现在未必有效；有些过去不合时宜，现在却势在必行；有些过去不可逾越，现在则需要突破。在这样的背景下，牢牢把握意识形态工作的领导权管理权话语权，就是要抓好理念创新，勇于打破陈旧观念束缚和习惯思维定式，保持思想的敏锐度和开放度，自觉把思想观念从不适应时代要求、不利于科学发展的桎梏中解放出来，用新眼光审视当前舆论形势，努力以新思路打开工作新局面。就是要抓好方法手段创新，主动适应社会信息化持续推进的新情况和舆论工作新要求，综合运用经济、行政、法律、技术等手段，总结党的宣传舆论工作长期实践中积累的成功经验，加快传统媒体和新兴媒体整合发展，充分运用新技术新应用创新媒体传播方式，大力构建现代传播体系，深入探索“虚功实做”的有效途径和办法，善于用实施工程的办法推进思想理论和道德建设，用组织宣传战役的办法开展重大主题宣传，用典型示范的办法带动面上工作，破解工作难题，不断提高舆论引导的针对性、有效性。就是要抓好基层工作创新，扎实做抓好抓基层、打基础工作，充实队伍力量，改善工作条件，解决实际问题，使基层宣传工作有较大改观。

弘扬主旋律，传播正能量，还要讲好中国故事，传播好中国声音。习近平同志指出，在全面对外开放的条件下做宣传思想工作，一

---

① 《胸怀大局把握大势着眼大事　努力把宣传思想工作做得更好》，《人民日报》2013 年 8 月 21 日。

项重要任务是引导人们更加全面客观地认识当代中国、看待外部世界。他在党的新闻舆论工作座谈会上强调：“要加强国际传播能力建设，增强国际话语权，集中讲好中国故事。”宣传阐释中国特色，就是要讲清楚每个国家和民族的历史传统、文化积淀、基本国情不同，其发展道路必然有着自己的特色；讲清楚中华民族具有5000多年连绵不断的文明历史，创造了博大精深的中华文化，其中积淀着中华民族最深沉的精神追求，包含着中华民族最根本的精神基因，代表着中华民族独特的精神标识，是中华民族生生不息、发展壮大的丰厚滋养；讲清楚中华优秀传统文化是中华民族的突出优势，是中华民族自强不息、团结奋进的精神支撑，是我们最深厚的文化软实力；讲清楚中国特色社会主义植根于中华文化沃土、反映中国人民意愿、适应中国和时代发展进步要求，有着深厚历史渊源和广泛现实基础，中华民族创造了源远流长的中华文化，也一定能够创造出中华文化的新辉煌。讲好中国故事，传播好中国声音，还要增强我们的宣传自信，客观全面真实地报道世界，好的要报道，不好的也要报道，打开我们的国际视野。创新对外宣传方式，把中国故事讲好，把中国声音传播好，让国际社会对中国有一个客观、充分、理性的认识。

四、切实加强党对意识形态工作的领导

抓好意识形态工作是党委的一项重要政治任务。习近平同志强调，党委主要负责同志和分管领导应该旗帜鲜明站到意识形态工作第一线，责无旁贷承担起政治责任，决不能让领导权旁落。习近平同志指出：“各级党委要自觉承担起政治责任和领导责任。领导干部要增强同媒体打交道的能力，善于运用媒体宣讲政策主张、了解社情民意、发现矛盾问题、引导社会情绪、动员人民群众、推动实际工作。”在当前形势下，党委要负起政治责任和领导责任，加强对宣传思想领域重大问题的分析研判和重大战略性任务的统筹指导，不断提高领导宣传思想工作能力和水平。进一步增强政治意识、大局意识、核心意识、看齐意识，坚决克服对宣传思想工作不想抓、不会抓、不愿抓、不敢抓的问题，认真解决这样那样的“本领恐慌”问题，切实把意识形态工作牢牢抓在手上，提高驾驭能力和掌控能力，增强工作预见性和主动性，牢牢掌握领导权管理权话语权，凝聚起实现中华民族伟大复兴中国梦的磅礴力量。各级党委只有把意识形态工作放在改革发展全局中统筹指导，树立整体思维，牵头抓总、整合资源、形成合力，才能调动各条战线积极参与大宣传格局，形成一盘棋、下活一盘棋。党委主要负责同志应切实按照习近平同志提出的党委主要负责同志要做到“四个带头”的要求，即带头抓意识形态工作，带头阅看本地区本部门主要媒体的内容，带头把住本地区本部门媒体的导向，带头批评错误观点和错误倾向，旗帜鲜明地站到意识形态工作第一线。

加强党对意识形态工作的领导，宣传思想部门责无旁贷，必须守土有责、守土负责、守土尽责。宣传思想部门要旗帜鲜明坚持党性原则，敢于站在风口浪尖上进行斗争，敢抓敢管，敢于亮剑。宣传思想部门领导干部和班子要强起来，只有宣传部门的领导干部具有相当的政治素质、大局意识、判断能力、业务水平，成为让人信服的行家里手，在理论上、笔头上、口才上或其他专长上有“几把刷子”，一个道理能深入浅出阐释清楚，走到哪里能很快同群众打成一片，讲的话群众喜欢听，写的文章群众喜欢看，才能在新闻宣传中把握好时、度、效，在舆论引导中壮大主流思想舆论，找准宣传思想工作的切入点和着力点，增强主动性、掌握话语权。

加强党对意识形态领域的领导，必须树立大宣传的工作理念。习近平同志强调，要坚持全党动手和部门负责相结合，树立大宣传的工作理念，扎扎实实做好意识形态工作。各条战线、各个部门都不能置身事外、做旁观者，应该积极参与到宣传思想工作中来，胸怀大局、把握大势、着眼大事，自觉支持宣传思想战线的工作，把意识形态工作同各个领域的行政管理、行业管理、社会管理更加紧密地结合起来。多一些大局观念，少一些部门利益；多一些团结协作，少一些各自为政，才能心往一处想、劲往一处使，才能不断增强自身积极性、发挥主观能动性，才能大力发扬团结协作、共克时艰的集体主义精神，共同塑造全党动手的大宣传工作格局。

加强党对意识形态领域的领导，必须高度重视人才队伍建设。习近平同志强调："媒体竞争关键是人才竞争，媒体优势核心是人才优势。要加快培养造就一支政治坚定、业务精湛、作风优良、党和人民放心的新闻舆论工作队伍。"按照政治强、业务精、作风正的要求，建设一支高素质的人才队伍。其中，很重要的一方面就是做好知识分子工作。当前，在我国经济社会深刻变革和对外开放不断扩大的条件下，知识分子队伍规模不断扩大、构成复杂多元，自我意识、个体意识强化，利益诉求和政治诉求交织，有的人不同程度地存在理想信念迷茫、价值观念扭曲、社会责任感不强等现象，出现了少数人与党和政府疏远疏离的倾向，甚至出现了个别同党和政府离心离德的人。习近平同志指出，对广大知识分子，重要的是团结，同时要加强引导，特别是要加强政治引领和政治吸纳。这对于新时期做好知识分子工作的具有重要意义。对此，应做好团结知识分子工作，广开进贤之路，广纳天下英才，经常深入到知识分子中去，同知识分子广交朋友。做好引导知识分子工作，引导知识分子深刻认识党性和人民性从来都是一致的、统一的，始终站在全党的立场上，站在全体人民的立场上，为社会现代化建设服务，为人民服务。做好服务知识分子工作，为知识分子营造良好的学习工作和生活环境，使他们成长有机会、干事有舞台、发展有空间。关注那些具有特殊性的知识分子，探索有效途径和方法，下功夫做好网络意见领袖、网络作家、签约作家、自由撰稿人、独立演员歌手等群体的工作。通过团结引导，加强政治引领和政治吸纳，最大限度地把知识分子团结凝聚在党的周围，激励他们自觉为实现中华民族伟大复兴贡献聪明才智。

第三章 严肃党内政治生活，营造良好政治生态

严肃认真的党内政治生活，是我们党的一贯要求和优良传统，是解决党自身问题的有效途径，是保持党的先进性和纯洁性的内在要求。党的十八大以来，习近平同志就加强和规范党内政治生活提出了一系列重要观点，他指出："从严治党，最根本的就是要使全党各级组织和全体党员、干部都按照党内政治生活准则和党的各项规定办事。"[①] 在参加、指导兰考县委常委班子专题民主生活会时指出，各级党组织都要按照党内政治生活要求，坚持党要管党、从严治党，认真贯彻执行党章和党内各项制度规定，努力提高党内政治生活的原则性和战斗性。在党的群众路线教育实践活动总结大会上的讲话中，习近平同志提出从严治党八项要求第三条就是"严肃党内政治生活"，这也足以证明习近平同志高度关注严肃党内政治生活这一重大问题，为加强党内政治生活指明了方向，提供了理论指导。

第一节 增强党内政治生活的政治性原则性战斗性

习近平同志在党的群众路线教育实践活动第一批总结暨第二批部署会议上指出，要不断增强党内生活的政治性、原则性、战斗性，坚

① 习近平：《在党的群众路线教育实践活动总结大会上的讲话》，《人民日报》2014年10月9日。

决反对党内生活庸俗化，坚决反对党内生活中的自由主义、好人主义，真正使党员、干部在每一次党内生活中都能有所悟、有所得。在参加河北省委常委班子专题民主生活会时指出，要增强党内生活的政治性、原则性、战斗性，使各种方式的党内生活都有实质性内容，都能有针对性地解决问题。这些重要论述，对于加强党内政治生活，增强政治性原则性战斗性，提高党保持和发展党的先进性、纯洁性，增强党的创造力、凝聚力和战斗力，具有重要意义。

一、加强党内政治生活势在必行

习近平同志指出："一个班子强不强、有没有战斗力，同有没有严肃认真的党内政治生活密切相关；一个领导干部强不强、威信高不高，也同是否经过严肃认真的党内政治生活锻炼密切相关。"① 党的历史经验告诉我们，严格党内政治生活是我们党增强自我净化、自我完善、自我革新、自我提高能力的重要途径。抓住了严格党内政治生活这个关键点，也就抓住了解决党内矛盾和问题的钥匙。

严肃认真的党内政治生活，是马克思主义政党区别其他政党的显著标志。我们党成立 90 多年来，就是靠严肃认真的党内政治生活这一重要法宝，使党保持着蓬勃生机和旺盛活力，战胜艰难险阻和重重困难，解决党内自身矛盾和问题，取得了革命、建设、改革的各个历史时期的伟大胜利。历史反复证明，什么时候党内政治生活严，我们党的事业发展就兴旺、就发达；什么时候党内政治生活松，我们党的事业发展就受阻、就倒退。新的时代条件下，我们党正在进行具有许多新的历史特点的伟大斗争，肩负着发展中国特色社会主义的长期艰巨的历史任务，经受着"四大考验"和面临"四种危险"。面对这些新形势新任务，更加需要严格党内政治生活，提高政治性原则性战斗

① 习近平：《在党的群众路线教育实践活动总结大会上的讲话》，《人民日报》2014 年 10 月 9 日。

性，确保党始终走在前列，始终成为坚强的领导核心。习近平同志反复强调严肃党内政治生活，就是基于深刻总结和科学认识我们党的这一历史重要经验。

目前，党内政治生活总体上是正常的，但也还存在不少问题。习近平同志指出："现在，党内生活不经常、不认真、不严肃的问题比较普遍，本来很好的制度成了摆设。""这些年，一些地方和部门自由主义、分散主义、好人主义、个人主义盛行，有的是搞家长制、独断专行，以至于一些人不知党内政治生活为何物，是非判断十分模糊。"① 同时，还有的党员干部在原则问题和大是大非面前立场摇摆，对涉及党的理论和路线方针政策等重大政治问题公开发表反对意见；有的信仰迷茫、精神迷失，不信马列信鬼神，"不问苍生问鬼神"，热衷于算命看相、求神拜佛，迷信"气功大师"；有的对中央方针政策和重大决策部署阳奉阴违，上有政策、下有对策，当面做一套、背后搞另一套；有的因循守旧、不思进取，照抄照搬、照本宣科，本本主义思想严重；有的不敢触及矛盾、不敢碰硬、不敢担当，遇到矛盾绕道走，碰到阻力就拐弯。一些地方和部门在干部选任上任人唯亲、任人唯上，搞团团伙伙、山头主义、小圈子；有的地方和部门任用干部主要领导说了算或少数人说了算，跑官要官、买官卖官，有时还存在临时动议现象；有的党员干部在干部选任上打招呼、递条子，搞"小天线""大天线"；有的党员干部不比工作、不比实绩，想方设法找关系、找靠山，关系网越织越密，潜规则越用越灵。有的党员干部不能正确对待个人利益，公私不分，爱占公家便宜，信奉金钱至上、名利至上、享乐至上；有的滥用职权，贪污受贿，利用职务上便利谋取不正当利益，与黑恶势力、不法奸商勾肩搭背、沆瀣一气、同流合

① 习近平：《在党的群众路线教育实践活动总结大会上的讲话》，《人民日报》2014年10月9日。

污；有的积习难改，吃拿卡要、冷硬横冲、奢侈浪费，沉迷于灯红酒绿、莺歌燕舞。有的领导干部逢人称兄道弟，下级对上级热衷于称“老板”“老大”；有的精于世故，处事圆滑，吹吹拍拍，投人所好，只栽花、不栽刺，明哲保身，当“老好人”。有的地方组织生活质量普遍不高，时有时无、应付了事，搞搞形式、走走过场、做做样子；有的党员长期不参加组织生活和活动，不按期交纳党费；有的领导干部基本不参加所在支部的组织生活会；等等。冰冻三尺，非一日之寒。这些问题已经到了积重难返的时候，需要猛击一掌、持续用劲，下大气力解决。为此，习近平同志在党的群众路线教育实践活动总结大会上强调，要坚持和发扬实事求是、理论联系实际、密切联系群众、开展批评和自我批评、坚持民主集中制等优良传统，下大气力解决好影响严肃认真开展党内政治生活的各种问题，提高党内政治生活的政治性、原则性、战斗性，使党内政治生活真正起到教育改造提高党员、干部的作用。

二、经常保持熔炉温度才能增强政治性原则性战斗性

习近平同志指出：“党内政治生活是党组织教育管理党员和党员进行党性锻炼的主要平台，从严治党必须从党内政治生活严起。”①党内政治生活是锻炼党性、提高思想觉悟的熔炉。如果炉子长期不生火，或者生了火却没有足够的温度，那是炼不出钢来的。事实表明，党内政治生活松一寸，党员队伍就散一尺。党员、干部只有在严格的党内政治生活中反复锻炼，才能坚强党性、百炼成钢。

增强党内政治生活的政治性原则性战斗性，贵在经常、重在认真、要在细节。习近平同志指出：“严肃党内政治生活贵在经常、重在认真、要在细节。党中央权威，全党都必须自觉维护，并具体体现

① 习近平：《在党的群众路线教育实践活动总结大会上的讲话》，《人民日报》2014年10月9日。

到自己的全部工作中去，决不能表面上喊着同党中央保持一致、实际上没当回事，更不能违背中央大政方针各自为政、自行其是。”① 贵在经常，就是经常抓、抓经常，平时抓、抓平时，经常组织党内活动，提高活动针对性实效性，经常加强党性教育，增强党员意识、党的意识，经常念念紧箍咒，打打预防针。重在认真，就是实实在在、规规矩矩，不搞花架子、不搞空头炮，本着无私无畏、敢于担当的精神，面对大是大非敢于亮剑，面对矛盾问题敢于迎难而上，面对困难危机敢于挺身而出，面对失误错误敢于承担责任，面对歪风邪气敢于坚决斗争。要在细节，就是从细处着手，洞察秋毫，不放过任何蛛丝马迹，查找党组织和党员身上存在的问题，一个一个解决，一个一个攻克，积小胜为大胜，坚决反对党内政治生活随意化、庸俗化、平淡化的倾向，保持党内政治生活足够的温度，增强党内政治生活的政治性、原则性、战斗性。

习近平同志在听取兰考县和河南省党的群众路线教育实践活动情况汇报时强调，这次教育实践活动，就是一个规范党内政治生活过程，无论学习教育、听取意见，查摆问题、开展批评，整改落实、建章立制，各级都积累了经验，要好好加以提炼，推而广之，遵而循之，践而行之，不断提高党内政治生活质量和水平。党的群众路线教育实践活动专题民主生活会是一次质量高、反响好、成果丰的民主生活会，使参加民主生活会的领导干部思想得到升华、心灵受到触动，获得一次刻骨铭心、受益匪浅的党性锻炼，是新形势下党内政治生活的一次生动实践。其主要特点和做法包括：上级党组织主要领导亲自指导、点评；督导组全程参与、严格把关；通过群众提、自己找、上级点、互相帮、集体议等方式查摆问题，剖析根源，明确努力方向；

---

① 习近平：《在党的群众路线教育实践活动总结大会上的讲话》，《人民日报》2014年10月9日。

会前广泛开展谈心交心，沟通思想，解开疙瘩；会上开展严肃认真的批评和自我批评，既揭短亮丑、动真碰硬，又实事求是、出以公心，不发泄私愤，不搞无原则纠纷；会后在一定范围内通报民主生活会情况、公布整改方案、狠抓整改落实；等等。总结好提炼好运用好这些成功经验，对于增强党内政治生活的原则性和战斗性具有重要启示和借鉴作用。

增强党内政治生活的政治性原则性战斗性，需要广大党员积极参与。每个党员都要牢记自己的第一身份是党员，深刻懂得是党员就应该有共产党人的思想觉悟、道德水平、政治本色，深刻懂得党性修养不会随着党龄的积累或职务的升迁而自然提高，而需要终生不懈的努力。要把锤炼党性、提高党性修养作为一项经常性任务，体现到平常的学习工作生活之中，经常对照党章、对照廉政准则、对照改进作风要求、对照群众期盼、对照先进典型，检测自己、反省自己、提高自己。把党内组织生活作为“照镜子、正衣冠、洗洗澡、治治病”的珍贵理疗所，以防身治病的真诚渴望期待组织和同志们的帮助，认真清洁肌体，及时打扫自己身上的政治灰尘和政治微生物，不断增强政治免疫力。

发挥党组织是党性锻炼的大熔炉作用，教育广大党员乐于在熔炉中锤炼，引导他们就像过日子一样地过好党内政治生活。坚持贴近实际、贴近党员、贴近工作，根据不同类型党组织特点，丰富活动内容，创新活动载体，鼓励各地大胆探索形式多样的党员主题教育、警示教育、党员志愿服务活动，重视运用好互联网、手机等现代通信手段，活跃组织生活，扩大覆盖面，让每一名党员都能参加活动、受到教育，不断党内政治生活的灵活性、实效性、吸引力。严肃党内政治生活纪律，对长期不按规定参加党内政治生活、不履行党员义务的，及时给予批评教育、警示或训诫，问题严重的给予组织处理。

三、严格党的组织生活

严格党的组织生活，是解决党内自身问题的重要途径，是增强党内政治生活政治性原则性战斗性的有效办法。党内组织生活是多样的，除“三会一课”外，近年来还有一些创新，比如主题党日活动、开展红色教育和警示教育。现在，组织生活不经常、不认真、不严肃的问题比较普遍，本来很好的制度成了摆设。习近平同志指出：“要严格落实党内组织生活制度。革命战争年代以至上世纪五六十年代，这些制度执行起来是很严格的。像党小组生活会，从一般党员到党的领袖都参加，开展批评和自我批评，指名道姓讲问题、提意见、论危害。当前，党内积极的思想斗争讲得少了，批评和自我批评难以开展起来，民主生活会很多成了评功摆好会。”①

严格的党内组织生活是锤炼党性的主阵地。首先应严格执行“三会一课”制度，定期召开支部委员会会议，总结部署工作，处理党组织日常工作事务。通过召开党小组会等形式，组织党员开展学习、交流思想。定期召开党员大会，听取并审议党组织的工作报告，讨论决定党组织重大事项。定期开展党课教育，举办党日活动。坚持和完善党员组织生活、民主评议党员制度，以支部或党小组为单位，每年组织党员开展一次民主评议。开展谈心谈话，对干部身上出现的苗头性、倾向性问题早发现、早提醒、早纠正，防止和避免小问题演变成大错误。在召开民主评议党员会议时，上级党组织要派员指导。对软弱涣散、不起作用或组织设置不合理的基层党组织，应事先进行整顿和调整。对基层党组织在民主评议党员中反映出来的问题，应及时解决。对思想不重视、组织不严密、效果不理想的要予以通报批评；对不符合要求、走了过场，多数党员和群众不满意的，要责令重新进行。健全党员党性分析评议制度，每五年开展一次党员党性分析评

① 《十八大以来重要文献选编》（上），中央文献出版社2014年版，第353页。

议，应把作风状况作为党性分析重点内容，对于党员和党的干部中那些屡经教育仍不悔悟和改正的人，按照党章和其他党内法规的规定予以严肃处理，对蜕化变质分子、腐败分子坚决从党的队伍中清除出去。同时，把民主评议党员与严肃处置不合格党员结合起来，坚持党员评议与群众评议并重、定期评议与日常监督并重、从严处置与教育引导并重，有效提高党员队伍活力。

健全领导干部双重组织生活制度，党员领导干部要带头讲党课、带头征求意见、带头作党性分析、带头抓好整改，切实发挥好表率作用，推动领导干部既严肃认真地参加领导班子民主生活会，接受党的组织生活的洗礼，接受班子成员的监督，又积极主动地以普通党员身份参加所在党支部或党小组的组织生活会，汇报个人思想、学习、工作情况，听取党员意见，不以领导身份作指示、提要求，不能借口工作忙等原因缺席。

第二节　坚持和完善民主集中制

严肃党内政治生活，必须严格执行民主集中制。在全国组织工作会议上，习近平同志指出：“严肃党内生活，最根本的是认真执行党的民主集中制，着力解决发扬民主不够、正确集中不够、开展批评不够、严肃纪律不够等问题。”① 民主集中制是我们党和国家的根本组织制度和领导制度，也是中国特色社会主义民主政治的鲜明特点。坚持民主集中制，既是党内政治生活正常化的重要标志，又是党内政治生活正常化的重要保证。因此，严肃党内政治生活，就必须坚持和用好民主集中制这个重要法宝。

一、民主集中制是党的根本组织制度和领导制度

习近平同志指出：“民主集中制是我们党的根本组织制度和领导

---

① 《十八大以来重要文献选编》（上），中央文献出版社 2014 年版，第 352 页。

制度,是激发党的创造活力、保持党的团结统一的根本保证。”在河北调研指导教育实践活动时,习近平同志提出保证党的创造力、凝聚力、战斗力,保证党的团结统一,要坚持和用好四个重要法宝,其中第一个就是坚持贯彻执行民主集中制。这说明,民主集中制是我们党最大的制度优势,是科学的合理的有效率的制度。

按照民主集中制原则把党组织起来,并且在民主集中制原则的指导下进行党的活动,这是无产阶级政党区别于其他阶级政党的显著标志之一。中国共产党从诞生之日起,就把民主集中制作为自己的组织原则,并用于指导和规范党的全部活动。1927 年 6 月通过的《中国共产党第三次修正章程决案》规定:我们党的“指导原则为民主集中制”。这是民主集中制第一次载入党的章程。此后,从党的六大开始,在每次代表大会制定的或修改的党章中,都对民主集中制进行阐述,党的民主集中制理论得到不断创新丰富和发展。党的十八大修改通过的《中国共产党章程》,“总纲”关于党的建设必须实现的四项基本要求中,第四项就是“坚持民主集中制”,指出“它既是党的根本组织原则,也是群众路线在党的生活中的运用。”第二章“党的组织制度”中规定:“党是根据自己的纲领和章程,按照民主集中制组织起来的统一整体。”同时,民主集中制也是我国政权建设和政治制度的根本原则。毛泽东 1940 年在《新民主主义论》一文中,就把民主集中制作为新民主主义共和国的政权组织形式。1945 年在《论联合政府》中又指出:“新民主主义的政权组织,应该采取民主集中制。”具有临时宪法性质的《中国人民政治协商会议共同纲领》第十五条规定:“各级政权机关一律实行民主集中制。”1954 年我国第一部宪法第二条规定:“全国人民代表大会、地方各级人民代表大会和其他国家机关,一律实行民主集中制。”1982 年通过、历经多次修正的现行宪法明确规定:“中华人民共和国的国家机构实行民主集中制的原则。”

我们党的领导人历来高度重视加强民主集中制建设。毛泽东强调，没有民主集中制，无产阶级专政不可能巩固。邓小平指出，民主集中制执行得不好，党是可以变质的，国家也是可以变质的，社会主义也是可以变质的。江泽民强调，民主集中制不仅不能削弱，而且必须完善和发展。胡锦涛指出，巩固全党的团结统一、增强全党的创新活力，关键是要坚持民主集中制。改革开放以来党的历次代表大会，党的十一届五中全会通过的《关于党内政治生活的若干准则》，以及党的十四届四中全会、十五届六中全会、十六届四中全会、十七届四中全会、十八届四中全会决定，都对坚持和健全民主集中制提出了新的要求。

民主集中制是民主与集中的辩证统一。党章指出，民主集中制是民主基础上的集中和集中指导下的民主相结合。毛泽东在《关于正确处理人民内部矛盾的问题》一文中对民主集中制作出了解释，指出："在人民内部，民主是对集中而言，自由是对纪律而言。这些都是一个统一体的两个矛盾着的侧面，它们是矛盾的，又是统一的，我们不应当片面地强调某一个侧面而否定另一个侧面。在人民内部，不可以没有自由，也不可以没有纪律；不可以没有民主，也不可以没有集中。这种民主和集中的统一，自由和纪律的统一，就是我们的民主集中制。"① 习近平同志指出，民主和集中辩证统一、不可分割。只有既充分发扬民主，又实行正确集中，才能及时集中正确意见，及时纠正不正确的意见和做法。

民主是集中的前提和基础，集中是民主的体现和归宿。民主从来都是有组织、有领导的，完全自发的民主是根本不存在的，无政府主义不是民主。在实际生活中，没有必要的集中，民主就根本无法运行，什么目的都达不到；离开集中搞民主，搞极端民主化，只会导致

① 《建国以来重要文献选编》第15册，中央文献出版社1997年版，第50页。

无政府状态，什么事情也干不成。毛泽东指出：民主集中制，就是“在民主基础上的集中，在集中指导下的民主。只有这个制度，才既能表现广泛的民主，使各级人民代表大会有高度的权力；又能集中处理国事，使各级政府能集中地处理被各级人民代表大会所委托的一切事务，并保障人民的一切必要的民主活动”。邓小平指出，一切发展党内民主的措施都不是为了削弱党的必需的集中，而是为了给它以强大的生气勃勃的基础。毋庸置疑，只有充分发扬党内民主，才能集中来自党员群众的正确意见，制定出正确的路线、方针和政策，使党的领导工作臻于完善。只有实行高度集中，才能使党实现集中统一的领导，把党的一切力量团结起来，使党成为充满生机和活力的战斗集体，成为中国革命和建设事业的坚强的领导核心。只有正确贯彻和执行民主集中制，才能充分发挥各级党组织和广大党员的积极性，集中全党智慧，保证党的决策部署的正确和有效实施，增强党的纪律和战斗力，使我们的事业顺利前进。

二、坚持贯彻民主集中制

坚持民主集中制是严肃党内政治生活的核心内容。习近平同志指出：“要健全和认真落实民主集中制的各项具体制度，促使全党同志按照民主集中制办事，促使各级领导干部特别是主要领导干部带头执行民主集中制。”① 坚持贯彻民主集中制，是实现党的正确领导的制度保证，是我们党最大的制度优势。领导我们事业的核心力量是中国共产党，实现党的正确领导，就是要制定正确的路线方针政策，保证全党在思想上、政治上和组织上团结一致，积极性、创造性充分发挥。历史反复证明，我们党什么时候比较好地坚持了民主集中制，党的事业就兴旺、就发展，就会从胜利走向新的胜利；什么时候违背了民主集中制原则，党的事业就遭受挫折、受到损害。

---

① 《十八大以来重要文献选编》（上），中央文献出版社2014年版，第352页。

这些年来，各级党组织和党员领导干部在坚持贯彻民主集中制方面总体上是好的，各级领导班子都制定了不少议事规则，领导干部也大都懂得民主集中制的基本道理和要求，但也存在不少问题，应引起重视。2013 年 6 月 28 日，习近平同志在全国组织工作会议的讲话指出："在贯彻民主集中制方面，既有发扬民主不够导致的主要领导独断专行的问题，也有正确集中不够造成领导班子软弱无力的问题，相对来说，前者更为突出一些。"具体来说，主要有以下几个方面的问题：一是一些领导干部个人主义、本位主义思想严重，只讲民主不讲集中，班子讨论问题时没有采纳自己的意见就很不高兴，或者脑袋长在屁股上，为了自己的那点权力争得不可开交。有的领导在班子里各自为政，把分管领域当成"私人领地"，互不买账，互不服气，内耗严重。二是一些主要领导干部民主意识淡薄，作风霸道，独断专行。习惯于逢事先定调，重大问题不经班子成员充分酝酿和讨论就拍板，甚至对多数人的意见也置之不理，一把手成为"一霸手"，形成名副其实的"决策一言堂""用人一句话""花钱一支笔"。三是一些地方党员主体地位和民主权利得不到保障，党员的知情权、参与权、选举权、监督权形式化，党员对党内事务的参与度不高，党员意见表达的渠道不多。四是一些地方党委班子软弱涣散，该集中的集中不起来，该坚持的坚持不下去，重大问题没有主见，议而不决，或决而不行，缺乏凝聚力、战斗力。五是一些地方党委班子成员特别是党委书记对民主集中制了解不够，不懂得、不善于贯彻执行民主集中制。六是贯彻执行民主集中制的有关具体制度不够完善，对执行情况缺乏必要的监督。一些党委对所管辖的领导班子及其成员贯彻执行民主集中制的情况缺乏经常分析和考核评估，有针对性地教育引导和采取组织措施不够。上述这些问题的存在，归结起来就是贯彻民主集中制不够，民主不够、集中不够的问题都存在，但从各级领导班子看，主要还是民主不够，主要领导干部我行我素、独断专行的现象较为普遍。

民主集中制贯彻得好不好，关系到党内政治生活是否正常，关系到党的事业成败，关系到党的团结统一，关系到各级党组织和党员干部的积极性、创造性的充分发挥。坚持贯彻民主集中制，要重点从以下几个方面下功夫。

第一，健全和落实民主集中制的各项具体制度。作为我们党的根本组织制度和领导制度，民主集中制是一个“总制度”，其核心内容就是党章第十条规定的“六项基本原则”。习近平同志强调“要健全和认真落实民主集中制的各项具体制度，促使全党同志按照民主集中制办事，促使各级领导干部特别是主要领导干部带头执行民主集中制。”这里所指的各项具体制度，就是要求我们把“六项基本原则”具体化、制度化。对此，要按照民主集中制原则，进一步健全和认真落实党的领导制度，科学规范党与国家权力机关、行政机关、司法机关和人民团体的关系，完善和执行全国人大、国务院、全国政协和各人民团体党组重大问题向党中央报告工作制度，完善和执行各级人大、政府、政协和各人民团体重大问题向同级党委报告工作制度。进一步健全党内领导制度，科学规范党内关系，坚持“四个服从”，完善和认真落实省级党委向党中央报告工作制度。进一步健全和认真落实发展党内民主制度，保持党员之间平等关系。进一步健全和认真落实集体领导制度，促进集体领导和个人分工负责相结合。

第二，加强民主集中制的教育培训。坚持贯彻民主集中制，一个重要前提就是要深入学习马克思主义党建理论，深刻认识、全面把握民主集中制的内涵、原则和要求。习近平同志任浙江省委书记时就指出：“民主集中制是我们党和国家的根本组织制度和领导制度，必须切实加强民主集中制教育，增强党员干部特别是党员领导干部的民主集中制意识，养成在党的生活中自觉坚持民主集中制的良好作风，贯彻落实党政‘一把手’民主集中制专题研讨班的精神，夯实维护领导班子团结统一的思想基础、政治基础、组织基础和制度基础。”[①] 在河北省指导省委常委领导班子专题民主生活会时指出，对每个领导干部，都要加强民主集中制的教育培训，使他们熟悉民主集中制的规矩，懂得民主集中制的方法。各级党委要把民主集中制建设纳入干部教育培训的重要内容，有针对性地加强民主集中制的教育培训，不断提高领导班子成员对民主集中制的认识水平和运用能力。把民主集中制作为中心组学习的重要内容，组织领导班子成员特别是新进领导班子成员认真学习马克思主义经典作家关于民主集中制的重要论述，学习我们党贯彻执行民主集中制的历史经验，学习有关文件和制度规定。通过学习，熟悉和掌握民主集中制的基本理论、基本内容和基本要求，为贯彻执行民主集中制奠定思想理论基础。

第三，充分发扬党内民主，保持党员之间平等关系。发扬党内民主，是坚持和完善民主集中制的基础，也是保证党的决策正确和执行有效，实现党的正确领导的重要条件。习近平同志在党的十八届一中全会上指出，要带头发扬党内民主，积极营造民主讨论的良好氛围，鼓励讲真话、讲实话、讲心里话，善于运用民主的办法科学决策、协调关系、化解矛盾、推动工作。“要发扬党内民主，营造民主讨论的良好氛围，鼓励讲真话、讲实话、讲心里话，允许不同意见碰撞和争论，同时善于进行正确集中，防止议而不决、决而不行。”[②] “党内上下关系、人际关系、工作氛围都要突出团结和谐、纯洁健康、弘扬正气，不允许搞团团伙伙、帮帮派派，不允许搞利益集团、进行利益交换。”[③] 在党内，所有党员都是平等的，都应平等享有党章规定的党

---

① 习近平：《干在实处　走在前列——推进浙江新发展的思考与实践》，中央党校出版社 2006 年版，第 370 页。

② 《十八大以来重要文献选编》（上），中央文献出版社 2014 年版，第 352 页。

③ 习近平：《在党的群众路线教育实践活动总结大会上的讲话》，《人民日报》2014 年 10 月 9 日。

员权利、自觉履行党章规定的党员义务。积极发扬党内民主，就是要保障党员主体地位，健全党员民主权利保障制度，开展批评和自我批评，营造党内民主平等的同志关系、民主讨论的政治氛围、民主监督的制度环境，落实党员知情权、参与权、选举权、监督权；就是要完善党的代表大会制度，提高工人、农民代表比例，落实和完善党的代表大会代表任期制，试行乡镇党代会年会制，深化县（市、区）党代会常任制试点，实行党代会代表提案制；就是要完善党内选举制度，规范差额提名、差额选举，形成充分体现选举人意志的程序和环境。

第四，坚持集体领导的原则。集体领导是党的领导的最高原则，是民主集中制在党的领导制度上的具体体现，是贯彻民主集中制的关键环节。习近平同志指出，要带头坚持集体领导，更加注重制度建设，严格按程序办事、按规则办事、按集体意志办事。他还强调，“党内组织和组织、组织和个人、同志和同志、集体领导和个人分工负责等重要关系都要按照民主集中制原则来设定和处理，不能缺位错位、本末倒置。”① 坚持集体领导的原则，贯彻民主集中制，关键是要建立健全民主集中制的各项制度规定。完善领导班子议事规则和决策程序，按照集体领导、民主集中、个别酝酿、会议决定的原则，根据党章和有关文件要求，科学合理地划分不同议事形式的职责权限，明确议事决策的范围，紧紧围绕议题确定、酝酿、讨论、表决等重要环节，严格规范议事决策程序，提高科学决策、民主决策、依法决策的水平。拓宽社情民意反映渠道，建立重大事项社会公示制度和社会听证制度，完善专家咨询制度，实行决策的论证制和责任制，防止决策的随意性，努力避免决策失误。健全完善集体领导和个人分工负责相结合的工作制度，按照责权统一的原则，进行科学合理的分工，明

---

① 习近平：《在党的群众路线教育实践活动总结大会上的讲话》，《人民日报》2014年10月9日。

确每名班子成员的工作职责，赋予其相应的权限，使他们有职有责有权。领导班子成员要切实增强责任意识，根据集中的决定和分工，敢于独立负责；切实增强全局意识，关心全局工作，参与集体领导，防止本位主义、分散主义倾向；切实增强合作意识，班子成员之间要相互支持、相互配合，主动“补台”，做到分工不分家，形成工作合力，增强领导班子的整体功能。

第五，毫不动摇地维护中央权威。全党服从中央，是民主集中制的重要内容。习近平同志指出，要带头维护中央权威，在思想上政治上行动上同党中央保持高度一致，不折不扣贯彻执行中央的路线方针政策和重大工作部署，心往一处想、劲往一处使，确保中央政令畅通。“党中央权威，全党都必须自觉维护，并具体体现到自己的全部工作中去，决不能表面上喊着同党中央保持一致、实际上没当回事，更不能违背中央大政方针各自为政、自行其是。”① 对地方党委来说，坚持党性原则，最根本的就是要维护中央的权威，这既是全党全国的根本利益之所在，也是贯彻执行民主集中制的最高要求。任何一个党组织、任何一名党员干部，尤其是党政主要领导干部都要自觉地在思想上、政治上、行动上同党中央保持高度一致。如果不顾全大局，大局受到损害，地方和部门的局部利益也保不住；如果纪律松弛，软弱涣散，政出多门，另搞一套，我们的党就没有凝聚力和战斗力，国家就会一盘散沙。各级党组织和党员干部要有纵观大局的眼界、把握大局的能力、服从大局的觉悟，坚决贯彻执行党的基本路线和各项方针政策，正确处理中央与地方、整体与局部的关系，做到令行禁止，政令畅通。在具体工作中，自觉把本地区、本部门、本单位的工作放到全党、全国改革和发展的大局中来考虑，坚决服从中央

① 习近平：《在党的群众路线教育实践活动总结大会上的讲话》，《人民日报》2014 年 10 月 9 日。

的统一领导和指挥。中央决定了的大政方针，即使对当地经济社会发展从局部来看有一些影响，也要坚决执行，决不能搞那些违背中央政策的“对策”。

第六，加强对贯彻民主集中制的监督。正确有效地实行党内监督，既是民主集中制的重要内容，又是这一制度得以顺利贯彻执行的保证措施。上级党组织要对下级党组织执行民主集中制情况进行全方位的监督，明确监督的重点和难点，强化过程监督。对不遵守民主集中制原则的，要提出严肃的批评；对追求个人利益最大化，不按规矩办事，公然违背民主集中原则的，必须作出组织处理，决不姑息迁就。加强同级组织的监督，把坚持民主集中制作为民主生活会的重要内容，事先搞好调查研究，有针对性地列出检查的重点，防止搞形式主义走过场。强化党内监督和社会监督，把监督同党务公开结合起来，通过问卷调查等形式，对执行民主集中制情况进行监督，加强对整改效果的督促检查，确保民主集中制真正落到实处。

第七，一把手要自觉做坚持贯彻民主集中制的表率。习近平同志指出：“执行民主集中制，一把手以身作则很关键。要把一把手带头执行民主集中制作为加强领导班子思想政治建设的重要内容，推动各级一把手自觉坚持集体领导，带头发扬党内民主，严格按程序办事、按规矩办事，坚决反对和防止个人或少数人专断。”① 坚持贯彻民主集中制，各级党政主要领导干部责任重大。党政主要领导干部在各级领导集体中处于关键地位，权力大，责任和影响也大。一个领导班子能不能认真贯彻执行民主集中制，很大程度上取决于党政主要领导干部。党政主要领导干部要摆正自己在领导班子中的位置，模范遵守民主集中制的各项制度规定，自觉做贯彻执行民主集中制的表率。切实增强民主意识，带头发扬民主，认真倾听各方面意见，包括各种不同

① 《十八大以来重要文献选编》（上），中央文献出版社2014年版，第353页。

意见，防止独断专行和个人说了算，努力在领导班子中营造浓厚的民主氛围。要善于当“班长”，善于在民主的基础上实现正确的集中，把一班人的思想、意志和行动有效统一起来，防止议而不决、各行其是，决不能推卸责任，决不能绕着矛盾走，决不能不敢动真碰硬。对其他领导成员要充分信任、放手使用，支持他们独当一面开展工作，充分调动每个领导班子成员的积极性、主动性、创造性，依靠领导班子的整体合力，不断开创工作新局面。

第三节　拿起批评和自我批评武器

党的十八大以来，习近平同志多次强调要严肃党内政治生活，用好批评和自我批评这个利器。他强调指出：“要严格执行党章关于党内政治生活的各项规定，敢于坚持原则，勇于开展批评和自我批评，带头弘扬正气、抑制歪风邪气。”① 在党的群众路线教育实践活动的多次重要讲话中，反复强调要大胆使用、经常使用、用够用好批评和自我批评武器，提出了一系列新思想、新观点，丰富和发展了我们党关于批评和自我批评理论。

一、批评和自我批评是我们党的优良传统和重要法宝

习近平同志指出：“批评和自我批评是我们党的优良传统，是增强党组织战斗力、维护党的团结统一的有效武器。”② 批评和自我批评，是马克思主义认识论、实践论的具体体现，是马克思主义政党党内政治生活的一个基本原则。有无认真的批评和自我批评，能不能开展积极健康的思想斗争，是马克思主义政党区别于其他任何政党的显著标志。

---

① 习近平：《认真学习党章　严格遵守党章》，《人民日报》2012 年 11 月 20 日。

② 《习近平谈治国理政》，外文出版社 2014 年版，第 377 页。

马克思主义政党是大公无私、光明磊落的党，代表最广大人民的根本利益，除了工人阶级和广大人民的利益，没有自己的私利，丝毫不害怕失去什么，丝毫不害怕批评和自我批评。马克思指出，无产阶级革命和任何其他革命的一个不同的地方，就在于它自己批评自己并靠批评自己而壮大起来。恩格斯指出，团结并不排斥相互间的批评。没有这种批评就不可能达到团结。没有批评就不能相互理解，因而也就谈不到团结。列宁指出，先锋队要不怕进行自我教育，自我改造，要公开承认自己的修养不够，本领不大。自我批评对于任何一个富有朝气、生气勃勃的政党都是绝对必要的。毛泽东说："有无认真的自我批评，也是我们和其他政党互相区别的显著的标志之一。我们曾经说过，房子是应该经常打扫的，不打扫就会积满了灰尘；脸是应该经常洗的，不洗也就会灰尘满面。我们同志的思想，我们党的工作，也会沾染灰尘的，也应该打扫和洗涤。'流水不腐，户枢不蠹'，是说它们在不停的运动中抵抗了微生物或其他生物的侵蚀。"① 邓小平指出，领导干部的情况，上级不是能天天看到的，下级也不是能天天看到的，而同级的领导成员之间彼此是最熟悉的。领导干部相互之间应该经常开展批评和自我批评。江泽民指出，要真正在党内生活中讲党性、讲原则、讲政治、讲正气，拿起批评和自我批评的武器，开展积极的思想斗争。胡锦涛指出，领导干部要有听得进各种批评意见的胸怀和雅量。我们常讲，严是爱，宽是害。真诚的同志式批评，能够帮助我们打扫思想灰尘，认识和改正缺点错误。这对党和人民的事业、对领导干部个人的成长都是有益无害的。正是基于这样的思想和认识，中国共产党人对于党内和人民内部的各种矛盾、缺点和错误，严肃认真地、毫不敷衍地开展批评和自我批评，有效地增进了全党和人民内部的团结，防止了各种政治灰尘和政治微生物对我们党的肌体的

① 《毛泽东选集》第3卷，人民出版社1991年版，第1096页。

侵袭，保证了党的事业的蓬勃向前。什么是批评和自我批评？简而言之，就是党组织、党员个人对党内同志，党员个人对党组织的缺点错误及时指出、深入剖析，在原则问题上进行积极的健康的思想斗争。有了批评和自我批评这个武器，我们就能去掉不良作风，保持优良作风。

回顾中国共产党的历史，我们党就是在批评和自我批评中发展壮大的。从诞生之日起，我们党就自觉地开展批评和自我批评，特别是在一些重大历史关头，总是敢于拿起这一武器，排除各种错误思想的影响，保持正确的前进方向，凝聚起强大的奋进力量。在长期实践中，我们党培育的批评和自我批评作风，与理论联系实际、密切联系群众一道成为党必须始终坚持的三大优良作风。理论联系实际、密切联系群众、批评和自我批评，已成为我们党最深厚的优良传统，成为我们党最具活力的“生命要素”。90 多年党的建设实践充分表明，什么时候批评和自我批评作风弘扬得好，党内就风清气正，党的创造力凝聚力战斗力就强，党的事业就蓬勃发展。反之，什么时候丢掉或者歪曲了批评和自我批评，缺点错误就难以得到纠正，党的事业就会受损失、就会走弯路。可以说，批评和自我批评是我们党不断改造自己、提升自己的有力武器，是坚强党的组织、推进事业发展的有力武器。无论党所处的历史方位发生什么样的变化，我们面临的环境发生什么样的改变，批评和自我批评这个优良传统决不能忘，坚持真理、修正错误的科学态度决不能变，自我净化、自我完善、自我革新、自我提高的决心和勇气决不能丢。

二、恢复批评和自我批评的“利器”本色

习近平同志在党的群众路线教育实践活动工作会议上的讲话中指出：“现在，批评和自我批评这个‘利器’在很多地方变成了‘钝器’，锈迹斑斑，对问题触及不到、触及不深，就像鸡毛掸子打屁股不痛不痒，有的甚至把自我批评变成了自我表扬，相互批评变成了相

互吹捧。这次教育实践活动，要在批评和自我批评上好好下一番功夫。”① 我们党的优良传统中，丢失最多的当属批评和自我批评。当前，党内政治生活中普遍存在相互批评难、接受批评难、自我批评难等现象，硬是把批评和自我批评这个“利器”变成了“钝器”。比如，批评上级放礼炮，热衷于“吹喇叭”“抬轿子”，百般投其所好，明知不对也一味迎合；批评同级放哑炮，“你好我好大家好”，极力保持一团和气；批评下级放空炮，该批评的不批评，该制止的不制止，甚至出了问题还包着、护着。还比如，自我批评轻描淡写，避重就轻，避实就虚；批评他人转弯抹角，蜻蜓点水。讲成绩头头是道，说问题遮遮盖盖，不触及思想，不从世界观深处进行剖析。有问题当面不说、背后乱说，开会不说、会后乱说。这种状况，在党的群众路线教育实践活动、“三严三实”专题教育中大有改观，但能否持久，值得注意。

批评和自我批评这个“利器”生了锈的危害是极大的。从党员、干部这个层面看，严肃的批评和自我批评开展不起来，实质上是对党员、干部的不负责任。俗话说，“严是爱，宽是害”。许多同志犯错误有一个从量变到质变的过程，开始时的批评与提醒，犹如醍醐灌顶、当头棒喝，可以使他们警觉起来，不至于越走越远。一些党员、干部走上腐败深渊，并不是一开始就腐败的。他们中的一些人反思说，如果在出现苗头的时候有人拉拉袖、提个醒，就不会小问题变成了大问题；如果在问题比较严重时有人大喝一声、猛击一掌，就不会走上不归路。从党的组织这个层面看，严肃的批评和自我批评开展不起来，就会造成党内生活出现私利化、关系化、庸俗化倾向，进而影响党的创造力、凝聚力、战斗力。毛泽东曾指出，任何政党、任何个人都难

---

① 《十八大以来重要文献选编》（上），中央文献出版社 2014 年版，第 316—317 页。

免犯错误，要改正错误就一定要运用批评和自我批评这个锐利的思想武器，进行积极的思想斗争。如果丢掉积极的思想斗争，党的生命也就停止了。实践表明，放弃批评，回避矛盾，取消积极的思想斗争，实际上起了掩护和纵容错误思想言行的作用，使党组织和领导班子大大减弱甚至逐步丧失解决自身矛盾、促进团结进步的能力。

党内开展批评和自我批评难，究其原因，既有历史的，又有现实的。从历史看，主要是过去一些群众运动开展过火的斗争，严重伤害了很多人，制造了不少冤假错案，人们在吸取历史教训的同时却又走向了另一个极端，不愿开展批评和自我批评。从现实看，主要是不少党员、干部有不少思想障碍，不敢或不愿开展批评和自我批评。比如，有人说“批评领导提拔不了，批评同级关系僵了，批评下级选票丢了，批评自己自寻烦恼”，还有人说“自我批评怕丢面子，批评上级怕穿小鞋，批评同级怕伤和气，批评下级怕丢选票”。无论是不敢还是不愿，集中起来就是“怕”字当头，说到底就是“私”字在作怪。对此，习近平同志指出，这些年来，在不少党组织和党员干部中，开展自我批评难，开展相互批评更难。之所以如此，原因固然很多，但党性原则不强，为私心所扰、为人情所困、为关系所累、为利益所惑是主要原因。在不少人眼里，这年头自我保护最重要，自我批评不仅不会得到好评，还可能让别人抓住辫子，还是“逢人且说三分话，未可全抛一片心”为好；批评别人等于结怨树敌，不仅会丢选票、失人缘，还可能引火烧身，甚至遭到打击报复，还是“各人自扫门前雪，莫管他人瓦上霜”为好。

恢复批评和自我批评“利器”本色，要在增强党员、干部的党性上下功夫。习近平同志指出，现在，利益关系和人际关系确实很复杂，开展批评和自我批评需要勇气和党性。我们不能因为社会环境发生了变化就把我们防身治病的武器给丢掉了，把党的优良作风给丢掉了。“观于明镜，则疵瑕不滞于躯；听于直言，则过行不累乎身”。只要出以公心，态度诚恳，讲究方法，无论批评还是自我批评都是一剂良药，是对同志、对自己的真正爱护。忠言逆耳，良药苦口。对批评和自我批评，不能持有偏见，也不能心有余悸，而要本着对自己、对同志、对班子、对党高度负责的精神，大胆使用，经常使用。“心底无私天地宽”，讲党性不讲私情、不谋私利，开展批评和自我批评就不难。把批评和自我批评这个武器拿起来，最根本的是要加强世界观的改造和党性锻炼，自觉以党和人民的事业为重，抛弃私心杂念，打消思想顾虑，克服心理障碍，不断增强开展批评和自我批评的勇气。

恢复批评和自我批评“利器”本色，要求各级党组织讲“认真”，推动批评和自我批评切实开展起来。健全组织生活制度，提高民主生活会的质量，不仅要按时召开，而且必须讲原则是非，严肃开展批评和自我批评，真正做到谈问题不回避，找差距不护短，查根源不遮丑，切实纠正把民主生活会开成工作总结会的错误倾向。严格实行“不抓辫子、不扣帽子、不打棍子”的“三不主义”，坚决反对那种把提意见看作是“找麻烦”，把敢提意见的同志说成是“不成熟”，把开展正常的批评等同于“搞内耗”的错误认识，切实纠正一些领导干部听不得批评意见甚至压制批评的恶劣作风，对压制批评、打击报复，情节严重的，应当严肃处理。

恢复批评和自我批评“利器”本色，要求各级党组织支持和保护党员、干部开展批评和自我批评的积极性。各级党组织和广大党员都要克服批评和自我批评避重就轻、避实就虚，对上级放“礼炮”、对同级放“哑炮”、对自己放“空炮”的现象，打消自我批评怕丢面子、批评上级怕穿小鞋、批评同级怕伤和气、批评下级怕穿小鞋的思想顾虑，大胆拿起批评和自我批评这个“利器”，使之越用越灵、越用越有效，防止“利器”变成“钝器”，防止刀枪入库、锈迹斑斑。对敢于开展批评和自我批评的党员、干部，党组织要热情鼓励，坚决支持，严格保护。因此遭受打击报复的，要敢于为他们主持公道。对那些敢抓敢管、勇于抵制歪风邪气、在原则性问题上不怕得罪人的干部，要大胆选拔使用。选配主要领导干部，尤其要看他原则性强不强，既要能团结人，还要敢批评人，能够带头树立正气。

三、用够用好批评和自我批评武器

批评和自我批评是清除党内政治灰尘和政治微生物的有力武器，必须以整风精神严格党内生活，着力提高领导班子发现和解决自身问题的能力。可以说，党内政治生活的质量在相当程度上取决于这个武器用得怎么样。经过党的群众路线教育实践活动，批评和自我批评武器得到有力恢复。习近平同志指出："专题民主生活会和组织生活会敢于揭短亮丑、真刀真枪、见筋见骨，点准了穴位，戳到了麻骨，开出了辣味，起到了脸红心跳、出汗排毒、治病救人、加油鼓劲的作用。"① "对批评和自我批评这个武器，我们要大胆使用、经常使用、用够用好，使之成为一种习惯、一种自觉、一种责任，使这个武器越用越灵、越用越有效果。"②

把党的群众教育实践活动专题民主生活会的成功经验用够用好。习近平同志指出："我一直在想，我们党有什么法宝可以保证党的创造力、凝聚力、战斗力，保证党的团结统一？结合这次教育实践活动和以往历次党内集中教育活动，我认为，坚持民主集中制，开展批评和自我批评，严格党内生活，加强党的团结统一，是其中很重要的法宝。这是我们党长期坚持的优良传统，也是我们党区别于其他政党的鲜明标志。"认真总结这次民主生活会的经验，对于发扬批评和自我批评这个优良传统，具有重要指导作用。这次民主生活会的主要做法可以概括为以下几点：一是采取"群众提、自己找、上级点、互相

---

① 习近平：《在党的群众路线教育实践活动总结大会上的讲话》，《人民日报》2014 年 10 月 9 日。

② 习近平：《在党的群众路线教育实践活动总结大会上的讲话》，《人民日报》2014 年 10 月 9 日。

帮”的做法，着力找准问题、定好主题，为开好民主生活会打牢基础。二是深入开展学习教育、交心谈心，为开好民主生活会营造良好氛围。三是坚持真枪实弹、相互批评，使民主生活会始终辣味十足。四是切实落实责任、整改问题，推动民主生活会取得实效。五是加强全程督导、严格把关，确保民主生活会有序有效展开。这些好做法能够长期坚持下去，使党内政治生活真正严格起来，使各级领导班子解决自身问题的能力真正得到提高。

把坚持“惩前毖后、治病救人”的方针和“团结——批评——团结”的公式用够用好。习近平同志指出：“各级党组织要教育党员干部坚持‘团结——批评——团结’的公式，打消自我批评怕丢面子、批评上级怕穿小鞋、批评同级怕伤和气、批评下级怕丢选票等顾虑，既深刻剖析和检查自己，又开展诚恳的相互批评，触及思想和灵魂，既红红脸、出出汗，又明确整改方向。无论批评还是自我批评，都要实事求是、出于公心、与人为善，不搞‘鸵鸟’政策，不马虎敷衍，不文过饰非，不发泄私愤。忠言逆耳，良药苦口。对批评意见，要本着有则改之、无则加勉的态度，决不能用‘批评’抵制批评，搞无原则的纷争。”① 开展批评和自我批评，要像医生治病一样，大病大治，小病小治，无病打打“预防针”，完全是为了救人，而不是要把人整死。允许人犯错误、允许人改正错误，坚持从团结的愿望出发，从维护大局出发，从关心同志、促进工作出发，通过积极健康的思想斗争，既使本人受到教育，又使其他同志引以为戒，达到新的团结、实现共同进步，是开展批评和自我批评的根本目的。

把以整风精神开展批评和自我批评用够用好。习近平同志指出：“为什么说要以整风精神来抓？因为党内脱离群众的种种问题特别是‘四风’问题都是顽症，要真正解决问题，就要有抛开面子、揭短亮

① 《十八大以来重要文献选编》（上），中央文献出版社2014年版，第317页。

丑的勇气，有动真碰硬、敢于交锋的精神，有深挖根源、触动灵魂的态度。”① 以整风精神开展批评和自我批评，不是拍桌子、吹胡子瞪眼，而是可以通过多种形式进行。有些问题会前通过谈心已经形成共识了，会上再把会前达成的共识交流一下。因此，把批评和自我批评作为防身治病的有力武器，通过积极健康的思想斗争，不断洗涤每个党员、干部的思想和灵魂。无论是开展批评还是自我批评，都要本着对自己、对同志、对班子、对党高度负责的精神，以爱党、忧党、兴党、护党的政治担当，讲党性不讲私情，讲原则不讲面子，讲实效不讲形式，自觉克服好人主义，有效解决好党内政治生活不经常、不认真、不严肃，一些党员干部组织观念淡薄、组织纪律涣散，作风漂浮、不干事、不担责的问题。

第四节　净化政治生态，营造风清气正的从政环境

健康的党内政治生活，既是良好政治生态的重要体现，又是形成良好政治生态的重要动力。党的十八大以来，习近平同志就营造良好政治生态作过一系列重要论述，他强调，做好各方面工作，必须有一个良好政治生态。政治生态污浊，从政环境就恶劣；政治生态清明，从政环境就优良。自然生态要山清水秀，政治生态也要山清水秀，政治生态和自然生态一样，稍不注意，就很容易受到污染，一旦出现问题，再想恢复就要付出很大代价。营造良好政治生态要从人抓起，从人做起，也就是要从各级领导干部首先是高级干部做起，等等。这些重要论述，对于贯彻落实全面从严治党要求，推动形成风清气正、山清水秀的良好政治生态，具有重大意义。

一、净化政治生态是一项重大而紧迫的现实课题

习近平同志在主持中央政治局第十六次集体学习时强调指出，加

① 《十八大以来重要文献选编》(上)，中央文献出版社 2014 年版，第 316 页。

强党的建设，必须营造一个良好的从政环境，也就是要有一个好的政治生态。他在第十八届中央纪律检查委员会第二次全体会议上的讲话中指出，改进工作作风，就是要净化政治生态，营造廉洁从政的良好环境。他在第十八届中央纪律检查委员会第六次全体会议上的讲话中强调，政治生态好，人心就顺、正气就足；政治生态不好，就会人心涣散、弊病从生。这些重要论断，既是对党的建设历史经验的总结运用，把握了规律性，也是对新的历史条件下党情现状的准确判断，切中了要害，抓住了关键，具有强烈的现实针对性。政治生态是一定政治系统内部各要素之间以及政治系统与其他社会系统之间相互作用、相互影响、相互制约所形成的生态联动，是一个地方或一个领域政治生活现状以及政治发展环境的集中反映，是党风、政风、社会风气的综合体现。党的十八大深刻分析新形势下我们党面临的“四大考验”和“四种危险”，明确提出“坚定不移反对腐败，永葆共产党人清正廉洁的政治本色”，做到“干部清正、政府清廉、政治清明”，这是优化政治生态尤其是党内政治生态的重要任务和重要标准。

政治生态是党风、政风、社会风气的综合体现，关系人心向背，关系党的兴衰，关系事业成败。政治生态好，正气就足，心气就顺，人气就旺，党就能得到人民的衷心拥护，党的事业就会兴旺发达。政治生态不好，就会邪气横生、人心涣散，什么事情也干不成。营造良好政治生态是全面从严治党的题中应有之义。我们党是执政党，党的思想、组织、作风等方面的问题都会直接影响整个政治生态，同样，政治生态一旦形成又会反作用于党的建设的方方面面。因此，营造良好政治生态，首先要整治党内政治生态。整治党内政治生态，根本之举是坚持全面从严治党，坚持“严”字当头，坚持敢管敢严、真管真严、长管长严，把教育严、标准严、管理严、执纪严、惩治严、制度严的要求贯彻到管党治党的全过程，着力解决党内存在的各种突出问题，真正做到思想、组织、作风、纪律等方方面面严，各级党组织、领导干部和全体党员上上下下严，八小时内外、工作学习生活时时处处严，真正使党内各种违背党的性质和宗旨、背离党的先进性和纯洁性的潜规则、坏风气没有滋生土壤，失去生存空间。只有这样，才能推动形成风清气正、山清水秀的良好政治生态。

习近平同志指出，这些年，社会上“关系学”很盛行，有的人为了扩大“关系网”、达到个人目的，想出种种办法接近领导、攀附权势，甚至不惜重金拉拢腐蚀他们认为有用的人。于是，在一些地方和单位，正常的人际关系被扭曲，情感发生异化，哥们儿义气代替了同志友谊，上下级关系成了人身依附关系，干部为人情和关系所累，党性原则和群众感情日趋淡漠。一个时期以来，一些地方正气上不来，邪气压不住，政治生态出现严重污染。有的党内政治生活不认真、不严肃、不解决实际问题，随意化、庸俗化、平淡化现象比较普遍；有的自由主义、好人主义盛行，是非面前不开口，遇到矛盾绕着走，对歪风邪气听之任之、视而不见，不敢抓、不敢管，搞无原则的一团和气，而坚持原则、敢于担当的干部则被搞得灰头土脸，狼狈不堪；有的人际关系复杂，团团伙伙、拉帮结派、结党营私、利益输送等问题突出，官商同盟圈、官场同盟圈代替了正常的同志关系，形形色色的关系网越织越密，方方面面的潜规则越用越灵；有的干部选拔任用出现劣币驱逐良币的逆淘汰，正派能干的干部不被重用，而某些背倚权势、缔结“关系”、阿谀逢迎的人和不学无术、说谎邀功的人却大行其道；有的搞封妻荫子，一人得道、鸡犬升天等封建社会那一套，利用职权违规乱办事，以各种名目侵占公共利益，视制度、规则为橡皮泥，想咋捏就咋捏；有的大搞权钱交易、权权交易、权色交易，甚至出现系统性、塌方式腐败；等等。这些问题，使不少干部在所谓的要人、名人、能人面前直不起腰，在面子、圈子、场子里动不了真，在私心、私情、私利纠结中撕不开脸，在理想、信念、事业上提不起劲，严重破坏干事创业环境，严重影响党的形象，严重损害党群干群关系，严重削弱党的创造力凝聚力战斗力。经过党的十八大以来的治理，政治生态已经大为改观，但“冰冻三尺非一日之寒”，净化政治生活治标的任务尚未真正完成，实现治本更非一日之功，营造良好政治生态仍然是摆在我们面前的紧迫任务和现实课题。

二、推动形成风清气正、山清水秀的良好政治生态

习近平同志指出：“从近来反对‘四风’、查处腐败案件的实际情况看，解决党内存在的种种难题，必须营造一个良好从政环境，也就是要有一个好的政治生态。古人早就提出，管理国家，‘必先正风俗。风俗既正，中人以下，皆自勉以为善；风俗一败，中人以上，皆自弃而为恶’。”① “要突出领导干部这个关键，教育引导各级领导干部立正身、讲原则、守纪律、拒腐蚀，形成一级带一级、一级抓一级的示范效应，积极营造风清气正的从政环境。”领导干部是政治生态和从政环境建设的“风向标”和“领头雁”。领导干部只有胸怀浩然正气，带头清正廉洁，处事公道正派，敢于坚持原则，才能带出好风气，带出好队伍，形成正气充盈、向上向善的政治生态。对此，各级党组织和领导干部应进一步增强责任感和紧迫感，进一步增强思想自觉和行动自觉，把推动形成风清气正、山清水秀的良好政治生态作为管党治党的重要政治责任，切实抓出成效，真正做到干部清正、政府清廉、政治清明。

推动形成良好政治生态，必须破除潜规则。习近平同志指出：“破除潜规则，根本之策是强化明规则，以正压邪，让潜规则在党内以及社会上失去土壤、失去通道、失去市场。”② 现在，一些潜规则侵入党内，并逐渐流行起来，有的人甚至以深谙其道为荣，必须引

① 《习近平关于党风廉政建设和反腐败斗争论述摘编》，中央文献出版社、中国方正出版社 2015 年版，第 87 页。

② 《习近平关于党风廉政建设和反腐败斗争论述摘编》，中央文献出版社、中国方正出版社 2015 年版，第 45 页。

起我们高度警觉。比如，在思想政治上，一些人信奉“马列主义对人，自由主义对己”，“两个嘴巴说话，两张面孔做人”；在组织生活中，一些人信奉“自我批评摆情况，相互批评提希望”，“你不批我，我不批你；你若批我，我必批你”，“上级对下级，哄着护着；下级对上级，捧着抬着；同级对同级，包着让着”；在执行政策中，一些人信奉“遇到黄灯跑过去，遇到红灯绕过去”，“不求百姓拍手，只求领导点头”；在干部任用中，一些人信奉“不跑不送、降职使用，只跑不送、原地不动，又跑又送、提拔重用”；在人际交往中，一些人信奉“章子不如条子，条子不如面子”，“有关系走遍天下，没关系寸步难行”。这些潜规则看起来无影无踪，却又无处不在，听起来悖情悖理，却可畅通无阻，成为腐蚀党员和干部、败坏党的风气的沉疴毒瘤。如果任其大行其道，我们的党风、政风、社会风气又谈何好转？因此，领导干部要旗帜鲜明同陈规陋习、顽瘴痼疾作斗争，坚持原则，敢于担当，促进党内形成弘扬正气的强大气候。

健康的党内政治生活，既是良好政治生态的重要体现，又是形成良好政治生态的重要动力。领导干部是政治生态的主要营造者，其党性强弱直接影响着政治生态。而党内政治生活是加强党员党性锻炼、提高思想觉悟和道德水平的大熔炉，领导干部只有在这座熔炉中反复锤炼，才能增强党性、百炼成钢。如果党内政治生活这个炉子长期不生火，或者生了火却没有足够的温度，那是炼不出钢来的，也就不可能有政治生态的山清水秀。因此，营造良好政治生态必须严格党内政治生活。通过严肃认真的党内政治生活，营造信念坚定、绝对忠诚的政治环境，勇于改革、敢闯敢试的创新环境，实事求是、积极作为的干事环境，五湖四海、任人唯贤的用人环境，纲纪严明、清正廉洁的纪律环境，教育引导广大党员干部分清是非、辨别真假，坚持真理、修正错误，统一意志、增进团结，使党内上下关系、人际关系、工作氛围呈现出团结和谐、简洁健康的新局面、新气象，推动形成良好的政治生态。

推动形成良好的政治生态，要靠党规党纪的严格约束。实践表明，纪律严明，就会风清气正；纪律松弛，就会乱象丛生。严明党的纪律，第一位的是严明党的政治纪律和政治规矩。习近平总书记在中央纪委第五次全会上对全党提出“必须维护党中央权威，决不允许背离党中央另搞一套；必须维护党的团结，决不允许在党内培植私人势力；必须遵循组织程序，决不允许擅作主张、我行我素；必须服从组织决定，决不允许搞非组织活动；必须管好亲属和身边工作人员，决不允许他们擅权干政、谋取私利”的要求。这“五个必须”“五个决不允许”，是为全党立的政治纪律和政治规矩，是管根本、管全局、管方向的总要求，是保证政治生态免受各种不良风气侵扰的重要屏障，必须得到全面贯彻落实。党的纪律决不能成为生锈的“铁架子”，必须成为高扬的“铁鞭子”。坚持党纪面前人人平等、执行党纪没有特权，做到有纪必遵、违纪必究、执纪必严，对有令不行、有禁不止的行为实行“零容忍”，发现一起查处一起，铁拳出击、露头就打，打出痛感、打出震慑力。

营造良好政治生态，领导干部既是关键因素，又是主体力量。事实证明，领导干部精神风貌、素质能力、作风形象过得硬，就能以上率下，树立标杆，推动形成良好政治生态；自身不过硬，则会严重污染政治生态。习近平同志指出：“领导干部要坚守正道、弘扬正气，坚持以信念、人格、实干立身；要襟怀坦白、光明磊落，对上对下讲真话、实话、心里话，绝不搞弄虚作假、口是心非那一套；要坚持原则、恪守规矩，严格按党纪国法办事，不成为不正当社会关系的编织者，绝不搞看人下菜、翻云覆雨那一套；要严肃纲纪、疾恶如仇，对一切不正之风敢于亮剑，绝不搞逃避责任、明哲保身那一套；要艰苦奋斗、清正廉洁，正确行使权力，在各种诱惑面前经得起考验，‘不以一毫私意自蔽，不以一毫私欲自累’。”① 领导干部要做营造良好政治生态的表率，就必须坚持从自己做起，按照习近平总书记以信念、人格、实干立身的要求，打牢共产党人安身立命的根本，真正做良好政治生态的践行者、示范者。常补精神之“钙”，坚守共产党人精神家园，以虔诚的信仰、执着的信念、坚强的信心激发献身事业的激情，以坚定的道路自信、理论自信、制度自信、文化自信排除各种干扰，以马克思主义科学真理的强大力量廓清思想迷雾，矢志不渝为中国特色社会主义不懈奋斗。始终保持对党和人民绝对忠诚，老老实实做人，言行一致、表里如一，对上对下一个样，台上台下一个样，人前人后一个样。保持奋发有为、开拓进取、迎难而上的精神状态，防止懒政惰政、为官不为，遵循科学发展规律，防止急功近利、为官乱为，多做打基础、利长远的事，创造经得起实践、人民、历史检验的业绩，以钉钉子精神狠抓落实，把各项工作抓得紧而又紧、实而又实，做到步步为营、久久为功。

三、净化政治生态必须坚持正确用人导向

净化政治生态，用人导向至关重要。习近平同志指出：“有一种现象很值得注意，就是在一个地方、一个单位，一个干部好不好，群众有公论，实践有比较，领导心里也明白，但在具体用人时，结果却与事业需要和群众期盼大相径庭。这其中作祟的，是一些领导干部的私心杂念，是人们议论的‘关系网’、‘潜规则’。正是这些不健康的因素起作用，任人唯贤被丢在一边了，任人唯亲、任人唯利等问题发生了。干部群众对这些问题深恶痛绝。必须下决心加以整治，使用人之风真正纯洁起来。”② “要坚持正确用人导向，把好干部选出来、用

---

① 《习近平关于党风廉政建设和反腐败斗争论述摘编》，中央文献出版社、中国方正出版社 2015 年版，第 88 页。

② 《十八大以来重要文献选编》（上），中央文献出版社 2014 年版，第 344 页。

起来，促进能者上、庸者下、劣者汰。”① 用一个人等于树立一面旗帜。坚持正确用人导向，选准用好领导干部，是营造良好政治生态的治本之策。导向正确，就会激励领导干部对党忠诚、干净干事、敢于担当，促进形成心齐气顺、团结和谐、扎实肯干的良好政治生态。导向不正确，就会导致一些干部跑官要官、买官卖官，一门心思找关系、跑门子，滋长选人用人不正之风，导致形成投机钻营、拉拉扯扯、弄虚作假的政治生态。选人用人风气是政治生态一个最核心的问题。选人用人风气正，政治生态就山清水秀；选人用人风气不正，政治生态就乌烟瘴气。整治选人用人的不正之风和腐败现象，是整肃政治生态的“源头治理”。比如，苏荣在江西期间，大肆卖官鬻爵，用人唯财、唯亲、唯顺，家里成了“权钱交易所”，他就是“所长”，老婆是“收款员”。对于苏荣来说，只要是送了钱的人、给了利的人，就可以得到提拔、得到重用，什么规矩、原则都可以置之不顾，这在当地造成了恶劣的政治影响，严重破坏了政治生态。试想，如果干部靠送礼行贿就能得到提拔重用，谁还会去干事创业、艰苦奋斗呢？这样的选人用人导向，政治生态会好吗？答案肯定是不言而喻的。习近平同志指出：“现在，选人用人上的不正之风仍然是干部群众最不满意的问题之一。原因固然是多方面的，但很重要的一点是公道正派上出了问题。不少同志反映，选人用人上只要坚持公道正派，其他都会变得简单起来，这是有一定道理的。如果公道正派上出了问题，再好的制度也难以落实，再好的干部也可能选不出来。公生明、廉生威啊！”② 对此，要下大力气整治选人用人不正之风，对任人唯亲、排斥异己、团团伙伙的严厉查处，对跑官要官、买官卖官、拉票贿选的

① 习近平：《在第十八届中央纪律检查委员会第六次全体会议上的讲话》，《人民日报》2016 年 5 月 3 日。

② 《十八大以来重要文献选编》（上），中央文献出版社 2014 年版，第 353—354 页。

重拳打击，对封官许愿、弹冠相庆、说情打招呼的坚决治理，努力营造公道正派、公平公正的选人用人环境，从源头上推动形成良好政治生态。

习近平同志指出："要着眼于党的事业发展需要选人用人，公道对待干部，公平评价干部，公正使用干部，让好干部有全身谋事之心而无侧身谋人之虞，不能'以人划线'、'以地域划线'，搞亲亲疏疏、团团伙伙。要敢于坚持原则，有那么一种只问是非、不计得失的气节，不为人情关系所缚，不为歪风邪气所扰，不为个人得失所困，敢于为好干部说公道话，让好干部真正受尊重、受重用，让那些阿谀逢迎、弄虚作假、不干实事、会跑会要的干部真正没市场、受惩戒。"① 各级党委（党组）要坚持好干部标准，真正把党和人民需要的好干部选拔上来，大力彰显选人用人的良好风气，坚决遏制大大小小的关系网、劣币驱逐良币的逆淘汰。要坚持公平、公正、公开的原则，在考准识准干部上下功夫，既要考察干部平常的工作表现、工作态度、工作业绩，更要了解干部关键时候、重大任务、危急关头的表现；既要核查干部档案、个人有关事项申报的情况，更要了解干部廉政表现、个人品德、社会交往的情况；既要全方位、多角度、近距离、多时段接触干部"听其言、观其行"，又要广泛听取党员干部和群众、服务对象的意见，真正把干部的政治素养、工作能力、道德品行、生活小节、功利心态等方面情况了解全面、掌握清楚。对于那些做嘴皮子有功夫、实干无能力的干部，那些一门心思想升官、不择手段谋位子的干部，那些争你高我低、闹不团结、搞小动作、"窝里斗"的干部，那些心口不一、心术不正、弄虚作假的干部，那些左右逢源、利欲熏心、以权谋利的干部，组织上绝对不能提拔，也不会予以重用。各级领导干部特别是一把手要出以公心，按照好干部标准评价

① 《十八大以来重要文献选编》（上），中央文献出版社 2014 年版，第 354 页。

干部，客观公正对待干部，以对党和人民事业高度负责的精神举人、选人、用人，坚决抵制说情、请托、打招呼等行为，自觉做到按制度办事、按规矩办事、按纪律办事，决不能凭个人好恶选人用人，决不能搞亲亲疏疏，更不能搞“小圈子”甚至结党营私。只有把干部选好了、用准了，形成干部工作的风清气正，营造良好的政治生态才会有根本保障。

加强对干部的日常管理和监督。坚持真管真严、敢管敢严、长管长严，把从严治吏体现到干部教育培养、考核评价、管理监督等各项工作中，贯彻到严格问责、严肃处理上，从而使干部队伍始终成为营造良好政治生态的“正能量”。政治生态不良、选人用人不正之风之所以屡禁不止，一个重要原因，就是一些地方和部门对干部疏于管理、疏于监督，查处问题干部失之于宽、失之于软。要经常性地开展警示教育，运用反面典型预警提醒，对重大案件、违纪违规典型案例和普遍性问题及时进行通报，促使干部时刻保持警醒，筑牢拒腐防变思想防线。对群众来信来访、专项巡查、经济责任审计、干部考核和监督、12380 网站等渠道反映出的干部苗头性、倾向性问题，要及时通过函询告诫、预警谈话等方式进行提醒、纠正，早打“预防针”、常敲“警示钟”，防止小错酿成大错。要把监督关口前移，及时征询纪检监察、巡视、检察、信访、审计等部门意见，一旦发现问题严格查处，决不手软。建立“八小时之外”监督机制，使领导干部生活圈、社交圈进入组织视野，让干部自觉做到忠诚老实、勤奋敬业、遵规守矩，推动形成良好的政治生态。

第四章　从严推动组织建设，破解组织工作难题

组织建设是党的建设重要组成部分。习近平同志高度重视组织建设，强调组织工作必须认真贯彻党要管党、从严治党方针。强调党要管党，才能管好党；从严治党，才能治好党。对我们这样一个在13亿人口大国长期执政的党，管党治党一刻不能松懈。如果管党不力、治党不严，人民群众反映强烈的党内突出问题得不到解决，那我们党迟早会失去执政资格，不可避免被历史淘汰。当前，组织工作中存在一些亟待解决的矛盾和问题，需要统筹各方力量，加强调查研究，努力破解难题，推动组织工作在攻坚克难中创新发展。

第一节　党要管党首先是管好干部、从严治党关键是从严治吏

选准人、用好人，是干部工作的永恒课题。我们党历来高度重视选贤任能，始终把选人用人作为关系党和人民事业的关键性、根本性问题来抓。党的十八大以来，习近平同志着眼于坚持和发展中国特色社会主义、进行具有许多新的历史特点的伟大斗争，对培养选拔党和人民需要的好干部、建设一支宏大的高素质干部队伍作了一系列重要论述，深刻阐明了新时期选人用人的方针、原则和要求，鲜明提出了锻造我们时代的好干部这一重大课题，深刻回答了干部队伍建设的许多重大理论和实践问题，丰富和发展了党的用人思想，为发现干部、

培养干部、选用干部指明了方向、提出了要求、明确了标准、提供了遵循。

一、着力培养选拔党和人民需要的好干部

好干部的时代内涵是由时代特征所决定的。通常来讲，德才兼备是好干部的根本标准，但不同历史时期，对干部德才的具体要求有所不同。新时期好干部的标准是什么？习近平同志在全国组织工作会议上明确提出："好干部要做到信念坚定、为民服务、勤政务实、敢于担当、清正廉洁。"[①] 信念坚定是好干部第一标准。理想信念是共产党人精神上的"钙"，精神上"缺钙"，看起来再美，也会得"软骨病"。好干部必须常"补钙"，坚定共产主义远大理想，真诚信仰马克思主义，在重大政治考验面前保持政治定力，在急难险重任务面前勇挑重担，在权力、金钱、美色面前"坐怀不乱"，以坚定理念信念炼就"金刚不坏之身"。为民服务是好干部的立身之本。"当官不为民作主，不如回家卖红薯"。始终牢记宗旨、心系群众、服务人民，树立正确的群众观，常到群众中去，身上多一点"泥土味"，多问群众冷暖，多干群众满意的事、群众需要的事、群众受益的事。勤政务实是好干部的作风要求。"世界上的事情都是干出来的。不干，半点马克思主义也没有"。群众在评价一个干部的能力时，往往不看宣言看行动，不看"唱功"看"做功"，实干才是最好的领导方法，也是过硬的领导能力。好干部必须夙夜在公，勤勉工作，干出经得起人民和历史检验的政绩。敢于担当是好干部的核心能力。"苟利国家生死以，岂因祸福避趋之"。做一名敢于担当的好干部必须有责任重于泰山的意识，坚持党的原则第一、党的事业第一、人民利益第一，在大是大非面前，敢于亮剑、旗帜鲜明表明立场；在难题面前，敢闯敢试、敢为人先；在矛盾面前，敢抓敢管、敢于碰硬；在风险面前，敢

① 《十八大以来重要文献选编》（上），中央文献出版社2014年版，第337页。

作敢为、敢担责任，在歪风邪气面前，敢于斗争，敢于不信邪。清正廉洁是好干部的坚守底线。“万分廉洁只是小善，一点贪污便为大恶”。干部手中有权、笔下有利，诱惑处处在，考验时时有，面对金钱美色，坚守住道德防线；面对糖衣炮弹，坚守住法纪防线，处乐而欲不放，居贫而志不倦，坚定老实，矢志不渝，切实让权力关进制度笼子里，在阳光下运行，时刻守好清正廉洁的底线。

英雄起于阡陌，壮士拔于行伍。不论是风起云涌的革命岁月，还是筚路蓝缕的创业建设时期，好干部不会自然而然产生，而是披沙拣金，一步步成长成熟起来的。习近平同志鲜明指出：“好干部不会自然而然产生。成长为一个好干部，一靠自身努力，二靠组织培养。从干部自身来讲，个人必须努力，这是干部成长的内因，也是决定性因素。”① 干部的党性修养、思想觉悟、道德水平不会随着党龄的积累而自然提高，也不会随着职务的升迁而自然提高，而需要终生努力。首先要靠干部个人自身不断改造主观世界、加强党性修养、加强品格陶冶，时刻用党章、用共产党员标准要求自己，时刻自重自省自励，老老实实做人，踏踏实实干事，清清白白为官。其次还要靠组织培养。习近平同志强调指出，培养干部，要抓好党性教育这个核心，抓好道德建设这个基础，加强宗旨意识、公仆意识教育。培养干部是各级党组织和组织部门的重要任务。把坚定理想信念作为首要任务，大规模开展马克思主义基本理论、中国特色社会主义理论体系学习培训，不断增强道路自信、理论自信、制度自信、文化自信。把实践锻炼作为重要途径，让干部到基层一线、贫困地区、关键岗位、重大任务中磨炼意志、锤炼思想、提升能力、增强本领。习近平同志强调，要把贫困地区作为锻炼培养干部的重要基地，把带领群众脱贫致富作为考核干部的重要内容，对那些长期在贫困地区工作、实绩突出的干

① 《十八大以来重要文献选编》（上），中央文献出版社 2014 年版，第 341 页。

部要给予表彰并注重提拔使用；要注重从基层选拔，从艰苦地区选拔，从经受过重大考验的干部中选拔，真正选出一批合格领导干部；要把有培养潜力的同志放到急难险重的环境中锻炼，让他们去挑担子，去完成艰巨复杂的任务，从而脱颖而出。通过各种有效措施，不断提高干部把握和运用市场经济规律、自然规律、社会发展规律能力，推动改革发展能力、思想政治能力、动员组织能力、驾驭复杂矛盾能力和依法办事、做群众工作能力。把严格党内生活作为有效手段，坚持和改进“三会一课”、主题党日、警示教育、党性剖析等好经验好做法，完善领导干部参加双重组织生活会制度，有针对性解决干部在思想作风方面存在的突出问题。

培养选拔任用干部，一定要有正确导向。习近平同志指出：“用一贤人则群贤毕至，见贤思齐就蔚然成风。选什么人就是风向标，就有什么样的干部作风，乃至就有什么样的党风。”① 他在甘肃考察工作时强调：“要树立正确用人导向，使那些对群众感情真挚、深得群众拥护的干部，那些说话办事有灼见、有效率的干部，那些对上对下都实实在在、不玩虚招的干部，那些清正廉洁、公众形象好的干部，得到褒奖和重用；使那些享乐思想严重、热衷于形式主义、严重脱离群众的干部，受到警醒和惩戒，用为民务实清廉的良好形象凝聚党心民心。”选什么人就是风向标，就有什么样的干部作风，乃至就有什么样的党风。要坚持党管干部的原则，坚持正确用人导向，坚持德才兼备、以德为先，努力做到选贤任能、用当其时，知人善任、人尽其才。如果用干部存在凭关系、凭感情的现象，哪怕是极少数例子，负面影响都不能低估。那些埋头苦干的干部会怎么想？自己干了几年，还不如别人跑了几次。这就容易使干部不比工作、不比实绩，而是想

---

① 《十八大以来重要文献选编》（上），中央文献出版社 2014 年版，第 342—343 页。

方设法找关系、找靠山。如果德才平平、投机取巧的人屡屡得到提拔重用，而踏实干事、不跑不要的干部却没有进步机会，谁还有心思踏实工作呢？

把好干部及时发现出来、合理使用起来。识人是做好干部工作的一项基础性工作。古人讲："不知人之短，不知人之长，不知人长中之短，不知人短中之长，则不可以用人，不可以教人。"健全多渠道、多层次、多侧面深入考察了解干部的机制和办法，按照习近平同志指出那样，重点观察干部对重大问题的思考，看其见识见解；观察干部对群众的感情，看其品质情怀；观察干部对待名利的态度，看其境界格局；观察干部处理复杂问题的过程和结果，看其能力水平。考察识别干部，功夫要下在平时。习近平同志指出："干部业绩在实践，干部声名在民间。要多到基层干部群众中、多在乡语口碑中了解干部，既要在'大事'上看德，又要在'小节'中察德。"① 只有注重日常了解，加强综合分析研判，才能统筹考核干部素质、能力、性格等多种因素，优化班子配备，防止"急拿现用""临时找人"等现象。只有健全干部日常性考核和管理机制，及时掌握了解干部的思想、工作、作风和廉洁自律等情况，才能对干部形成较强的监督和约束，有效改变干部管理失之于宽、失之于软的现象。会知人，更要会用人。习近平同志指出："用什么人、用在什么岗位，一定要从工作需要出发，以事择人，不能简单把职位作为奖励干部的手段。"② 注重复合型人才培养，破除论资排辈、求全责备观念，对确有真才实学、成熟较早的年轻干部，要敢于大胆破格使用，但破格不能"出格"，更不能借破格之名行以权谋私之实。注重调动各年龄段干部积极性，全面把握干部选拔任用条件，既不为追求干部年轻化而降低标准，又合理

① 《十八大以来重要文献选编》（上），中央文献出版社 2014 年版，第 343 页。
② 《十八大以来重要文献选编》（上），中央文献出版社 2014 年版，第 344 页。

选用其他年龄段干部，决不能在年龄上设“杠杆”，注意保留适当数量经验丰富、年龄相对大一点的同志，让德才表现好、群众口碑好的各年龄段优秀干部有干头、有奔头。

二、坚持从严管理干部

从严治党，重在从严管理干部。习近平同志指出，要把从严管理干部贯彻落实到干部队伍建设全过程；要坚持从严教育、从严管理、从严监督，让每一个干部都深刻懂得，当干部就必须付出更多辛劳、接受更严格的约束。没有这样的思想准备和觉悟，就不要进入干部队伍；干部的健康成长，既要靠自重、自省、自警、自励，又要靠组织的严格要求、严格教育、严格管理、严格监督。坚持从严管理干部，是习近平同志全面从严治党思想的重要观点。抓住了从严管理干部这个关键，就抓住了管党治党的“牛鼻子”。要始终坚持严字当头、严肃吏治，以严的态度、严的措施、严的纪律，把从严管理干部贯彻落实到干部队伍建设全过程，确保干部队伍的先进性和纯洁性。

把“认真”作为干部管理工作的一条重要原则。习近平同志指出：“这些年我们在干部管理上不可谓不重视，也出台了不少制度规定。为什么还是存在那么多问题？我看，一个重要原因就是讲‘认真’不够。世界上怕就怕‘认真’二字，共产党就最讲‘认真’。”①现在，有些干部连一些基本规矩都不讲，毫无制度意识、毫无敬畏之心，缺乏为官做人的起码底线，口无遮拦，随心所欲，什么话都敢说，什么事都敢干。要把“认真”作为干部管理工作的一条重要原则，坚持以认真的态度、认真的精神、认真的劲头，对干部队伍中存在的问题敢抓敢管、真抓真管、善抓善管，真正做到在大是大非问题上不搞通融，在执行党的路线方针政策上不讲条件，对违反党的原则的人和事不留情面，对工作不力和作风不正的干部不姑息迁就，对出

---

①《十八大以来重要文献选编》（上），中央文献出版社2014年版，第350页。

了问题的干部不包庇袒护，努力建设一支信念坚定、为民服务、勤政务实、敢于担当、清正廉洁的干部队伍。

严格教育，筑牢筑实干部思想防线。习近平同志对干部教育培训的重点内容、主要对象、方式方法、学风建设等作出科学阐述，提出明确要求。强调干部教育培训的首要任务是抓好理想信念教育，确保我们的江山不易色、政权不丢失、道路不改变；学习马克思主义理论，就是要让广大干部知道我们从哪里来，根扎在哪里，要走向哪里；要切实抓好成千上万各级干部的培训，越是重要岗位、关键岗位的干部越需要培训；要高度重视培训质量，坚持理论联系实际，加强师资队伍建设、教材建设；要坚持从严治校、从严治教、从严治学，切实加强学员管理和学风建设。贯彻这些要求，就是要进一步加强理想信念教育和党性教育，坚定干部信仰信念，增强党员观念，提高思想认识水平。加强警示教育，用反面典型教育干部，多对干部进行廉政教育，让干部吸取教训、认真反思、引以为戒，筑牢思想防线、守住做人底线、不踩法纪红线。

严格管理，坚持抓小、抓早、抓苗头。习近平同志指出："对干部身上出现的苗头性、倾向性问题，要及时'咬咬'耳朵、扯扯袖子，早提醒、早纠正，这是爱护干部，而不是苛求干部。不能睁一只眼闭一只眼，更不能哄着、护着，防止小毛病演化成大问题。"① 他还强调，严格管理和监督是对干部最大的关心和爱护，放任自流是对干部最大的不负责任。小洞不补、大洞吃苦。一些干部走上违法犯罪道路，非一朝一夕之事，很多是小问题、小毛病没人管，日积月累、日甚一日，最终走到不可救药的地步。如今，一些干部不愿接受监督管理，搞上有政策、下有对策，当面一套、背后一套，成了干部管理"局外人"；有的干部还按照惯性思维我行我素，"官本位"和特权思

---

① 《十八大以来重要文献选编》(上)，中央文献出版社2014年版，第350页。

想依然存在。习近平同志指出，各级党委和组织部门要认真执行中央办公厅印发的《关于进一步从严管理干部的意见》，针对当前干部管理中存在的失之于宽、失之于软的问题，切实履行好从严管理干部的职责，坚持原则，敢抓敢管，加强经常性教育，健全干部日常管理机制，不断提高干部管理水平和效果。他还指出："当前，所谓'为官不易'、'为官不为'问题引起社会关注，要深入分析，搞好正面引导，加强责任追究。党的干部都是人民公仆，自当在其位谋其政，既廉又勤，既干净又干事。如果组织上管得严一点、群众监督多一点就感到受不了，就要'为官不易'，那是境界不高、不负责任的表现。这一点，要向广大干部讲清楚。我们做人一世，为官一任，要有肝胆，要有担当精神，应该对'为官不为'感到羞耻，应该予以严肃批评。"① 加强对干部的谈心谈话力度，对干部存在的不足和问题，该提醒就提醒，该批评就批评，该敲打就敲打。完善干部有关事项报告制度，加快出台对干部有关事项报告的抽查核实办法，对抽查报告的范围、方式等内容作出具体规定，加强对报告核查结果的运用。

严格监督，用制度管权管事管人。习近平同志指出："要坚持从严教育、从严管理、从严监督，让每一个干部都深刻懂得，当干部就必须付出更多辛劳、接受更严格的约束。"② 从严管理干部，光靠人盯人、人管人不行，从根本上讲还要靠制度。党的十八大以来，中央出台八项规定、加强作风建设，进一步严格规范党政机关和领导干部行为，对干部约束越来越严，"紧箍咒"越来越紧。习近平同志指出，各级领导干部要善于、乐于在约束、监督下行使权力，时刻绷紧廉洁自律这根弦，经受权力、金钱、美色的诱惑考验，始终保持共产党人

① 习近平：《在党的群众路线教育实践活动总结大会上的讲话》，《人民日报》2014年10月9日。

② 《十八大以来重要文献选编》（上），中央文献出版社2014年版，第350页。

的浩然正气。切实强化制度意识，强化法治思维，着力健全和完善干部管理监督的规章制度，健全公开透明、规范动作、科学配套的干部监督管理制度体系，健全事前监督、事中监督、事后监督的制度链条。建立健全干部八小时外监督机制，探索建立更加全面的干部作风考核指标体系，将干部的“工作圈”“学习圈”“生活圈”全部纳入考察范围，综合各种监督主体反馈的评价信息，客观反映被考核对象政治思想、具体言行、工作作风、家庭关系、社会交际等方面的情况。加强对一把手的监督，实行党政正职不直接分管财务、人事、工程项目审批制度，规范一把手的用人权，严格落实干部工作“一报告两评议”制度，加强对选人用人行为的监督检查。

领导干部时时处处严要求、作表率。从严管理干部能不能落到实处，各级领导干部特别是主要负责同志带头是关键。现在，一些领导干部对干部不愿管、不想管、不敢管、不善管；有的领导当“老好人”，担心得罪人、丢选票，对违反原则的人和事，不敢板起脸来开展批评；有的考虑要求别人严，自己得先严，跟干部过意不去，干部就跟自己过意不去，何必自讨苦吃；有的想将就着来，能捂就捂，能盖就盖。这些都是与党性要求、领导职责格格不入的。习近平同志指出：“从严管理的要求能不能落到实处，领导机关和领导干部带头非常重要。领导机关和领导干部做出样子，下面就会跟着来、照着做。各级领导机关和领导干部，尤其是中央机关和中央国家机关、高级领导干部要强化带头意识，时时处处严要求、作表率。”① 各级领导干部特别是主要负责同志要切实履行好从严管理干部的职责，坚持原则，敢抓敢管，不怕得罪人，敢于批评和制止干部队伍中的不良倾向。坚持讲党性、重品行、作表率，营造敢于坚持党性原则的良好氛围，严于律己，加强自我管理，严格要求和管理好配偶子女、身边工

① 《十八大以来重要文献选编》（上），中央文献出版社 2014 年版，第 351 页。

作人员。完善和落实从严管理干部责任制，对用人严重失察，疏于教育管理监督，致使干部发生严重问题的，要追究有关领导干部和干部管理部门的责任。对严管干部者多些保护，撑腰壮胆，使他们更加敢管、愿管，把从严管理的要求真正落到实处。在干部队伍中树立起严管干部者“吃香”的导向和风气，使严管干部者越来越多，使干部队伍风气越来越正。

三、坚持年轻干部培养多“墩墩苗”

源源不断地培养大批优秀年轻干部，是关系党和国家事业的根本大计，是党和国家事业后继有人、不断发展的重要保证，也是我国能否在未来激烈的国际竞争中赢得主动的关键所在。党的十八大以来，习近平同志对优秀年轻干部培养选拔工作作出一系列重要指示，提出许多新思想、新要求，强调培养选拔年轻干部是我们党的重大战略任务，事关党的事业薪火相传，事关国家长治久安。然而，社会上对一些地方选拔出来的年轻干部议论较多，对年轻干部工作也有不少意见，对此，习近平同志指出：“究其原因，主要是：有的简单考虑班子年龄结构要求，不是注意人选内在素质，忽视了必要的履职经历和岗位历练，把一些尚不成熟的干部放到领导岗位，甚至担任一把手。有的年轻干部没有把心思和精力放在工作上，功夫也没有下在练好内功上，热衷于经营人脉、编织关系网。有的地方的干部中，给地方和部门领导当过秘书的干部比例太大，你安排了，我也要安排，成了‘利益均沾’。这怎么得了！中央对此有明确规定啊，为什么执行不了?!”[1] 培养选拔年轻干部，应该坚持常抓不懈，把功夫下在培养上，让年轻干部多“墩墩苗”，把基础打扎实，使年轻干部政治上靠得住、工作上有本事、作风上过得硬，成为中国特色社会主义事业的可靠接班人。

① 《十八大以来重要文献选编》（上），中央文献出版社 2014 年版，第 348 页。

下大气力抓好培养工作。习近平同志指出："加强和改进年轻干部工作，要下大气力抓好培养工作。年轻干部不经过千锤百炼、艰苦磨炼，很难在关键时刻经受住考验，这方面的教训是有的。一些地方对要培养的'苗子'百般呵护，为他们设好'台阶'、铺好'路子'，恰恰忽略了把他们放到艰苦岗位上去磨炼。现在形成了一种匪夷所思的怪圈，组织把谁放到艰苦岗位上、放到基层去锻炼，本人以及周围的人往往会认为是组织上不信任他了。这样的风气蔓延开来，我们培养年轻干部会走弯路。一定要扭转过来。"① 做好培养选拔年轻干部工作，要坚持重在培养，以坚定理想信念、加强党性修养和弘扬优良作风为核心，进一步加强年轻干部的理论培训和实践锻炼，提高政治素质和能力素质。加强年轻干部理想信念教育，强化理论学习培训，全面提高他们的马克思主义理论素养，打牢理想信念的根基。加强年轻干部的党性修养。才不够，可以学；德不行，很难补。年轻干部出问题，主要出在德上。加强年轻干部的道德修养，引导他们珍重人格、珍爱声誉、珍惜形象，增强道德责任感，常修为政之德、常思贪欲之害、常怀律己之心，积小德养大德，做高尚道德的表率，努力成为思想纯洁、品行端正的示范者，爱岗敬业、敢于负责的力行者，明礼诚信、遵纪守法的先行者，生活正派、情趣健康的引领者。引导年轻干部牢固树立宗旨意识，树立良好作风，正确对待权力、地位和利益，正确对待组织、群众和自己，带头讲真话、敢于讲真话、习惯讲真话，把全部心思和精神用在干事创业上，在服务祖国、服务人民、服务科学发展中建功立业。坚持严格管理、严格要求，切实抓好年轻干部的纪律修养，增强纪律意识。加强年轻干部实践锻炼。实践出真知，实践出人才。在实践中锻炼、考验和提高干部，始终是培养年轻干部的一个基本途径。越是有培养前途的年轻干部，越要放到艰苦环

---

① 《十八大以来重要文献选编》（上），中央文献出版社 2014 年版，第 348 页。

境中去，越要到改革和发展的第一线去，让他们在实践中增强党性、磨炼意志、增长才干。坚持多岗位培养锻炼年轻干部，尤其要注重在基层一线的实践中培训锻炼年轻干部。一方面鼓励更多的年轻干部到基层、到生产一线和艰苦地方去经受考验、成长成才；另一方面注重选拔在基层一线工作的优秀年轻干部，把基层一线作为培养锻炼年轻干部的基础阵地，注重选拔基层中善于做群众工作、能妥善应对复杂局面、有处理实际问题能力的优秀年轻干部充实党政领导机关，改善优化机关干部队伍结构，真正形成干部到基层锻炼、人才从一线选拔的良性循环机制，形成基层一线干部培养选拔链。习近平同志还对加强和改进后备干部工作提出具体要求，指出："要认真落实党政领导班子后备干部队伍建设规划，抓紧建立各级领导班子后备干部队伍，特别是要选好一把手后备人选，使班子形成合理的梯次配备。对后备干部要坚持组织掌握，实行动态管理、优胜劣汰，建立健全培养锻炼、适时使用、定期调整、有进有退的机制，保持一池活水。"①

遵循干部成长规律。习近平同志指出："培养不等于照顾。干部成长是有规律的，年轻干部从参加工作到走向成熟，成长为党和国家的中高级领导干部，需要经过必要的台阶、递进式的历练和培养。我们不能唯台阶论，但必要的台阶也是要的，一步登天在现在这个时代是行不通的。"② 一个人成长为一名好干部，不是一年两年的事，而是要经过一个长期实践磨炼特别是艰苦环境历练的渐进过程，既是自知、自省、自励、自践而不断上进的过程，又是组织关心培养、社会环境促进的结果，有规律可循，却无固定必须模式，但都离不开个人努力、组织培养、多岗历练、环境造就，其中个人努力和组织培养最

---

① 《十八大以来重要文献选编》（上），中央文献出版社 2014 年版，第 349 页。

② 《十八大以来重要文献选编》（上），中央文献出版社 2014 年版，第 348—349 页。

为关键。目前，一些地方忽视必要的履职经历和岗位历练，把尚不成熟的干部放到重要岗位，甚至“火箭式”提拔年轻干部。习近平同志强调指出：“干部多‘墩墩苗’没有什么坏处，把基础搞扎实了，后面的路才能走得更稳更远。不能今天一来，明天就想走；刚提拔，板凳还没有坐热，又想要升迁。这样的人靠得住吗？”[①] 干部多“墩墩苗”，是人才成长之规律。一个好干部，绝不是天生的，不是通过拔苗助长，也不是在温室里培养而成的，而是在实践锻炼中成长起来的。“墩墩苗”，不能有预设晋升路线图。有计划、有目的、有步骤不是预设的晋升路线图，不是为某个具体对象实现具体目的而设置的具体培养锻炼。对那些看得准、有潜力、有发展前途的年轻干部，要敢于给他们压担子，有计划安排他们去经受锻炼。表现不合格的决不能拔苗助长，决不能违背规律把一些没有经过必要的履职经历和岗位历练、缺乏基本内在素质的不成熟干部放到领导岗位，甚至担任一把手。同时要切实采取有力措施，坚决防止可能出现的“镀金热”。

破格不能“出格”。习近平同志指出：“对年轻干部中确有真才实学、成熟较早的，也要敢于大胆破格使用，不能缩手缩脚。”[②] 近一段时期以来，年轻干部的提拔不断受到社会的质疑，甚至“逢提必疑”，一些人往往不分青红皂白，带着偏激情绪群起“围剿”。然而，有的年轻干部“火箭式”起来，一查都与一些领导干部沾亲带故。习近平同志指出：“破格不能‘出格’，不能借‘破格提拔’之名行谋私之实。”[③] 因此，对年轻干部的培养选拔什么格能破，什么格不能出，需要厘清。在破格方面，首先要破除求全责备、论资排辈之念，树立压抑埋没年轻干部是过错、培养重用年轻干部是功绩的新理念，

---

① 《十八大以来重要文献选编》（上），中央文献出版社 2014 年版，第 349 页。
② 《十八大以来重要文献选编》（上），中央文献出版社 2014 年版，第 349 页。
③ 《十八大以来重要文献选编》（上），中央文献出版社 2014 年版，第 349 页。

不拘一格选人才，敢为事业用人才，早给年轻干部压担子、搭舞台，让优秀年轻干部尽早脱颖而出。其次要营造良好的舆论环境，对年轻干部应多一分理解和宽容，少一分猜忌和刻薄；多一分关心和支持，少一分责难和打压。对那些有觉悟、有知识、有为人民服务决心，特别是在艰苦地区、基层一线创新创业的年轻干部，要积极鼓励、真心呵护。再次要创新制度机制，坚持"民主、公开、竞争、择优"原则，在标准更高、程序更严的前提下，研究优秀年轻干部破格、越级选拔办法，逐步打破年轻干部成长隐性台阶。同时，建立健全监督机制，绝不允许借破格选拔之名，行"任人唯亲"之实。

第二节　着力解决干部制度改革出现的新情况新问题

着力选拔党和人民需要的好干部，最根本的要靠科学有效的选人用人机制。习近平同志指出："要紧密结合干部工作实际，认真总结，深入研究，不断改进，努力形成系统完备、科学规范、有效管用、简便易行的制度机制。"① 这些年，干部人事制度改革一直积极推进，形成了不少好制度好办法，取得了比较好的效果。但新情况、新问题也在不断出现，主要是唯票、唯分、唯 GDP、唯年龄问题。解决这"四唯"问题，需要下大气力认真破解，攻坚克难，推动形成有效管用、简便易行的选人用人机制。

一、改进民主推荐、民主测评办法，解决"唯票"问题

民主推荐、民主测评是扩大干部工作民主的一项重要改革措施，旨在改变过去"少数人在少数人中选人""少数人说了算"等现象。习近平同志指出："一些地方和单位过度依赖票数、唯票取人，致使那些因拉票或当老好人而得票高的人得到提拔重用。更为严重的是，一些地方干部拉票或当老好人的不良风气愈演愈烈，拉票行为花样百

① 《十八大以来重要文献选编》（上），中央文献出版社 2014 年版，第 345 页。

出、屡禁不止，败坏了党风和社会风气。”[①] 从近些年的实际运行情况看，这项改革措施起到了较好效果，但也出现了一些问题，集中表现为一些地方和单位存在简单以票取人的现象，把“民主推荐”等同于“民主选举”，将得票情况作为评价和使用干部的唯一标准，搞“一票定结果”，直接将得票数最高的干部提拔使用。这种简单以票取人，从表面上看貌似注重群众公认，实际上是对群众公认原则的扭曲，是对党管干部原则的抛弃，不利于形成正确的用人导向，无形助长了干部队伍的“好人主义”风气，把主要精力放在了拉关系、争选票上，败坏了党风和社会风气，极大损害了党的形象和事业发展。

干部选拔任用工作要讲民主，但实践中如何防止走偏，需要认真对待与解决。习近平同志指出：“选拔干部当然要广泛听取意见，但必须把加强党的领导和充分发扬民主结合起来，发挥党组织在干部选拔任用工作中的领导和把关作用。”[②] “在选人用人工作中，民主是手段而不是目的，并且只是把人选准用好的手段之一。干部工作中发扬民主，不是只有投票推荐一种方式，还有个别谈话、实地调查、广泛听取各方面意见等多种方式，还体现在酝酿动议、考察预告、沟通协商、讨论决定、任前公示等各个环节。考察干部究竟采用什么方法，要根据具体情况灵活运用。”[③] 他强调：“扬汤止沸不如釜底抽薪，防止和惩处拉票行为，一方面要完善工作机制，另一方面要坚决制止简单以票取人的做法，确保民主推荐、民主测评风清气正。”[④] 干部工作中有一个基本定律，就是大多数人不认可的一定不是德才兼备之人，但群众推荐票较高的不一定都是德才兼备之人。改进民主推荐、民主测评办法，一方面，就是要着力提高民主推荐、民主测评质量，

---

① 《十八大以来重要文献选编》（上），中央文献出版社 2014 年版，第 345 页。
② 《十八大以来重要文献选编》（上），中央文献出版社 2014 年版，第 345 页。
③ 《十八大以来重要文献选编》（上），中央文献出版社 2014 年版，第 345 页。
④ 《十八大以来重要文献选编》（上），中央文献出版社 2014 年版，第 346 页。

以知情程度为基本要求合理确定参加人员范围，跳出人数越多、范围越大越民主的误区，从实际出发灵活运用会议投票推荐、个别谈话推荐方式，做到真实了解民意、正确集中民意。辩证、客观地分析民主推荐、民主测评得票结果，正确对待票数，把得票作为干部选拔任用的重要参考，对照干部推荐得票情况与党组织平时掌握的德才和实绩情况，如果得票情况与党组织平时掌握的情况相差悬殊，必须严格查实，出现拉票行为要从严从重处理，决不能因为谁的票多就用谁。同时，对那些坚持原则、敢抓敢管而得票较少的干部，组织上要具体情况具体分析，公正对待、客观评价、主持公道，该保护的一定要保护，关键时刻要说关键话；对丧失党性原则的干部，得票再多也不能提拔使用，坚决纠正以票取人现象。另一方面，要强化党委（党组）、分管领导和组织部门在干部选拔任用工作中的权重和干部考察识别的责任，按照权利与责任对等的原则，落实党委（党组）、分管领导和组织部门选人用人的具体责任。同时，加强上级党委对一把手在选人用人等重大问题上的监督，督促一把手坚持集体领导，决不能用党组织主要负责人的作用代替党组织的集体领导，决不能少数人说了算。

二、规范公开选拔和竞争上岗，解决“唯分”问题

习近平同志指出：“干部工作公开，公开什么、在什么范围公开、用什么方式公开、公开到什么程度？也需要认真研究、稳妥把握。不能把严肃的干部工作搞成‘选秀’、‘作秀’，把社会注意力过多吸引到干部选任上，助长干部队伍浮躁情绪。”① 通过公开、公平、竞争、择优的方式，使“伯乐相马”变为“赛场选马”，使那些政治上靠得住、工作上有本事、作风上过得硬、群众信得过的干部脱颖而出，在好中选优，优中选强，进而营造良好的公平竞争环境。这种办法初衷是好的，在实践中被一些地方和单位片面理解为通过考试“以分取

① 《十八大以来重要文献选编》（上），中央文献出版社2014年版，第346页。

人”，而这样的考试容易侧重于知识而不是能力，让那些善考不善干的人占了先，选拔出来的人不少“高分低能”，客观上造就了一批不好好工作的“考试专业户”，也出现“引来女婿气走儿”的问题。这种唯分取人，实质上削弱了党管干部原则，弱化了党组织在选人用人上的主导权。

习近平同志指出：“公开选拔和竞争上岗的范围和规模要合理，不宜硬性规定竞争性选拔比例，更不能搞什么‘凡提必竞’。只有在本地区本部门确实没有合适人选、特别是缺乏紧缺专业人才时，才适宜于公开选拔，并且应该尽量就近取才。”① 要规范公开选拔和竞争上岗，科学确定公开选拔、竞争上岗的职位、范围、规模，只有在本地区本部门确实没有合适人选，特别是需要补充紧缺专业人才、结构性人选时，才可以进行公开选拔，而且尽量就近取才，以本地区为主；只有在本系统本单位领导职位出现空缺、符合资格条件人数较多且人选意见不易集中时，才实行竞争上岗。越到基层，越要减少公开选拔的比例，越要由组织任命熟悉了解本地情况、执行力强、长期埋头苦干的干部。习近平同志强调：“竞争性选拔的方式方法也要改进，引导干部在实干、实绩上竞争，而不是在考试、分数上竞争，不能搞‘一考定音’。就是公选也要科学设置资格条件和考试方法，让干得好的才能考得好，考出干部真水平、真本事。”② 公开选拔、竞争上岗要坚持实践标准、实绩依据、实干导向，突出能力素质考察，严格组织把关，可将考察环节前置，不让“考功”“口功”好的人占了“干功”好的人的先，坚决防止把严肃的干部工作搞成选秀，坚决纠正唯分取人现象。

三、用好政绩考核“指挥棒”，解决“唯 GDP”问题

考核评价是选人用人的基础，是最管用的“指挥棒”。政绩考向

---

① 《十八大以来重要文献选编》（上），中央文献出版社 2014 年版，第 347 页。

② 《十八大以来重要文献选编》（上），中央文献出版社 2014 年版，第 347 页。

哪里，干部就会干向哪里。习近平同志强调指出："一些干部惯于拍脑袋决策、拍胸脯蛮干，然后拍屁股走人，留下一屁股烂账，最后官照当照升，不负任何责任。这是不行的。我说过了，对这种问题要实行责任制，而且要终身追究。"① 现在，相当一些地方过分偏重经济指标的考核，出现单纯以经济增长速度定政绩、以 GDP 论英雄的偏向，甚至频出"一俊遮百丑"乱象。有的考核民生支出占财政支出的比例，简单地看花了多少钱、花钱的比例，不看钱花的实际成效。有的地方只要金山银山不顾绿水青山，急功近利上一些短平快的项目，巴不得一拳砸出个金娃娃来，不注意发展质量，不注重改善民生、安全和生态环境。"干部出数字、数字出干部"现象时有发生，有的为应付考核，虚报数据、假造数据和篡改数据较为普遍，存在"干部出政绩—群众掏腰包—干部升迁—政绩转化为国债"的怪现象，一些地方抓出的"发展政绩"已经与人民利益相背离。这些现象和问题，既与不正确的政绩观有关，又与考核评价这根"指挥棒"没用好有关。

习近平同志强调："要改进考核方法手段，既看发展又看基础，既看显绩又看潜绩，把民生改善、社会进步、生态效益等指标和实绩作为重要考核内容，再也不能简单以国内生产总值增长率来论英雄了。"② 不简单以 GDP 论英雄，就要改进政绩考核工作，科学设置考核指标、完善考核方法、强化结果运用，坚决纠正简单以地区生产总值及增长率论英雄的做法，真正把科学发展和鼓励改革的导向树立起来。用好政绩考核"指挥棒"，就是要完善发展成果考核评价体系，把民生改善、社会进步、科技创新、生态效益等作为考核的重要内容，加大资源消耗、环境损害、产能过剩、举债情况等约束性指标的权重，实行

---

① 《十八大以来重要文献选编》（上），中央文献出版社 2014 年版，第 344 页。

② 《十八大以来重要文献选编》（上），中央文献出版社 2014 年版，第 343—344 页。

不同区域、不同层次、不同类型领导班子和领导干部的分类考核、差别考核，对限制开发区域不再考核地区生产总值。加强对考核的统筹整合，切实解决多头考核、重复考核、考核烦琐等问题，简化考核程序、提高考核效率。制定违背科学发展行为责任追究办法，强化离任责任审计，对于那些拍脑袋决策、拍胸脯蛮干造成恶劣影响的干部，要终身追究责任。

四、坚持老中青相结合，解决“唯年龄”问题

优化干部年龄结构，是提高领导班子整体能力的一个重要方面。习近平同志指出：“优化干部队伍年龄结构，并不意味着提拔任用每个干部都要是年轻的，也不是每个班子都要硬性配备年轻干部，更不是不同层级领导班子成员任职年龄层层递减。”① 然而，一些地方和单位片面追求干部年轻化，简单地按照领导班子年龄结构要求，将干部任职年龄“层层递减”甚至“一刀切”；有的把干部年轻化简单等同于“低龄化”，降低标准、降格以求；有的把年龄作为干部“下”的唯一标准，以年龄划“杠”。事实证明，一味片面地追求年轻化，对年轻干部自身成长不利，对事业发展也不利。

习近平同志指出：“四十多岁为什么就不能当乡镇主要领导干部了？五十多岁为什么就不能当县市区主要领导干部了？为什么不能让他们感到有干头、有奔头？没有道理嘛！德才表现好的、群众口碑好的还是应该用的，不能简单以年龄划线，否则会造成多大的人才浪费啊！”② 工作中不能简单考虑班子年龄结构要求，领导干部提拔任用不搞年龄上“一刀切”。干部队伍最合理的结构是由老中青组成的领导班子结构，充分考虑市、县党政领导班子的最佳年龄结构、老中青的合理比例，既考虑平均年龄，又考虑各个年龄层次的大体合理比

---

① 《十八大以来重要文献选编》（上），中央文献出版社 2014 年版，第 347 页。
② 《十八大以来重要文献选编》（上），中央文献出版社 2014 年版，第 347 页。

例；既有近期需要的，又有长期培养的，把近期需要的和干部退休年龄结合起来考虑，对长期培养的考虑干部的成长周期和规律。充分发挥各个年龄段干部的作用。古人说得好："选士用能，不拘长幼，明矣。"干部提拔不能简单以年龄划线，杜绝40岁以上就不能提拔进入县级领导班子、35岁以上就不能进入乡镇领导班子现象，从实际需要出发，把工作水平、工作能力、德才表现、群众口碑放在首位。注意用好各年龄段干部，全面把握干部选拔任用条件，既不为追求干部年轻化而降低标准，又合理选用其他年龄段干部，决不能在年龄上设"杠杆"，特别要注意保留适当数量经验丰富、年龄相对大一点的同志，让德才表现好、群众口碑好的各年龄段优秀干部有干头、有奔头。坚持实践第一，对那些看得准、有潜力、有发展前途的年轻干部，要多压担子、多搭梯子，有计划安排他们到基层，特别是艰苦地区、复杂环境、关键岗位去砥砺品质、锤炼作风、增长才干。

第三节 择天下英才而用之

人才是我国经济社会发展的第一资源，是国家发展的战略资源。党的十八大以来，习近平同志多次对人才工作和人才队伍建设作出重要指示，强调要"坚持党管人才原则"，"让人才事业兴旺起来"，"在全社会大兴识才、爱才、敬才、用才之风"。他在深圳考察光启高等理工研究院时，对国家强盛与人才竞争、国家创新发展与聚集创新人才的关系，进行了深刻阐述，提出要"择天下英才而用之"。这些重要论述，思想深刻、要求明确，是新时期人才工作的重要指导方针，为今后一段时期做好人才工作指明了方向，提供了重要遵循。

一、树立强烈的人才意识

习近平同志强调指出："'致天下之治者在人才'。人才是衡量一个国家综合国力的重要指标。没有一支宏大的高素质人才队伍，全面建成小康社会的奋斗目标和中华民族伟大复兴的中国梦就难以顺利实现。”他在欧美同学会成立100周年的庆祝大会上指出：“人才资源作为经济社会发展第一资源的特征和作用更加明显……我们比历史上任何时期都更接近实现中华民族伟大复兴的宏伟目标，我们也比历史上任何时期都更加渴求人才。”① 他还在2014年两院院士大会上指出：“实现中华民族伟大复兴，人才越多越好，本事越大越好。……知识就是力量，人才就是未来。”② 这些重要论断强调了人才是党执政兴国的关键资源，指出了人才竞争是综合国力竞争的核心，提示了中华民族伟大复兴进程中人才的重要使命和历史责任。

人才是指具有一定的专业知识或专门技能，进行创造性劳动并对社会作出贡献的人，是人力资源中能力和素质较高的劳动者。人才问题是关系党和国家事业发展的关键问题。当今世界，多极化趋势曲折发展，经济全球化不断深入，科技进步日新月异，人才资源已成为最重要的战略资源，人才在综合国力竞争中越来越具有决定性意义。毛泽东强调指出，政治路线确定之后，干部就是决定因素。中央各部，省、专区、县三级，都要比培养“秀才”。没有知识分子不行，无产阶级一定要有自己的“秀才”。这些人要较多地懂得马克思主义，又有一定的文化水平、科学知识、辞章修养。邓小平1978年在全国科学大会开幕式上的讲话中强调指出，在广泛的群众基础上，才能不断涌现出杰出人才。也只有有了成批的杰出人才，才能带动我们整个中华民族科学文化水平的提高。江泽民在庆祝中国共产党成立90周年大会上的讲话中指出，中国的社会主义事业能不能巩固和发展下去，中国能不能在激烈的国际竞争中始终强盛不衰，关键看我们能不能不断培养造就一大批高素质的领导人才。胡锦涛

---

① 习近平：《在欧美同学会成立100周年庆祝大会上的讲话》，《人民日报》2013年10月21日。

② 习近平：《在中国科学院第十七次院士大会、中国工程院第十二次院士大会上的讲话》，《人民日报》2014年6月10日。

强调指出，国以才立，政以才治，业以才兴。人才问题是关系党和国家事业发展的关键问题，人才工作在党和国家工作全局中具有十分重要的地位。党的十八大提出确保到2020年实现全面建成小康社会宏伟目标，关键在人才。中央始终高度重视人才工作，把实施人才强国战略放在关系党和国家事业发展全局的重要地位。近年来，中央根据国际国内形势的发展变化，站在加快推进改革开放和社会主义现代化的战略高度，作出了“人才资源是第一资源”的科学判断，提出了人才强国战略和党管人才原则，制定并实施了加强和改进人才工作的一系列重大方针政策和规划措施，逐步确立了人才工作的基本思路和宏观布局，人才工作取得了显著成绩。应当看到，对于人才问题和人才工作，在一些地方、部门和单位还没有引起足够的重视，人才意识不强的问题，在相当一部分领导干部身上仍然不同程度地存在。有的虽然口头上讲起来重要，但行动上不重视，措施上不落实。有的甚至压抑人才，限制人才，等等。这些问题不解决，中央关于人才工作的一系列重大方针政策和各项要求就难以落到实处，尊重知识、尊重人才，优秀人才脱颖而出的良好局面就不可能形成。

在2013年6月召开的全国组织工作会议上，习近平同志深刻指出：“要树立强烈的人才意识，寻觅人才求贤若渴，发现人才如获至宝，举荐人才不拘一格，使用人才各尽其能。”① 当前，我国在新的历史起点上全面深化改革，人才的支撑保障作用就成为决定改革成败的核心要素。加快发展社会主义市场经济、民主政治、先进文化、和谐社会、生态文明，关键在集聚人才；让一切劳动、知识、技术、管理、资本的活力竞相迸发，让一切创造社会财富的源泉充分涌流，关

---

① 《建设一支宏大高素质干部队伍　确保党始终成为坚强领导核心》，《人民日报》2013年6月30日。

键在集聚人才；让发展成果更多更公平惠及全体人民，关键也在集聚人才。总之，要择天下英才而用之，坚持党管人才原则，遵循社会主义市场经济规律和人才成才规律，着力破除束缚人才发展的思想观念，充分激发各类人才的创造活力，鼓励广大人才投身实现中国梦的伟大实践。

二、千方百计引进海外高层次人才

2013 年 10 月，习近平同志在欧美同学会成立 100 周年的庆祝大会上指出："我们热诚欢迎更多留学人员回国工作、为国服务。"要"千方百计创造条件，使留学人员回到祖国有用武之地，留在国外有报国之门"。[①] 2014 年 5 月他在上海与外国专家座谈时指出："不拒众流，方为江海。当今世界，经济全球化、信息社会化所带来的商品流、信息流、技术流、人才流、文化流，如长江之水，挡也挡不住。一个国家对外开放，必须首先推进人的对外开放，特别是人才的对外开放。如果人思想禁锢、心胸封闭，那就不可能有真正的对外开放。因此，对外开放要着眼于人、着力于人，推动人们在眼界上、思想上、知识上、技术上走向开放，通过学习和应用世界先进知识和技术，进而不断把整个对外开放提高到新的水平。"[②] 同时指出："中华民族历来具有尚贤爱才的优良传统。现在，我们比历史上任何时期都更需要广开进贤之路、广纳天下英才。要实行更加开放的人才政策，不唯地域引进人才，不求所有开发人才，不拘一格用好人才，在大力培养国内创新人才的同时，更加积极主动地引进国外人才特别是高层次人才，热忱欢迎外国专家和优秀人才以各种方式参与中国现代化建设。""让有志于来华发展的外国人才来得了、待得住、用得好、流得

---

① 习近平：《在欧美同学会成立 100 周年庆祝大会上的讲话》，《人民日报》2013 年 10 月 21 日。

② 《中国要永远做一个学习大国》，《人民日报》2014 年 5 月 24 日。

动。”[①]这些重要观点，要求我们必须进一步解放思想，以更开阔的视野、更扎实的措施，进一步增强政策开放度，构建具有国际竞争力的人才制度优势，积极参与国际人才竞争，敞开大门招四方之才。

我国自2008年实施“千人计划”以来，从国家到地方已经引进了10余万名海外创新创业人才回国服务；我国的研发投入2012年占世界研发投入的13.1%，获得了很好的创新技术产出。但我们应该看到，我国拥有的世界顶级科研领军人才和高层次创新人才十分缺乏，现有的世界一流的科学家仅占世界总数的4%，一流科研机构占世界总数的7%。根据汤森路透集团的世界顶尖材料科学家排名，美国研究人员占前25名中的18名，而中国研究人员在前50名中仅有两人。据国际有关调查资料表明，2013年，我国对全球专业人才的吸引力占比仅为3%，排名11位；对科学家和工程师的吸引力仅排在46位。因此，引进海外高层次人才工作任重而道远。

国际金融危机爆发以后，为抢夺世界科技制高点，各国针对高层次人才的争夺日趋白热化，“人才竞争”硝烟此起彼伏、愈演愈烈，对我国引进和留住海外高层次人才形成巨大挑战。习近平同志强调，实施“千人计划”，加快从海外引进一批能够突破关键技术、发展新兴产业、带动新兴学科、培养创新人才的高层次人才，是顺应世界科技进步、参与国际人才竞争的必然要求，是壮大我国人才队伍、加快建设人才强国的必然要求，是提升我国自主创新能力、建设创新型国家的必然要求。他还指出，“要积极引进海外优秀人才，制订更加积极的国际人才引进计划，吸引更多海外创新人才到我国工作”。因此，我们必须顺应全球人才加剧国际化的态势，以更加开放的政策和海纳百川的胸怀，坚持支持留学、鼓励回国、来去自由的方针，从法律法规、政策措施、人才环境等方面，建立健全相关特殊政策规定，完善

① 《中国要永远做一个学习大国》，《人民日报》2014年5月24日。

符合留学人员特点的引才机制，鼓励留学人员以不同方式为祖国服务。围绕国家发展战略目标，吸引海外高层次人才回国或来华创新创业，深入实施引进海外高层次人才“千人计划”，重点引进在基础前沿领域具有原始创新能力、在新一轮产业革命中能产生重大突破的世界顶尖人才，引进突破关键技术、带动新兴学科的急需紧缺人才、战略科学家和创新创业领军人才。

三、更大规模更有成效地培养各级各类人才

习近平同志指出：“更大规模、更有成效地培养我国改革开放和社会主义现代化建设急需的各级各类人才”“要以培养造就高层次创新型人才为重点，加大企业经营管理人才队伍建设力度，统筹抓好高技能人才、科技教育人才、社会工作人才、农村实用人才、宣传文化人才等各类人才队伍建设，为建设创新型国家提供智力支持和人才保障”。[①] 他说：“创新的事业呼唤创新的人才。实现中华民族伟大复兴，人才越多越好，本事越大越好。知识就是力量，人才就是未来。我国要在科技创新方面走在世界前列，必须在创新实践中发现人才、在创新活动中培育人才、在创新事业中凝聚人才，必须大力培养造就规模宏大、结构合理、素质优良的创新型科技人才。要把人才资源开发放在科技创新最优先的位置，改革人才培养、引进、使用等机制，努力造就一批世界水平的科学家、科技领军人才、工程师和高水平创新团队，注重培养一线创新人才和青年科技人才。”还强调指出，科教兴国已成为中国的基本国策。我们将秉持科技是第一生产力、人才是第一资源的理念，兼收并蓄，吸取国际先进经验，推进教育改革，提高教育质量，培养更多、更高素质的人才，同时为各类人才发挥作用、施展才华提供更加广阔的天地。他 2016 年 5 月 30 日在全国科技

① 习近平：《在欧美同学会成立 100 周年庆祝大会上的讲话》，《人民日报》2013 年 10 月 21 日。

创新大会、两院院士大会、中国科协第九次全国代表大会上的讲话中指出："要改革人才培养、引进、使用等机制，努力造就一大批能够把握世界科技大势、研判科技发展方向的战略科技人才，培养一大批善于凝聚力量、统筹协调的科技领军人才，培养一大批勇于创新、善于创新的企业家和高技能人才。"① 这些重要论述抓住了我国人才队伍建设的重点，对于把人才资源汇聚起来，建设一支政治强、业务精、作风好的强大人才队伍，促进人才资源和经济发展相协调，具有重要的指导意义。

自觉遵循人才成长的规律。古人讲，既要"读万卷书"，又要"行万里路"。这在一定程度上揭示了人才成长的规律。古往今来凡成大事者，无不经过社会实践的历练和艰苦环境的考验。2014 年 6 月 10 日，习近平同志在两院院士大会上指出："要按照人才成长规律改进人才培养机制，'顺木之天，以致其性'，避免急功近利、拔苗助长。"习近平同志多次强调遵循人才成长规律，说明在他看来，做到这一条，对于做好人才工作具有极大的重要性。把我国建设成人才强国，是一项庞大的系统工程，必须认识规律、尊重规律、按规律办事。"千军易得，一将难求"，要培养造就世界水平的科学家、网络科技领军人才、卓越工程师、高水平创新团队，需要全面分析当前人才的现状及面临的形势，根据各类人才成长的特点和事业发展的需要，研究提出人才培养总量目标、结构目标和机制目标，改革教育培养的机制、内容和方法。

使用人才各尽所能。人才重在使用，在使用中发现，在使用中成长，在使用中发挥作用，在使用中增长本领。在人才使用中，现实工作中还存在一些不容忽视的问题和现象，比如，凡是比自己高明的人一律不用，嫉贤妒能，担心政绩被人抢、名誉被人夺、位置被人占，

---

① 习近平：《为建设世界科技强国而奋斗》，《人民日报》2016 年 6 月 1 日。

排斥人才、压制人才，甚至打击人才。还比如，重视人才讲在嘴上、写在纸上、没有落实在行动上，现有人才大材小用，引进人才置而不用，挫伤了人才的积极性。还有的求全责备，论资排辈，近亲繁殖、搞小圈子，等等。这些现象，造成优秀人才不能脱颖而出、不能充分发挥作用。习近平同志指出，要不拘一格、慧眼识才，放手使用优秀青年人才，为他们奋勇创新、脱颖而出提供舞台。坚持用当适任，把人才素质能力与岗位需求结合起来，力争把每个优秀人才都放到最合适的岗位；坚持用当其时，及时发现、大胆起用各类优秀人才，使人才在黄金时期充分施展才干；坚持用当尽才，让各类人才在建设中国特色社会主义伟大事业的广阔舞台上各展所长、各得其所。

四、努力营造人才发展的良好环境

习近平同志指出，要最大限度调动科技人才创新积极性，尊重科技人才创新自主权，大力营造勇于创新、鼓励成功、宽容失败的社会氛围；要深化教育改革，推进素质教育，创新教育方法，提高人才培养质量，努力形成有利于创新人才成长的育人环境。还强调，“在全社会大兴识才、爱才、敬才、用才之风”，“千方百计创造条件，使留学人员回到祖国有用武之地，留在国外有报国之门。”“要积极营造尊重、关心、支持外国人才创新创业的良好氛围，对他们充分信任、放手使用，让各类人才各得其所，让各路高贤大展其长。”① 这些重要论述强调环境对人才成长与发展的重要性，要求我们营造尊重人才、见贤思齐的社会环境。

环境好，则人才聚、事业兴；环境不好，则人才散、事业衰。人才竞争的背后，实际上是人才环境的竞争。影响人才的环境因素很多，经济因素确实是一个条件，但还有许多非经济因素的影响。一个国家在国际人才竞争当中能否成为赢家，是多方面综合的结果，经济

① 《中国要永远做一个学习大国》，《人民日报》2014 年 5 月 24 日。

因素以及科研投入等只是“硬实力”，政府的政策与机制、社会人文环境等“软实力”也同样重要。如政府关于人才评估、引进、使用、激励的机制，留学与侨务的方针，移民、出入境的政策，以及官员的作风与办事效率等。还有生活因素，如居住环境、生活条件、服务设施、户籍制度、迁徙自由、子女教育、社会保障等，以及社会对移民、留学生等群体的认知与评价，人文环境能否多元兼容等。这些都是人才发展的应该引起重视的环境因素。

“人往高处走”，“高处”就是能够干事成长的良好环境。营造尊重人才、见贤思齐的社会环境，使人才资源是第一资源成为社会共识，让各类人才受人尊敬，在全社会形成人人渴望成才、努力成才的风尚。营造鼓励创新、宽容失误的工作环境，积极倡导独立思考、追求真理，鼓励探索、爱护创新，同时又容许失误和失败，形成鼓励人才干事业、支持人才干成事业、帮助人才干好事业的风尚。营造待遇适当、无后顾之忧的生活环境，格外关心各类人才的学习和生活，不断改善他们的生活条件，帮助他们解决好住房、医疗、养老、子女教育和就业等方面的实际问题。

五、让制度服务于人才成长

体制机制更具有根本性、基础性和全局性。习近平同志强调：“要着力完善人才发展机制，最大限度支持和鼓励科技人员创新创造。”“要把人才资源开发放在科技创新最优先的位置，改革人才培养、引进、使用等机制。”① 2013 年 9 月 30 日，中共中央政治局在北京中关村以实施创新驱动发展战略为题举行第九次集体学习。总结中关村的发展经验，习近平同志认为，很重要的一条，就是这里有着良好的人才发展机制。他强调，实施创新驱动战略，必须“用好用活人

① 习近平：《在中国科学院第十七次院士大会、中国工程院第十二次院士大会上的讲话》，《人民日报》2014 年 6 月 10 日。

才，建立更为灵活的人才管理机制，打通人才流动、使用、发挥作用中的体制机制障碍，最大限度支持和帮助科技人员创新创业”①。这些重要论断，抓住人才发展的要害，要求我们必须破除各种束缚和限制人才的体制机制障碍，建立健全科学的人才培养、吸引、使用、评价、流动、激励机制，进一步完善人才管理体制，坚持用制度规范、促进和保障人才发展。

体制机制顺，则人才聚、事业兴。习近平同志 2014 年 5 月在北大考察时指出，要有凝心聚力办大事的自信，关键是要把最好的资源配置起来，让各类人才的智慧充分发挥，聚天下英才而用之。首先要打破体制壁垒，扫除身份障碍，大力营造机会公平、规则公平的制度环境，让社会各阶层人员都有通过平等竞争向上发展的机会和通道。当前，现在有些大城市、高等院校、科研单位、医疗机构，包括机关，存在人浮于事、人才浪费的情况。但是，艰苦边远地区和基层一线又缺少人才。人才存在结构性矛盾，人才浪费和人才短缺同时存在。有需要的地方，人才去不了、不愿意去；不需要的地方，人才却大量扎堆。着力解决这些问题，需要凝聚社会共识，冲破思想观念障碍，突破利益固化藩篱。

建立集聚人才体制机制，择天下英才而用之，必须加快形成具有国际竞争力的人才制度优势，完善人才评价机制，借鉴国际经验，研究建立各类人才能力素质标准体系，通过业绩和贡献评价人才，依靠实践和群众发现人才。完善党政机关、企事业单位和社会各方面人才顺畅流动的制度体系，对社会上的优秀人才可推行直接引进、公开选拔、聘任、挂职等办法，畅通进入党政领导岗位和公务员队伍渠道，给他们提供平等的机会。健全人才向基层流动、向艰苦地

① 《敏锐把握世界科技创新发展趋势　切实把创新驱动发展战略实施好》，《人民日报》2013 年 10 月 2 日。

区和岗位流动、在一线创业的激励机制，在待遇、职称、选拔任用等方面真正向基层、向中西部地区和艰苦岗位人才倾斜，切实解决他们在工作、学习、生活等方面的实际困难，促进人才向缺乏人才地区聚集。加快人才工作法制建设，研究制定人才工作条例，通过立法形式把实践成果固化下来，上升到法律法规层面，增强权威性和约束力。

第四节　把党要管党、从严治党落实到基层党建工作中

党的基层组织是党全部工作和战斗力的基础，是落实党的路线方针政策和各项工作任务的战斗堡垒。习近平同志指出："把基层党建工作抓好了，我们的基层党组织牢不可破，我们的党员队伍坚不可摧，党的执政地位就坚如磐石，党和人民事业就无往而不胜。我们必须把抓基层、打基础作为一项永久的战略任务坚持不懈地抓下去，不断提高基层党建工作科学化水平。"[①] 他在调研指导河北省党的群众路线教育实践活动时强调："做好基层基础工作十分重要，只要每个基层党组织和每个共产党员都有强烈的宗旨意识和责任意识，都能发挥战斗堡垒作用、先锋模范作用，我们党就会很有力量，我们国家就会很有力量，我们人民就会很有力量，党的执政基础就能坚如磐石。"习近平同志指出："基层是党的执政之基、力量之源。只有基层党组织坚强有力，党员发挥应有作用，党的根基才能牢固，党才能有战斗力。"这对于充分发挥基层党组织的战斗堡垒作用，进一步巩固党的执政地位、实现党的执政使命，具有重大意义。

一、牢固树立大抓基层的鲜明导向

牢固树立大抓基层的鲜明导向，推动基层建设全面进步、全面过

① 习近平：《坚持不懈推进党的先进性和纯洁性建设——在全国创先争优理论研讨会上的讲话》，《党建研究》2012 年第 6 期。

硬，是习近平同志反复强调的一个重要思想。他强调指出："贯彻党要管党、从严治党方针，必须扎实做好抓基层、打基础的工作，使每个基层党组织都成为坚强的战斗堡垒。"① 他还指出："基层组织是党执政的基础，是保持党的先进性和战斗力的前沿和关口。只有把基层党组织建设得充满活力，生机勃勃，整个党才能坚强有力，朝气蓬勃。"② 我们党有430多万个基层党组织、8700多万名党员，这是世界上任何其他政党都不可能具有的强大组织优势和组织资源。改革开放以后，我国城乡基层社会结构、生产方式和组织形态发生了深刻变化，由此带来基层党建工作的环境、对象、方式也发生了深刻变化。总体上看，基层党组织和党员队伍能够肩负起党的历史使命，但也存在不少与新形势新任务新要求不适应不符合的问题，比如一些基层党组织发挥作用较差，有的甚至软弱涣散；一些领域党的组织和工作覆盖不到，党的力量薄弱；一些党员党的意识淡化，先锋模范作用不明显；一些地方基层党建工作责任落实不到位，基础保障明显不足；等等。针对这些问题，习近平同志明确指出："基层党组织是党团结人民群众、推进改革发展、促进社会和谐稳定的战斗堡垒，必须下大气力坚持不懈地抓紧抓实抓好基层党组织的日常建设，全面持久地夯实党的组织基础和工作基础。基础不牢，地动山摇。基层安，天下安。"③ "一些非公有制经济组织和社会组织党建工作还比较薄弱，一些地方城乡接合部、流动人口聚集地党的工作还需要加强。俗话说，麻绳最容易从细处断。越是情况复杂、基础薄弱的地方，越要健全党

① 《建设一支宏大高素质干部队伍　确保党始终成为坚强领导核心》，《人民日报》2013年6月30日。

② 习近平：《干在实处　走在前列——推进浙江新发展的思考与实践》，中共中央党校出版社2006年版，第427页。

③ 习近平：《在全国组织部长会议上的讲话》，《党建研究》2011年第1期。

的组织、做好党的工作，确保全覆盖，固本强基，防止‘木桶效应’。”① 树立大抓基层的鲜明导向，就是要旗帜鲜明地把各级党委注意力引导到抓基层打基础上来，把工作重心转移到抓基层打基础上来，大抓基层、抓好基层，固本培元、夯实基础，推动基层建设全面进步、全面过硬，为巩固党的执政地位和执政基础提供坚强保证。着眼于建立完善基层党组织建设责任体系，强化党委管党建、书记抓党建的责任，切实做到述职述党建、评议评党建、考核考党建、任用干部看党建，确保各级党组织书记抓基层党建工作领导责任真正落到实处。

健全党的基层组织体系，不断扩大党的组织和工作覆盖。改革开放以来，我国经济成分、组织形式、就业方式、利益关系和分配方式日趋多样化并不断发展，人们的就业状况发生了很大变化，活动的范围和领域也更加广泛，流动性比过去大大增强。对此，习近平同志指出：“适应我们国经济结构、产业布局、组织形式、行业分工、党员流向的发展变化，各地要坚持有利于加强领导、活跃基层、发挥作用的原则，在以地域、单位为主设置党组织的基础上，因地制宜、灵活多样地设置党组织，切实做到哪里有党员，哪里就有党的组织和有效的管理。”② 进一步加强非公有制经济组织、社会组织、城市社区等领域党建工作的探索力度，推广在农民专业合作社、专业协会、产业链、外出务工经商人中相对集中点建立党组织等行之有效的做法，创新党组织设置方式，加大组建力度，做到成熟一个、组建一个，建立一个、巩固一个，巩固一个、带动一批，不断拓展党的工作领域，扩大党的覆盖面，努力做到有群众的地方就有党的工作，有党员的地方

① 《十八大以来重要文献选编》（上），中央文献出版社 2014 年版，第 351—352 页。

② 习近平：《深入贯彻落实科学发展观　以改革创新精神和求真务实作风做好组织工作》，《党建研究》2010 年第 2 期。

就有党的组织、有党组织的地方就有正常的组织生活和坚强的战斗力，使党的领导、党的工作、党组织的作用有效地覆盖到社会各个领域，把广大人民群众紧紧地团结在党组织的周围。

加强基层党组织建设，发挥党组织作用。习近平同志强调，农村党支部在农村各项工作中居于领导核心地位。我们常讲，“村看村、户看户、群众看支部”，“给钱给物，还要建个好支部”。加强农村基层党组织建设，把党组织建设成为推动科学发展、带领农民致富、密切联系群众、维护农村稳定的坚强战斗堡垒。扩大农村党组织和党的工作覆盖面，加大培养青年党员力度，提高基层党组织服务群众意识，夯实党在农村的执政基础。他在福建考察工作时强调，社区的党组织和党员干部天天同居民群众打交道，要多想想如何让群众生活和办事更方便一些，如何让群众表达诉求的渠道更畅通一些，如何让群众感觉更平安、更幸福一些，真正使千家万户切身感受到党和政府的温暖。社区在全面推进依法治国中具有不可或缺的地位和作用，要通过群众喜闻乐见的形式宣传普及宪法法律，发挥市民公约、乡规民约等基层规范在社会治理中的作用，培育社区居民遵守法律、依法办事的意识和习惯，使大家都成为社会主义法治的忠实崇尚者、自觉遵守者、坚定捍卫者。对此，应在扩大党的组织和工作覆盖面的基础上，探索充分发挥基层党组织作用的有效形式，把建立基层党组织与探索基层党组织活动方式、发挥作用紧密结合起来，明确目标，准确定位，结合实际创新活动载体，丰富活动内容，提高工作效果。

重视基层、关心基层、支持基层。习近平同志在2013年全国组织工作会议上强调：“各级都要重视基层、关心基层、支持基层，加大投入力度，加强带头人队伍建设，确保基层党组织有资源、有能力为群众服务。广大基层干部任务重、压力大、待遇低、出路窄，要把热情关心和严格要求结合起来，对广大基层干部充分理解、充分信任，格外关心、格外爱护，多为他们办一些雪中送炭的事情。基层干部中有问题的有没有？肯定有，但不能因为出了一些事就把基层干部整体‘污名化’了。有些人这样做是别有用心的，要提高政治警惕性。”① 做好抓基层、打基础工作，必须有一定的物质条件。根据经济社会发展水平，探索建立以财政投入为主、多渠道投入的基层党建工作经费保障机制，继续加强村级组织活动场所、党员群众服务中心等阵地建设，进一步解决基层组织无钱办事、服务功能不强等突出问题。加强基层党组织带头人队伍建设，切实把那些靠得住、有本事、肯干事、群众公认的优秀人才充分到基层领导岗位，特别是选好配强党组织书记。对广大基层干部要充分理解、充分信任，格外关心、格外爱护，多为他们办一些雪中送炭的事情。

二、加强基层服务型党组织建设要突出政治功能

习近平同志强调，基层党组织是我们党全部工作和战斗力的基础，建设基层服务型党组织，是功能上的一个要求，但总的是战斗堡垒，不能变成纯服务组织，它的政治功能要充分发挥。我们党是按照马克思列宁主义建党原则建立起来的党。党的基层组织是党的重要组成部分，是党在社会基层组织中的战斗堡垒，必然要求坚持党的政治属性，彰显党的政治特征，完成党的政治任务，发挥党的政治功能，使党更加坚强有力、充满活力。坚持党组织的政治功能和服务功能相统一，坚持体现党的主张和人民心声相统一，通过增强政治功能，强化服务功能，把基层党组织建设成为坚强战斗堡垒。

党的十八大报告明确提出“以服务群众、做群众工作为主要任务，加强基层服务型党组织建设”，深刻表明我们党坚持把服务群众作为基层党组织建设的根本价值取向。习近平同志 2013 年在全国组织工作会议上指出，党的十八大提出了加强基层服务型党组织建设的

---

① 《十八大以来重要文献选编》（上），中央文献出版社 2014 年版，第 352 页。

重大任务，当前和今后一个时期，要以此来指导党的基层组织建设。还强调指出，要把基层党组织的工作重心转移到服务改革、服务发展、服务民生、服务群众、服务党员上来，使基层党组织领导方式、工作方式、活动方式更加符合服务群众的需要。通过服务，更好地贴近群众、团结群众、引导群众、赢得群众。要以加强基层服务型党组织建设指导党的基层组织建设，建立严密的基层党组织工作制度，推动服务群众、做群众工作制度化、常态化、长效化。为此，中央办公厅2014年印发《关于加强基层服务型党组织建设的意见》，提出要以服务型党组织建设引领基层党建工作，使服务成为基层党组织建设的鲜明主题。一方面，以服务统领基层党组织建设的各项内容，就是党组织班子、党员队伍、活动方式、基础阵地、制度机制等方面的建设，都朝着“服务”转型，为增强服务功能、建强服务队伍、创新服务载体、健全服务机制、完善服务保障，打牢基础。另一方面，以服务统领基层党组织建设的各个领域，就是农村、社区、企业、机关事业单位等各领域的基层党组织建设，坚持“一盘棋”谋划，聚焦服务、突出服务，按照“服务型”的目标要求，既各自突破，又整体推进，不断提升服务水平。

建设基层服务型党组织，要以服务群众、做群众工作为主要任务，以改革创新为动力，以群众满意为根本标准，把基层党组织的工作重心转到服务改革、服务发展、服务民生、服务群众、服务党员上来，达到“六有”目标，即有坚强有力的领导班子、本领过硬的骨干队伍、功能实用的服务场所、形式多样的服务载体、健全完善的制度机制、群众满意的服务业绩。强化服务功能，健全组织体系，找准各领域基层党组织开展服务、发挥作用的着力点，做到有群众的地方就有党组织提供服务。加强基层党组织书记、党务工作者和党员队伍建设，教育引导他们增强服务意识、改进工作作风，扎扎实实为群众做好事、办实事、解难事。推广机关干部下基层、结对帮扶等做法，运用多种形式和手段开展服务。整合各类组织、各种力量参与服务，广泛开展以党员为骨干的各类志愿服务，形成以党组织为核心、全社会共同参与的服务格局。

基层服务型党组织建设面临的情况千差万别，任务十分繁重。积极探索实践，改进方法措施，有重点、有计划、有步骤地推进工作落实。精心谋划设计，提出切合实际的具体目标和工作措施。突破重点难点，坚持什么问题突出就着重解决什么问题，什么问题紧迫就抓紧解决什么问题。坚持上下联动，整合各级各方面力量和资源，帮助基层党组织解决困难和问题。强化典型带动，为基层党组织树标杆、作样板。跟踪督查考核，建立基层服务型党组织考核制度，实行分类考核、动态管理。

加强基层服务型党组织建设，离不开强有力的外部支持，特别是人财物方面的保障。落实报酬待遇等激励政策和制度规定，积极探索新的激励政策和保障制度，根据经济发展状况建立报酬待遇联动增长机制，探索实行艰苦边远地区乡镇干部津贴补贴制度等。建立稳定的经费保障制度，把村、社区党组织工作经费纳入地方财政预算；把国有企业党组织工作经费纳入企业预算；多渠道解决非公有制企业和社会组织党组织工作经费问题。完善服务资源统筹机制，加大对革命老区、民族地区、边疆地区、贫困地区基层党建工作的倾斜和支持力度。

三、把从严要求落实到党员队伍建设中去

党员是党的肌体的细胞和党的活动的主体。习近平同志指出："党的先进性和纯洁性要靠千千万万党员的先进性和纯洁性来体现，党的执政使命要靠千千万万党员卓有成效的工作来完成，党要管党、从严治党必须落实到党员队伍的管理中去。"① 他还强调，我们的党员、干部队伍庞大，管理起来难度很大，但又必须管好，管不好就会

① 《十八大以来重要文献选编》（上），中央文献出版社2014年版，第351页。

出乱子。2013 年 1 月，习近平同志主持中央政治局会议，专门研究新形势下党员发展和管理工作，强调不断提高党员发展和管理工作科学化水平，着力把各方面先进分子和优秀人才更多吸收到我们党内，努力建设一支规模适度、结构合理、素质优良、纪律严明、作用突出的党员队伍，夯实党执政的组织基础，为全面建成小康社会、夺取中国特色社会主义新胜利提供坚强组织保证，充分体现习近平同志对党员队伍建设的高度重视。长期以来，各级党组织认真做好党员发展和管理工作，一大批优秀分子加入到党组织中来，为党注入了新鲜血液。广大党员在推动科学发展、促进社会和谐、服务人民群众中充分发挥先锋模范作用。随着改革开放深入发展，随着党员队伍越来越壮大，管党治党任务更加艰巨。党员发展和管理工作还存在一些不适应新形势新任务新要求的问题，有的党组织对发展党员把关不严，发展党员质量需要提高；党员队伍结构不尽合理，党员管理方式和手段比较单一；少数党员理想信念动摇、宗旨意识淡薄、组织纪律不强，甚至思想蜕变、腐化堕落；等等。这些问题影响着党员队伍的生机活力，影响着党在人民群众中的形象和威信，削弱了党的创造力、凝聚力、战斗力，必须切实加以解决。

以增强党性、提高素质为重点，加强和改进党员队伍教育管理。习近平同志 2015 年 1 月在云南考察时强调：“关于从严治党，党中央的态度很鲜明，就是要采取一切措施，认真地而不是敷衍地、深入地而不是表皮地解决党内存在的各种矛盾和问题。各级党组织要在从严治党上进一步做起来、实起来。无论哪一层级、哪一领域的党组织，都应该严肃认真对待党赋予的职责，按要求进行严格的组织管理。党组织要管理党员、干部，党员、干部要自觉接受党组织管理，也是我们党的一个重要规矩。解决党内存在的问题，根本在于严格管理标准、延伸管理链条、落实管理责任，使每个党员、干部都及时纳入组织管理，使党组织对每个党员、干部都做到情况明、问题清、措施实。”中央政治局会议审议研究部署新形势下党员发展和管理工作时强调，要强化党员管理，严格党内组织生活，严明党的纪律，及时处置不合格党员，改进对流动党员的管理，健全党内激励关怀帮扶机制，构建党员联系和服务群众工作体系，增强党员队伍生机活力。习近平同志2013年在全国组织工作会议上指出："要严格党员日常教育和管理，使广大党员平常时候看得出来、关键时刻站得出来、危急关头豁得出来，充分发挥先锋模范作用。"① 他还指出，要严格党员日常教育，办好用好共产党员网、共产党员电视栏目、共产党员手机报，帮助共产党员加强学习与交流，更加了解掌握党情国情，不断提升素质和能力。加大党员教育培训力度，针对党员队伍不断壮大，党员的思想观念多元化、行为方式多样化、价值取向复杂化的实际情况，对广大基层党员普遍进行教育培训，加强理论武装，坚持以理想信念为重点，深入开展党员主题教育培训，引导党员认真学习党章严格遵守党章，牢记党的根本宗旨，践行社会主义核心价值观，坚守共产党人的精神追求。将理想信念教育与能力建设贯穿始终，紧紧围绕党和国家工作大局开展党员教育培训，使广大党员理想信念进一步坚定，党性观念进一步增强，改革意识进一步强化，优良作风进一步发扬，履职服务能力进一步提高，先锋模范作用进一步发挥，不断增强党的生机活力。加强和改进对流动党员的管理，健全党内激励关怀帮扶机制，构建党员联系和服务群众工作体系，增强党员队伍生机活力。

正确处理党员数量与质量的关系，是习近平同志加强党员队伍建设的重要思想。他强调指出："马克思主义政党的力量和作用，既取决于党员数量，更取决于党员质量。对我们这样一个长期执政的党来说，数量应该没什么大问题，难的主要是提高质量。党组织要严格把

---

① 《建设一支宏大高素质干部队伍　确保党始终成为坚强领导核心》，《人民日报》2013年6月30日。

关，把政治标准放在首位，确保政治合格。那些动机不纯、一心想借入党捞好处的人，不能吸收入党。要重视从青年工人、农民、知识分子中发展党员。”① 加强发展党员工作宏观指导，制定和落实发展党员规划，保持党员队伍适度规模。今后一个时期发展党员工作的主要任务，就是贯彻好“控制总量、优化结构、提高质量、发挥作用”的总要求，积极稳妥地对发展党员数量和结构进行调控。严格坚持标准，突出党员政治上的先进性，始终把政治标准放在首位，确保党员政治合格，加强入党积极分子培养教育，扩大发展党员工作中的民主，严格工作程序，提高发展党员质量。对入党动机严格把关，对那些动机不纯、一心想借入党捞好处的人，不能吸收入党。深入研究发展农村青年党员、发展优秀农民工入党等薄弱环节发展党员问题，重视从青年工人、农民、知识分子中发展党员。严肃发展党员工作纪律，不能开后门、做交易，更不能搞不正之风。

健全党员能进能出机制，优化党员队伍结构。习近平同志指出：“要疏通党员队伍出口，对那些丧失党员条件的及时进行组织处置，对那些道德败坏、蜕化变质的坚决清除出党。”② 近年来，有的地方对党员队伍管理存在不愿管、不想管、不会管的问题，导致不良倾向得不到及时纠正，小毛病演变成大问题，小事情酿成大事件，严重影响党的形象。对此，习近平同志指出，要在解决党员队伍出口问题上探索出一些经验来，把从严治党要求落在实处。他还强调，对于党员和党的干部中那些屡经教育仍不悔悟和改正的人，要按照党章和其他党内法规的规定予以严肃处理，对那些无可救药的蜕化变质分子、腐败分子要坚决从党的队伍中清除出去。健全党员能进能出机制，就是要坚持严格质量进、严肃政策出，形成党员队伍吐故纳新、自我纯

---

① 《十八大以来重要文献选编》（上），中央文献出版社 2014 年版，第 351 页。
② 《十八大以来重要文献选编》（上），中央文献出版社 2014 年版，第 351 页。

洁、充满活力的机制。完善和落实党内组织生活制度，认真开展批评和自我批评，对出现的苗头性、倾向性问题早发现、早提醒、早纠正，坚持反对党内组织生活庸俗化。建立健全党员党性定期分析、民主评议党员等制度，及时处置不合格党员，疏通出口，纯洁队伍，提高党性分析和民主评议的实际效果。

第五章　持续深入改进作风，树立执政优良形象

作风建设是管党治党的永恒课题，是从严治党的一项重要任务，是贯彻党的群众路线、密切党群干群关系的关键所在。党的作风就是党的形象，关系人心向背，关系党的生死存亡。习近平同志指出，我们党的执政基础很牢固，但如果作风问题解决不好，也有可能出现“霸王别姬”这样的时刻。我们一定要有危机意识。人心向背事关重大，失去了民心，党就有危险。执政党如果不注重作风建设，听任不正之风侵蚀党的肌体，就有失去民心、丧失政权的危险。我们党作为一个在中国长期执政的马克思主义政党，对作风问题任何时候都不能掉以轻心，必须时时警惕、处处严格，始终保持执政优良形象。

第一节　作风建设的核心问题就是保持党同人民群众的血肉联系

作风问题核心是党同人民群众的关系问题。马克思主义政党最大优势是密切联系群众，执政后特别是长期执政的最大危险是脱离群众。习近平同志指出：“加强和改进党的作风建设，核心问题是保持党同人民群众的血肉联系。”① 历史和现实都告诉我们，密切联系群众，是党的性质和宗旨的体现，是中国共产党区别于其他政党的显著

---

① 《十八大以来重要文献选编》（上），中央文献出版社 2014 年版，第 308 页。

标志，也是党发展壮大的重要原因。能否保持党同人民群众的血肉联系，决定着党的事业的成败。

一、作风问题绝对不是小事

习近平同志指出："工作作风上的问题绝对不是小事，如果不坚决纠正不良风气，任其发展下去，就会像一座无形的墙把我们党和人民群众隔开，我们党就会失去根基、失去血脉、失去力量。"① 习近平同志在中央纪委六次全会上又强调："作风问题本质上是党性问题。对我们共产党人来讲，能不能解决好作风问题，是衡量对马克思主义信仰、对社会主义和共产主义信念、对党和人民忠诚的一把十分重要的尺子。"党的作风建设，是指端正党组织和党员的思想作风、工作作风和生活作风，树立与党的性质和宗旨相适应的良好风气。党的作风关系到党的性质，关系到人心向背，影响着社会风气，决定着党的命运，党的作风建设是党的建设的一个十分重要的问题。

中国共产党一贯重视党的作风建设，在长期的革命斗争中形成了理论联系实际、密切联系群众、批评和自我批评等一整套优良传统和作风。这些作风鲜明地体现和反映了中国共产党的无产阶级性质和全心全意为人民服务的宗旨，是中国共产党区别于其他政党的显著标志。新中国成立以后，中国共产党成为执政党，党风不仅关系着党的生死存亡，也关系到国家的前途和命运。因此，党风成为党的建设中更加重要的问题。早在新中国成立前夕，毛泽东同志就提出，务必使同志们继续地保持谦虚、谨慎、不骄、不躁的作风，务必使同志们继续地保持艰苦奋斗的作风。在改革开放和发展社会主义市场经济的新形势下，由于经济利益、就业形式和生活方式的多样化，价值观念的多元化，特别是市场经济负面效应和各种剥削阶级腐朽思想的影响，党风问题成为更加突出的问题，正如陈云同志指出的那样："执政党

---

① 《习近平谈治国理政》，外文出版社2014年版，第387页。

的党风问题是有关党的生死存亡的问题。因此，党风问题必须抓紧搞，永远搞。”党的十三大、十四大、十五大、十六大报告都强调要加强和改进党的作风建设。党的十七大报告指出，“优良的党风是凝聚党心民心的巨大力量。”要“切实改进党的作风”，“以优良的党风促政风带民风”。党的十八大报告指出：“坚持艰苦奋斗、勤俭节约，下决心改进文风会风，着力整治庸懒散奢等不良风气，坚决克服形式主义、官僚主义，以优良党风凝聚党心民心、带动政风民风。”

加强和改进作风建设，是保持党同人民群众血肉联系的有效途径。习近平同志强调：“密切党群、干群关系，保持同人民群众的血肉联系，始终是我们党立于不败之地的根基。”① 一个政党，一个政权，其前途和命运最终取决于人心向背。如果我们脱离群众、失去人民拥护和支持，最终也会走向失败。习近平同志指出：“执政党如果不注重作风建设，听任不正之风侵蚀党的肌体，就有失去民心、丧失政权的危险。我们党作为一个在中国长期执政的马克思主义政党，对作风问题任何时候都不能掉以轻心。”② 加强党的作风建设，就要适应新形势下群众工作新特点新要求，深入做好组织群众、宣传群众、教育群众、服务群众工作，虚心向群众学习，诚心接受群众监督，始终植根人民、造福人民，始终保持党同人民群众的血肉联系，始终与人民心连心、同呼吸、共命运。从人民伟大实践中汲取智慧和力量，办好顺民意、解民忧、惠民生的实事，纠正损害群众利益的行为。

加强党的作风建设，是一项长期而艰巨的历史任务，不可能毕其功于一役。习近平同志指出：“中央提出抓作风建设，反对形式主义、

---

① 习近平：《紧紧围绕坚持和发展中国特色社会主义　学习宣传贯彻党的十八大精神》《求是》杂志 2012 年第 23 期。

② 《习近平关于党风廉政建设和反腐败斗争论述摘编》，中央文献出版社、中国方正出版社 2015 年版，第 8 页。

官僚主义、享乐主义，反对奢靡之风，就是提出了一个抓反腐倡廉建设的着力点，提出了一个夯实党执政的群众基础的切入点。全党同志一定要从这样的政治高度来认识这个问题，从思想上警醒起来，牢记‘两个务必’。坚定不移转变作风，坚定不移反对腐败，切实做到踏石留印、抓铁有痕，不断以反腐倡廉的新进展、新成效取信于民，确保党和国家兴旺发达、长治久安。”① 旧的问题解决了，新的问题又会发生。加强党的作风建设，就要纠正不正之风，反对腐败，并将其贯穿于改革开放的整个过程之中，聚焦解决群众反映的突出问题，以作风建设的新成效，汇聚起推动改革发展的正能量。坚持发扬党的光荣传统和优良作风，加强和改进作风建设，使人民生活得到改善，人民权益得到保障，使发展成果更多更公平惠及全体人民。只有持之以恒抓作风建设，做到一丝都不放松，一刻都不停顿，才能以优良作风把广大人民群众紧紧团结在党的周围。

二、群众路线是党的生命线和根本工作路线

习近平同志指出：“群众路线是我们党的生命线和根本工作路线，是我们党永葆青春活力和战斗力的重要传家宝。不论过去、现在和将来，我们都要坚持一切为了群众，一切依靠群众，从群众中来，到群众中去，把党的正确主张变为群众的自觉行动，把群众路线贯彻到治国理政全部活动之中。”② “群众路线本质上体现的是马克思主义关于人民群众是历史的创造者这一基本原理。只有坚持这一基本原理，我们才能把握历史前进的基本规律。只有按历史规律办事，我们才能无往而不胜。历史反复证明，人民群众是历史发展和社会进步的

---

① 《习近平关于党风廉政建设和反腐败斗争论述摘编》，中央文献出版社、中国方正出版社 2015 年版，第 71—72 页。

② 习近平：《在纪念毛泽东同志诞辰 120 周年座谈会上的讲话》，《人民日报》2013 年 12 月 27 日。

主体力量。”[①] 这些重要论述，对群众路线的本质、内涵作了深刻阐述，为践行群众路线指明了方向。

在国际共产主义运动史上，马克思、恩格斯对于人民群众在历史上的主体地位和主体作用，都有许多重要论述，形成了马克思主义群众观。中国共产党的工作就是群众工作。人民群众是历史的创造者，是我们党革命和建设事业的依靠力量。中国共产党把马克思主义基本原理与中国革命、建设和改革的具体实践相结合，进一步丰富和发展了马克思主义群众路线理论。早在 1922 年，党的二大制定的《关于共产党的组织章程决议案》就提出，“我们既然是为无产群众奋斗的政党，我们便要‘到群众中去’要组成大的‘群众党’”[②]。在第二次国内革命战争时期，1929 年 12 月，毛泽东同志在《中国共产党红军第四军第九次党代表大会决议案》中指出：“一切工作，在党的讨论和决议之后，再经过群众路线去执行。”[③] 1943 年 6 月，他在为中共中央起草《关于领导方法的若干问题》的决定时，第一次较为系统地对党的群众路线进行了阐述。1956 年 9 月，邓小平同志在党的八大上作关于修改党章的报告时，从群众观点和群众路线两个方面对党的群众路线进行了重申和强调。1981 年 6 月，党的十一届六中全会通过的《关于建国以来党的若干历史问题的决议》，对毛泽东思想活的灵魂的三个基本方面之一的群众路线进行了高度概括，即“一切为了群众，一切依靠群众，从群众中来，到群众中去”。1990 年 3 月，党的十三届六中全会通过的《中共中央关于加强党同人民群众联系的决定》，提出牢固树立人民群众是历史创造者的观点，向人民群众学习的观点，全心全意为人民服务的观点，干部的权力是人民赋予的观点，对

---

① 习近平：《在纪念毛泽东同志诞辰 120 周年座谈会上的讲话》，《人民日报》2013 年 12 月 27 日。

② 《中共中央文件选集》第 1 册，中央党校出版社 1989 年版，第 90 页。

③ 《毛泽东文集》第 1 卷，人民出版社 1993 年版，第 80 页。

党负责与对人民负责相一致的观点，党要依靠群众又要教育和引导群众前进的观点。新的世纪以来，党中央又提出了立党为公、执政为民的观点，群众利益无小事的观点。总的来说，以毛泽东同志为核心的党的第一代中央领导集体，以邓小平同志为核心的党的第二代中央领导集体，以江泽民同志为核心的党的第三代中央领导集体和以胡锦涛同志为总书记的第十六届、第十七届中央领导集体，都对党的群众路线有新的阐发和论述，都为党的群众路线的丰富和发展，增加了新思想、新观点、新内容。

党的十八大以来，以习近平同志为总书记的党中央高度重视保持党同人民群众的血肉联系，始终坚持立党为公、执政为民。习近平同志指出："我们党来自人民、植根人民、服务人民，党的根基在人民、血脉在人民、力量在人民。失去了人民拥护和支持，党的事业和工作就无从谈起。"① 我们党之所以能够从小到大、由弱到强，最终成就伟业，就是因为始终坚持从严治党，把良好作风视作生命，把不良作风视为大敌，因而始终保持党同人民群众的血肉联系。实践表明，党的先进性和党的执政地位都不是一劳永逸、一成不变的，过去先进不等于现在先进，现在先进不等于永远先进；过去拥有不等于现在拥有，现在拥有不等于永远拥有。保持党的先进性和纯洁性、巩固党的执政基础和执政地位靠什么？最重要的就是靠坚持党的群众路线、密切联系群众。我们党要继续经受住执政考验、改革开放考验、市场经济考验、外部环境考验，就必须在任何情况下，与人民同呼吸共命运的立场不能变，全心全意为人民服务的宗旨不能忘，群众是真正英雄的历史唯物主义观点不能丢。

习近平同志指出："人民对美好生活的向往，就是我们的奋斗目

① 《十八大以来重要文献选编》（上），中央文献出版社2014年版，第309页。

标。”[①]“党的一切工作，必须以最广大人民根本利益为最高标准。检验我们一切工作的成效，最终都要看人民是否真正得到了实惠，人民生活是否真正得到了改善，人民权益是否真正得到了保障。面对人民过上更好生活的新期待，我们不能有丝毫自满和懈怠，必须再接再厉，使发展成果更多更公平惠及全体人民，朝着共同富裕方向稳步前进。”“要把群众观点、群众路线深深植根于全党同志思想中，真正落实到每个党员行动上，下最大气力解决党内存在的问题特别是人民群众不满意的问题，使我们党永远赢得人民群众信任和拥护。”[②]意莫高于爱民，行莫厚于乐民。全心全意为人民服务，是我们党一切行动的根本出发点和落脚点，是我们党区别于其他一切政党的根本标志，是贯彻党的群众路线的核心要求。我们党除了人民的利益，没有自己的特殊利益，党的一切工作，必须以最广大人民根本利益为最高标准。在人民面前，我们永远是小学生，必须自觉拜人民为师，向能者求教，向智者问策；必须充分尊重人民所表达的意愿、所创造的经验、所拥有的权利、所发挥的作用。在我们党的一切工作中，凡属正确的领导，必须是从群众中来，到群众中去。习近平同志指出：“领导干部要得到群众的信任，决不是靠权力，而是要靠工作能力、工作业绩和人格魅力，靠做群众工作的方法和本领。”从本质上讲，党的领导工作就是群众工作。党的路线方针政策只有被群众理解、为群众接受，才能变成改造客观世界的物质力量。提高党的执政能力，关键在于提高党员干部特别是各级领导干部做群众工作的能力。

三、坚持和发扬艰苦奋斗的精神

保持党同人民群众的血肉联系，需要坚持和发扬艰苦奋斗的精

---

① 《十八大以来重要文献选编》（上），中央文献出版社 2014 年版，第 70 页。

② 习近平：《在纪念毛泽东同志诞辰 120 周年座谈会上的讲话》，《人民日报》2013 年 12 月 27 日。

神。习近平同志强调："抓改进工作作风，各项工作都很重要，但最根本的是要坚持和发扬艰苦奋斗精神。"① 随着经济社会快速发展、物质条件不断改善和人民生活水平日益提高，艰苦奋斗、勤俭节约的好传统好作风在少数党员干部那里被淡忘了，有的已经丢得差不多了。有人认为，搞改革开放，发展社会主义市场经济，艰苦奋斗过时了；有的认为，过去我们穷，需要艰苦奋斗，现在条件好了，再提艰苦奋斗不合时宜。这种认识和看法是大错特错的。还一些党政机关讲排场、比阔气、大手大脚、奢侈浪费现象时有发生，社会上奢靡之风、奢华之风很甚，广大干部群众对此反映强烈。习近平同志强调："要加大宣传引导力度，大力弘扬中华民族勤俭节约的优秀传统，大力宣传节约光荣、浪费可耻的思想观念，努力使厉行节约、反对浪费在全社会蔚然成风。"②

"历览前贤国与家，成由勤俭败由奢。"艰苦奋斗、勤俭节约是中华民族的传统美德，是我们党的优良作风。毛泽东同志深刻地指出："中国的革命是伟大的，但革命以后的路程更长，工作更伟大，更艰苦。这一点现在就必须向党内讲明白，务必使同志们继续地保持谦虚、谨慎、不骄、不躁的作风，务必使同志们继续地保持艰苦奋斗的作风。我们有批评和自我批评这个马克思列宁主义的武器。我们能够去掉不良作风，保持优良作风。我们能够学会我们原来不懂的东西。我们不但善于破坏一个旧世界，我们还将善于建设一个新世界。"邓小平同志指出："中国搞四个现代化，要老老实实地艰苦创业。我们穷，底子薄，教育、科学、文化都落后，这就决定了我们还要有一个艰苦奋斗的过程。"他还强调："艰苦奋斗是我们的传统，艰苦朴素的

---

① 《厉行节约　反对浪费——重要论述摘编》，中央文献出版社 2013 年版，第 55 页。

② 《十八大以来重要文献选编》（上），中央文献出版社 2014 年版，第 119 页。

教育今后要抓紧，一直要抓六十至七十年。我们的国家越发展，越要抓艰苦创业。提倡艰苦创业精神，也有助于克服腐败现象。”江泽民同志强调：“艰苦奋斗，是中国共产党的光荣传统，是我们党保持同人民群众密切联系的一个法宝，也是一个干部特别是领导干部必须具备的基本政治素质。我们党正是靠艰苦奋斗不断发展壮大起来的。过去干革命需要艰苦奋斗，今天搞社会主义现代化建设，同样要靠艰苦奋斗。”胡锦涛同志指出：“只有坚持艰苦奋斗，心中装着人民群众，始终同人民群众同呼吸、共命运、心连心，才能保持我们党同人民群众的血肉联系，才能增强抵御腐朽思想侵蚀的能力，才能不断与时俱进、开拓创新。如果丢掉了艰苦奋斗的作风，贪图享乐，不愿意再做艰苦的工作，对群众的疾苦漠然置之，对群众的呼声充耳不闻，就必然会脱离群众。”可以说，艰苦奋斗彰显了克服一切困难、战胜一切敌人的英雄主义气概，体现了中国共产党人的政治追求，是中国共产党区别于其他政党的根本标志之一。

建设中国特色社会主义，全面建成小康社会，实现中华民族伟大复兴的中国梦，最终实现共产主义，必须坚持艰苦奋斗，否则都是天方夜谭。习近平同志指出：“我们的财力是不断增加了，但决不能大手大脚糟蹋浪费！要坚持勤俭办一切事业，坚决反对讲排场比阔气，坚决抵制享乐主义和奢靡之风。”领导干部的一言一行、一举一动，群众都看在眼里、记在心上。干部心系群众、埋头苦干，群众就会赞许你、拥护你、追随你；干部不务实事、骄奢淫逸，群众就会痛恨你、反对你、疏远你。各级党政军机关、事业单位，各人民团体、国有企业，各级领导干部，都要率先垂范，严格执行公务接待制度，严格落实各项节约措施，坚决杜绝公款浪费现象。时刻把群众的安危冷暖放在心上，多想想困难群众，多想想贫困地区，多做一些雪中送炭、急人之困的工作，少做些锦上添花、花上垒花的虚功。牢固树立艰苦奋斗、勤俭节约的思想，深入实际、深入基层、深入群众，力戒奢靡之风，坚决反对大手大脚、铺张浪费，以实际行动践行全心全意为人民服务的根本宗旨。

第二节　以踏石留印、抓铁有痕的劲头抓作风建设

党的十八大以来，党中央以作风建设为切入点从严管党治党。从制定出台改进工作作风、密切联系群众的八项规定，到开展党的群众路线教育实践活动；从整治中秋、国庆、春节、端午等节日期间公款送礼等不正之风，到整治“会所歪风”、狠刹“舌尖上的浪费”等，党风政风为之一新，党心民心为之大振。党中央对抓作风建设的态度是坚决的、信心是坚定的。习近平同志指出：“我们必须看到，面对世情、国情、党情的深刻变化，精神懈怠危险、能力不足危险、脱离群众危险、消极腐败危险更加尖锐地摆在全党面前，党内脱离群众的现象大量存在，一些问题还相当严重，集中表现在形式主义、官僚主义、享乐主义和奢靡之风这‘四风’上。”①“要以踏石留印、抓铁有痕的劲头抓下去，善始善终、善作善成，防止虎头蛇尾，让全党全体人民来监督，让人民群众不断看到实实在在的成效和变化。”②

一、为民务实清廉是作风建设的时代内涵

为民务实清廉，是我们党的一贯主张，是保持党同人民群众血肉联系的重要法宝，是共产党人的根本价值追求。习近平同志指出：“开展党的群众路线教育实践活动，就是要把为民务实清廉的价值追求深深植根于全党同志的思想和行动中，夯实党的执政基础，巩固党的执政地位，增强党的创造力凝聚力战斗力，使保持党的先进性和纯洁性、巩固党的执政基础和执政地位具有广泛、深厚、可靠的群众基

---

① 《十八大以来重要文献选编》（上），中央文献出版社2014年版，第310页。

② 《论群众路线——重要论述摘编》，中央文献出版社、党建读物出版社2013年版，第134页。

础。"① 这个重要思想，阐明了作风建设的时代内涵，凸显了共产党人的核心价值观，诠释了共产党人的先进基因，提出了领导干部应当一生坚守的基本准则。加强作风建设，必须坚持马克思主义群众观点、贯彻党的群众路线，把出发点和落脚点归结到实现好、维护好、发展好最广大人民根本利益上来，归结到为民务实清廉上来。

习近平同志指出："我们讲宗旨，讲了很多话，但说到底还是为人民服务这句话。我们党就是为人民服务的。中央的考虑，是要为人民做事。各级干部也不能眼睛总是向上。任何事情都要向上看看，向下看看。要经常问问自己，我们是不是在忙着与党的根本宗旨毫不相关的事情？有没有一心一意在为老百姓做事情？是不是在围绕党和国家中心任务而工作？古时候讲，食君之禄，忠君之事。现在就是要服务人民。多想想我们干的事情是不是党和人民需要我们干的？要一心一意为老百姓做事，心里装着困难群众，多做雪中送炭的工作，常去贫困地区走一走，常到贫困户家里坐一坐，常同困难群众聊一聊，多了解困难群众的期盼，多解决困难群众的问题，满怀热情为困难群众办事。"为民，就是坚持立党为公、执政为民。这是马克思主义政党性质和宗旨的本质要求，是我们党一切工作的出发点和落脚点，是检验我们各项决策、工作正确与否的根本标准。马克思恩格斯在《共产党宣言》中指出："过去的一切运动都是少数人的，或者为少数人谋利益的运动。无产阶级的运动是绝大多数人的，为绝大多数人谋利益的独立的运动。"② 这一论断深刻揭示了无产阶级政党的本质所在。坚持为民的根本宗旨，需要有坚实的思想基础，这个思想基础就是马克思主义群众观点，就是唯物史观。通俗地讲，唯物史观的三个要素就是"我是谁""为了谁""依靠谁"。唯物史观告诉我们，人民群众是

---

① 《十八大以来重要文献选编》（上），中央文献出版社 2014 年版，第 310 页。
② 《马克思恩格斯选集》第 1 卷，人民出版社 2012 年版，第 411 页。

历史的创造者，社会变革的推动者，人类文明进步的决定力量。只有对人民群众怀有真挚而深厚的感情，为民服务才会有持久的动力。邓小平同志曾经深情地说："我是中国人民的儿子。"正因为他对人民群众怀有真挚而深厚的感情，他才始终坚持为人民"做事"而不是"做官"。

习近平同志指出："我们要有钉钉子的精神，钉钉子往往不是一锤子就能钉好的，而是要一锤一锤接着敲，直到把钉子钉实钉牢，钉牢一颗再钉下一颗，不断钉下去，必然大有成效。如果东一榔头西一棒子，结果很可能是一颗钉子都钉不上、钉不牢。我们要有'功成不必在我'的精神。一张好的蓝图，只要是科学的、切合实际的、符合人民愿望的，大家就要一茬一茬接着干，干出来的都是实绩，广大干部群众都会看在眼里、记在心里。当然，实践是不断发展的，我们的认识和工作也要与时俱进，看准了的要及时调整和完善，但不要换一届领导就兜底翻，更不要为了显示所谓政绩去另搞一套，不要空洞的新口号满天飞。很多时候，有没有新面貌，有没有新气象，并不在于制定一打一打的新规划，喊出一个一个的新口号，而在于结合新的实际，用新的思路、新的举措，脚踏实地把既定的科学目标、好的工作蓝图变为现实。要树立正确政绩观，多做打基础、利长远的事，不搞脱离实际的盲目攀比，不搞劳民伤财的'形象工程'、'政绩工程'，求真务实，真抓实干，勇于担当，真正做到对历史和人民负责。"①务实，就是求真务实、真抓实干、狠抓落实。"空谈误国，实干兴邦"。战国时赵括只会纸上谈兵终致兵败，西晋王衍只善夸夸其谈终致国亡，就是最好的例证。不务实，搞形式主义、花架子，工作部署就不能真正落实，各项任务就不能全面完成，最终事业受损、人民遭殃，这是治国兴邦之大忌。务实的前提是求真，必须实事求是，自觉按客观规律办事。列宁说，我们的力量在于说真话。周恩来说，要大

① 《习近平谈治国理政》，外文出版社 2014 年版，第 400 页。

家讲真话，首先领导要喜欢听真话，反对说假话。领导干部坚持实事求是，就必须带头讲真话、听真话，明是非、辨真伪，尊重实际、服从真理，自觉做坚持原则、不惧邪恶、捍卫真理的人。务实的核心是实干，必须勤勉奋发，下决心治庸治懒。邓小平同志深刻指出，世界上的事情都是干出来的，不干，半点马克思主义都没有。实干的反面，就是不干、不勤干，就是假干、搞形式主义。贪图安逸，一味躺在前人的功劳簿上睡大觉，只是坐享前人创造的物质文化成果，或者搞假把式，做表面文章，都必须坚决反对。务实的关键是攻坚克难，必须敢于碰硬，认真解决矛盾问题。习近平同志指出，一些领导干部落实工作抓得不好，很重要的是政绩观出了问题，个人主义思想在作祟。务实的要害是落实，必须注重实效，坚决反对形式主义。“为政贵在行，以实则治，以文则不治”。抓落实、求实效，是我们一切工作的落脚点。一项工作没有最终取得实效，不管过程多么精彩，都谈不上真正的务实。

习近平同志强调：“为政清廉才能取信于民，秉公用权才能赢得人心，这个道理我们党早就明确提出来了。”① “腐败问题对我们党的伤害最大，严惩腐败分子是党心民心所向，党内决不允许有腐败分子藏身之地。这是保持党同人民群众血肉联系的必然要求，也是巩固党的执政基础和执政地位的必然要求。”② 清廉，就是清正廉洁。一个人能否廉洁自律，最难战胜的敌人是自己。共产党员特别是领导干部必须时刻牢记：为政清廉才能取信于民，秉公用权才能赢得人心。领导干部一定要作风正派、洁身自好、情趣健康，堂堂正正做官、清清白白做人、干干净净做事，永葆清正廉洁、甘于奉献的崇高品格。坚持清廉，就必须树立马克思主义权力观，敬畏权力，坚持权为民赋、

---

① 《习近平关于党风廉政建设和反腐败斗争论述摘编》，中央文献出版社、中国方正出版社 2015 年版，第 4 页。

② 《习近平关于党风廉政建设和反腐败斗争论述摘编》，中央文献出版社、中国方正出版社 2015 年版，第 7 页。

权为民用。权力具有“两重性”，是一把“双刃剑”：如果运用得当，用权为公，它可以为社会民众带来利益；如果运用不当，以权谋私，则会给社会民众带来灾难。坚持清廉，就必须发扬艰苦奋斗精神。一个没有艰苦奋斗精神作支撑的政党、一个充斥骄奢淫逸之风的政党，是谈不上清廉的，也不可能兴旺发达。回望历史，当华侨领袖陈嘉庚分别接受了毛泽东和蒋介石天壤之别的宴请时，他得出了“国民党蒋政府必败，延安共产党必胜”的判断。艰苦奋斗是我们党的优良传统和制胜法宝。坚持清廉，就必须常修为政之德，做到自重、自省、自警、自律。清廉对领导干部不仅是纪律要求，也是一项道德要求。修德是树廉之根。领导干部必须常修为政之德，以德养廉。坚持清廉，就必须自觉遵守党章，严格执行廉政准则，主动接受监督，自觉净化朋友圈、社交圈，带头约束自己的行为，增强反腐倡廉和拒腐防变的自觉性，严格规范权力行使，把权力关进制度的笼子，坚决反对一切消极腐败现象，做到干部清正、政府清廉、政治清明。

二、聚焦“四风”，整治作风之弊、行为之垢

一个时期以来，作风问题在党内确实相当严重，已经到了非抓不可的时候，不抓不行了。作风建设涉及面广，作风问题多种多样，要抓住要害和关键。习近平同志鲜明提出了作风建设的突破口，就是聚焦形式主义、官僚主义、享乐主义和奢靡之风这“四风”问题。为什么要聚焦到“四风”上呢？习近平同志指出：“因为这‘四风’是违背我们党的性质和宗旨的，是当前群众深恶痛绝、反映强烈的问题，也是损害党群干群关系的重要根源。党内存在的其他问题都与这‘四风’有关，或者说是这‘四风’衍生出来的。‘四风’问题解决好了，党内其他一些问题解决起来也就有了更好条件。”① 因此，把党的群众路线教育实践活动的主要任务聚焦到作风建设上，集中解决形

① 《十八大以来重要文献选编》（上），中央文献出版社2014年版，第314页。

式主义、官僚主义、享乐主义和奢靡之风这“四风”问题，可谓找准了穴位、抓住了要害，明确了新形势下坚持群众路线迫切需要解决的突出问题，体现了我们党对人民群众反映强烈的问题的积极回应、对解决好人民群众所思所盼问题的坚定决心。

“四风”问题表现突出、危害极大。习近平同志指出，“党内脱离群众的现象大量存在，一些问题还相当严重，集中表现在形式主义、官僚主义、享乐主义和奢靡之风这‘四风’上”，“要牢记‘奢靡之始，危忘之渐’的古训，对作风之弊、行为之垢来一次大排查、大检修、大扫除，切实解决人民群众反映强烈的突出问题”。[①] 形式主义是指片面注重表面形式而不顾实质内容的工作作风，或只看事物的现象而不分析其本质的思想方法。其主要表现有：知行不一、不求实效，文山会海、花拳绣腿，贪图虚名、弄虚作假。形式主义把党的理论和路线方针政策变成了没有实际内容的口号、形式和过场，对党、对人民极不负责，引起人民群众的强烈不满。官僚主义是指官气十足、情况不明，只知发号施令、当官做老爷的工作作风和领导作风。其主要表现有：脱离实际、脱离群众，高高在上、漠视现实，唯我独尊、自我膨胀。官僚主义漠视群众利益与民生疾苦，在党和人民群众之间形成一堵无形的墙，严重破坏了党执政的群众基础。邓小平同志曾指出，官僚主义现象是我们党和国家政治生活中广泛存在的一个大问题。享乐主义是一种过度追求个人物质享受的人生观，其实质是极端个人主义和纵欲主义。其主要表现有：精神懈怠、不思进取，追名逐利、贪图享受，讲究排场、玩风盛行。享乐主义严重损害了党在人民群众中的形象，严重损害了党群、干群关系。奢靡之风是享乐主义盛行之下形成的浪费之风、腐化之风、败坏之风。其主要表现

① 《十八大以来重要文献选编》（上），中央文献出版社 2014 年版，第 310 页、313 页。

有：铺张浪费、挥霍无度，大兴土木、节庆泛滥，生活奢华、骄奢淫逸，甚至以权谋私、腐化堕落。这奢靡之风必然腐蚀党的肌体和党员、干部，必然浪费大量的人力、财力、物力，甚至会使党丧失民心，失去群众的拥护和支持。

习近平同志指出："解决'四风'问题，要对准焦距、找准穴位、抓住要害，不能'走神'，不能'散光'。"① 反对形式主义要着重解决工作不实的问题，教育引导党员、干部端正学风，改进文风会风，在大是大非面前敢于担当、敢于坚持原则，真正把心思用在干事业上，把功夫下到察实情、出实招、办实事、求实效上。反对官僚主义要着重解决在人民群众利益上不维护、不作为的问题，教育引导党员、干部深入实际、深入基层、深入群众，接地气、通下情，坚持民主集中制，改进调查研究，虚心向群众学习，真心对群众负责，热心为群众服务，诚心接受群众监督。反对享乐主义要着重克服及时行乐思想和特权现象，教育引导党员、干部牢记"两个务必"，克己奉公，勤政廉政，保持昂扬向上、奋发有为的精神状态。反对奢靡之风要着重狠刹挥霍享乐和骄奢淫逸的不良风气，教育引导党员、干部坚守节约光荣、浪费可耻的思想观念，做到艰苦朴素、精打细算，勤俭办一切事情。

"照镜子、正衣冠、洗洗澡、治治病"是总要求，也是解决"四风"问题的有效途径。这四句话、十二个字，概括起来就是要自我净化、自我完善、自我革新、自我提高，说起来简洁明了，但真正做到就不那么容易了。对于照镜子，习近平同志指出："照镜子，主要是以党章为镜，对照党的纪律、群众期盼、先进典型，对照改进作风要求，在宗旨意识、工作作风、廉洁自律上摆问题、找差距、明方向。"② 镜子可以照自己，也可以照别人，但主要是照自己。要照好

① 《十八大以来重要文献选编》（上），中央文献出版社 2014 年版，第 314 页。
② 《十八大以来重要文献选编》（上），中央文献出版社 2014 年版，第 315 页。

镜子，必须学习和对照党章，对照廉政准则，对照改进作风要求，对照群众期盼，对照先进典型，查找宗旨意识、工作作风、廉洁自律方面的差距。现实生活中，有的同志总是自我感觉良好，懒得照镜子；有的同志明知自己有问题，怕照镜子；有的同志只愿看到自己光鲜的一面，习惯于化妆后才照镜子；还有的同志喜欢拿着镜子照别人，认为自己美得不得了，人家都是丑八怪。这几种现象都不符合共产党人的修养。习近平同志强调："党员、干部要敢照镜子、勤照镜子，特别是对缺点和错误要多往深处、细处照，使之纤毫毕现，这样才能找出差距、修身正己。"① 对于正衣冠，习近平同志指出："正衣冠，主要是在照镜子的基础上，按照为民务实清廉的要求，勇于正视缺点和不足，严明党的纪律特别是政治纪律，敢于触及思想、正视矛盾和问题，从自己做起，从现在改起，端正行为，自觉把党性修养正一正、把党员义务理一理、把党纪国法紧一紧，保持共产党人良好形象。"② 正衣冠往往一天一次不够，需要"吾日三省吾身"。要正好衣冠，必须有正视和解决自身存在的问题的勇气，按照为民务实清廉的要求，严明党的纪律特别是政治纪律，敢于触及思想，正视矛盾和问题，从自己做起，从现在改起，端正行为，养成勤正衣冠的习惯，防微杜渐，避免"积羽沉舟，群轻折轴"，维护良好形象。对于如何洗洗澡，习近平同志指出："洗洗澡，主要是以整风的精神开展批评和自我批评，深入分析发生问题的原因，清洗思想和行为上的灰尘，既要解决实际问题，更要解决思想问题，保持共产党人政治本色。"③ 党员干部的思想和行为经常会沾上灰尘，会受到政治微生物的侵袭，需要"洗澡"，既去灰去泥、放松身心，又舒张毛孔、促进新陈代谢，做到

---

① 《十八大以来重要文献选编》（上），中央文献出版社 2014 年版，第 315 页。
② 《十八大以来重要文献选编》（上），中央文献出版社 2014 年版，第 315 页。
③ 《十八大以来重要文献选编》（上），中央文献出版社 2014 年版，第 316 页。

干干净净做事、清清白白做人。要洗好澡，必须以整风精神开展批评和自我批评，深入分析出现形式主义、官僚主义、享乐主义和奢靡之风的原因，坚持自我净化、自我完善、自我革新、自我提高，既要解决实际问题，更要解决思想问题。对掩饰自己思想和行为上的灰尘，不愿意“洗澡”的人，由组织上帮助其“洗洗澡”。对于如何治治病，习近平同志指出：“治治病，主要是坚持惩前毖后、治病救人方针，区别情况、对症下药，对作风方面存在问题的党员、干部进行教育提醒，对问题严重的进行查处，对不正之风和突出问题进行专项治理。”① 人的思想和作风有了毛病，也必须抓紧治。如果讳疾忌医，就可能小病拖成大病，由病在表皮发展到病入膏肓，最终无药可治，正所谓“禁微则易，救末者难”。要治好病，必须坚持惩前毖后、治病救人方针，帮助有问题的党员、干部找准“病症”，对症下药，对作风方面存在问题的党员、干部进行教育提醒，对问题严重的进行查处，对与民争利、损害群众利益的不正之风和突出问题进行专项治理，切实体现从严治党的要求。

习近平同志强调：“调动领导干部和广大群众两个积极性、打牢学习教育和查摆问题两个基础、抓住整改落实和建章立制两个关键，对教育实践活动取得实效至关重要。”“要继续深入开展党的群众路线教育实践活动，凡是影响党的创造力、凝聚力、战斗力的问题都要及时解决，凡是损害党的先进性和纯洁性的病症都要认真医治，凡是滋生在党的健康肌体上的毒瘤都要坚决祛除，通过持之以恒的努力，使党始终成为中国特色社会主义事业的坚强领导核心。”② 开展党的群众路线教育实践活动，就是要着力增强思想自觉和行动自觉，引导广

① 《十八大以来重要文献选编》（上），中央文献出版社 2014 年版，第 316 页。

② 习近平：《在纪念毛泽东同志诞辰 120 周年座谈会上的讲话》，《人民日报》2013 年 12 月 27 日。

大党员、干部提高贯彻执行党的群众路线的自觉性和坚定性，做到以知促行、以行促知、知行合一。着力贯彻和体现整风精神，把批评和自我批评摆在重要位置，把开门搞活动作为重要方法，把严格执行纪律作为重要措施。着力解决突出问题，坚持标本兼治，既认真解决“四风”方面的问题，又注重通过强化理想信念、规范工作程序、完善体制机制抑制不正之风。着力保证活动健康发展，切实做到不虚、不空、不偏。作风建设不能毕其功于一役，活动不是无所不包、无所不能，而是聚焦作风特别是“四风”问题。能把群众反映强烈的作风问题特别是“四风”问题解决好，就是成绩。解决“四风”问题，一方面要靠我们自身，靠自我净化、自我完善、自我革新、自我提高；另一方面要依靠人民群众，让人民群众发现我们的问题，帮助我们改进工作。

解决“四风”问题，要标本兼治，既治标又治本。治标，就是要着力针对面上“四风”问题的各种表现，该纠正的纠正，该禁止的禁止。治本，就是要查找产生问题的深层次原因，从理想信念、工作程序、体制机制等方面下功夫抑制不正之风。各地区各部门“四风”问题表现不尽相同，有的形式主义、官僚主义突出一点，有的享乐主义、奢靡之风突出一点，什么问题突出就着力解决什么问题。对此，习近平同志在党的群众路线教育实践活动总结大会上的讲话中指出：“党中央明确提出以反‘四风’为突破口，以点带面，不搞面面俱到，打到了七寸。我们抓住要害、集中发力、持续用劲，对群众反映强烈的共性问题，集中开展专项整治；对出现的‘四风’种种变异问题，保持高度警惕，坚持露头就打；对顶风违纪现象，严肃责任追究，加大查处力度。实践证明，有的放矢事易成，无的放矢事难成，集中教育活动要取得实效，必须找准靶子、点中穴位。”①

---

① 习近平：《在党的群众路线教育实践活动总结大会上的讲话》，《人民日报》2014 年 10 月 9 日。

三、坚持从领导机关、领导班子、领导干部抓起

坚持从领导机关、领导班子、领导干部抓起，发挥领导干部带头示范作用，是带动广大党员干部转作风改作风的强大力量，是我们党加强作风建设的重要方法。习近平同志指出："抓改进作风建设，首先要从中央政治局做起，要求别人做到的自己先要做到，要求别人不做的自己坚决不做。"① 领导干部特别是高级干部作风如何，对党风政风乃至整个社会风气具有重要影响。把领导带头贯穿教育实践活动的始终，贯穿党的作风建设的始终，党的作风就会有一个深入持续的大转变，党同人民群众的血肉联系就会更加密切。中央政治局逐条逐项、不折不扣落实八项规定，以上率下、示范全党，在党内外引起强烈反响，产生强大示范效应，促进了党风政风转变，带动了社会风气好转，提高了党在人民群众中的威信，激发了广大干部群众的主动性、创造性。这表明，中央带头，必促进全党积极响应；中央以身作则，必推动全党奋发进取。

坚持从领导机关、领导班子、领导干部抓起，关键就是一级做给一级看，一级带着一级干。习近平同志指出："正人必先正己，正己才能正人。中央怎么做，上层怎么做，领导干部怎么做，全党都在看。首先从中央做起，各级主要领导亲自抓、作表率，是这次活动取得成效的关键。"② 领导的方法千万条，带头表率是第一条。正所谓，"喊破嗓子，不如甩开膀子"，说一千道一万，不如做出样子给人看。一位老同志说得好，什么叫领导？"领"就是带领，就是走在前边，干在前边，身先士卒；"导"就是引导、教导。只有"领"好了，"导"才能起作用。各级领导干部能不能当好表率，就看自我剖析深

① 《习近平总书记系列重要讲话读本（2016年版）》，学习出版社、人民出版社2016年版，第114页。

② 习近平：《在党的群众路线教育实践活动总结大会上的讲话》，《人民日报》2014年10月9日。

不深，查摆问题准不准，解决突出问题敢不敢。习近平同志指出："各级领导干部既是活动的组织者、推进者、监督者，更是活动的参与者，要以普通党员身份把自己摆进去，力争认识高一层、学习深一步、实践先一着、剖析解决突出问题好一筹。"① 把示范带头作用体现到全过程，是教育实践活动取得实效的关键。领导干部带头学习党史、国史，带头重温"两个务必"谆谆告诫，就会带动全党同志从历史中汲取智慧、深刻领会党的群众路线的实质和精髓；带头面对面听群众讲真话、讲心里话，就会带动各级干部深入基层与群众促膝谈心、聆听真情实况；带头敢于正视并解决突出问题，就会带动广大党员、干部认真查摆问题、整改落实。

坚持从领导机关、领导班子、领导干部抓起，必须体现到加强自身建设的各个方面、提高工作水平的各个领域。这就要求领导干部带头把好思想"总开关"，深刻剖析产生不良风气的思想根源，坚定理想信念，牢记为民宗旨；带头找准本职工作的全局位置，树立全党一盘棋、全国一盘棋思想，既要有全局观念、全球视野，善于观大势、谋大事，又要能着眼大局做好本职工作、具体工作；带头把制度约束作为刚性约束，开展工作严格按照规则和程序办事，绝不允许上有政策、下有对策，绝不允许打擦边球；带头密切联系群众，以人民幸福为念，以实现人民利益为行，保持党群干群的鱼水关系。习近平同志在党的群众路线教育实践活动总结大会上的讲话中明确指出："党中央制定了一系列规范党内高层作风问题的制度，中央政治局带头围绕落实八项规定进行对照检查，开展批评和自我批评。中央政治局常委同志建立联系点并全程指导，深入联系点真诚谈心，对工作进行具体帮助。各级领导班子成员特别是主要负责同志，以向我看齐的姿态听意见、摆问

① 《十八大以来重要文献选编》（上），中央文献出版社 2014 年版，第 317—318 页。

题、管自身、抓督查，发挥示范作用。实践证明，各级领导干部敢于拿自己开刀，解决问题才能势如破竹，改进工作才能立竿见影。”①

第三节　作风建设永远在路上

持续深入改进作风，全面落实从严治党要求，是各项事业顺利发展的根本保证。习近平同志指出：“作风建设永远在路上，永远没有休止符，必须抓常、抓细、抓长，持续努力、久久为功。”②“既要用铁的纪律整治各种面上的顶风违纪行为，更要睁大火眼金睛，任凭不正之风‘七十二变’，也要把它们揪出来，有多少就处理多少。”③作风建设永远在路上，这是习近平同志对作风建设规律性的深刻认识，也是习近平同志作风建设的一个重要核心思想。这个重要思想，进一步丰富和发展了党的作风建设理论，为深入持续推进作风建设注入强大动力和有力指导。

一、作风问题具有顽固性和反复性

作风建设抓一抓有好转，松一松就反弹，一篙松劲，就会一泻千里。习近平同志指出：“作风问题具有顽固性和反复性，形成优良作风不可能一劳永逸，克服不良作风也不可能一蹴而就。以往的经验告诉我们，纠风之难，难在防止反弹。‘由俭入奢易，由奢入俭难。’教育实践活动有期限，但贯彻群众路线没有休止符，作风建设永远在路上。”这次党的群众路线教育实践活动以作风建设为突破口，聚焦反“四风”问题，始终坚持以严的态度、严的要求、严的标准、严的举

---

① 习近平：《在党的群众路线教育实践活动总结大会上的讲话》，《人民日报》2014年10月9日。

② 习近平：《在党的群众路线教育实践活动总结大会上的讲话》，《人民日报》2014年10月9日。

③ 习近平：《在第十八届中央纪律检查委员会第六次全体会议上的讲话》，《人民日报》2016年5月3日。

措，真抓真管、严抓严管，持续用劲、严督实导，经过各级党组织和广大党员、干部的共同努力，使活动取得了重大成效、重要成果，得到了群众充分认同、党内外积极评价。习近平同志指出：“作风建设是攻坚战，也是持久战。这么多年，作风问题我们一直在抓，但很多问题不仅没有解决、反而愈演愈烈，一些不良作风像割韭菜一样，割了一茬长一茬。症结就在于对作风问题的顽固性和反复性估计不足，缺乏常抓的韧劲、严抓的耐心，缺乏管长远、固根本的制度。反‘四风’的实践证明，抓和不抓大不一样，真抓和假抓大不一样，严抓和松抓也大不一样。”①

“四风”问题积习甚深，可谓冰冻三尺非一日之寒。习近平同志指出：“一次活动不可能解决全部问题，这次活动就聚焦解决‘四风’问题，而且解决‘四风’问题没有休止符，一直是进行时，没有完成时。这是我们加强党的自身建设的规律，若干年搞一次全党性活动，就像一个肌体需要不断修复、康复、治疗、锻炼一样，一间房间需要经常打扫一样，党内政治生活和教育活动也需要经常性、长期性开展。”② 以往的经验告诉我们，纠风之难，难在防止反弹。事物是不断发展变化的，“四风”问题具有很强的变异性和传染性，这样的问题消失了，那样的问题又会出现。目前，在一些地方和部门，作风问题依然突出，但表现形态不一样了，存在一些使歪招、打折扣、搞变通现象。有的楼堂馆所穿上“创业大厦”“研发中心”等“马甲”，有的以培训为名行游山玩水之实，有的干部红白喜事不请客但收礼，有的大吃大喝转战到私人会所、农家乐、“内部食堂”。有的送礼和收礼穿上“隐身衣”，礼品册、电子礼品卡等花样繁多，利用网络、快

① 习近平：《在党的群众路线教育实践活动总结大会上的讲话》，《人民日报》2014年10月9日。

② 《习近平关于党风廉政建设和反腐败斗争论述摘编》，中央文献出版社、中国方正出版社2015年版，第84页。

递进行，双方不见面，十分隐蔽。还有的单位为了应付检查，采取无中生有、移花接木、指鹿为马等手法，看似在表格上完成了考核指标，实际上没有多少改变。如此等等。这就说明，教育实践活动有期限，但贯彻群众路线没有休止符，作风建设永远在路上。

作风建设的要求越往后越要严，正风肃纪的螺丝只能越拧越紧，反“四风”的发条只能越上越紧。习近平同志指出：“经过这次活动，全党改进作风有了一个良好开端，但取得的成果还是初步的，基础还不稳固。作风有所好转，‘四风’问题有所收敛，但树倒根存，有些是在高压态势下取得的，仅仅停留在‘不敢’上，‘不想’的自觉尚未完全形成。有些问题的整改还没有完全到位，一些深层次问题还没有从根本上破解，上下联动解决问题还没有真正形成合力。有的地方基层基础薄弱的情况还没有改变，联系服务群众机制不畅、能力不强，贯彻群众路线到不了末端。有的干部留恋过去那种‘一张报纸一包烟，优哉游哉过一天’的日子，希望教育实践活动只是一阵风，风头过了就可以我行我素了。如此等等。”① 充分认识作风建设的长期性复杂性艰巨性，始终时刻绷紧作风建设这根弦，把严的意识立起来，把严的规矩建起来，把严的风气树起来，以锲而不舍、驰而不息的决心和毅力，把目前作风转变的好势头保持下去，推进集中反“四风”改作风转为经常性的作风建设，确保改进作风规范化、常态化、长效化。

二、作风建设必须抓常、抓细、抓长

改进作风是我们党向人民作出的一项庄严承诺，切不可雨过地皮湿，不可虎头蛇尾，不可只是一阵风。习近平同志强调：“持续深入改进作风，全面落实从严治党要求，是各项事业顺利发展的根本保证。我们抓作风，无论使好的制度和规矩真正执行起来，还是使不良

---

① 习近平：《在党的群众路线教育实践活动总结大会上的讲话》，《人民日报》2014年10月9日。

风气彻底得到扭转，都要有足够的力量和长期的作为，坚持稳扎稳打、步步为营、久久为功。各级党组织要始终把作风建设抓在手上，不折不扣落实整改方案，一条一条兑现整改承诺，做到一丝不苟、严防死守，使观望者不再犹豫、侥幸者去掉幻想、投机者没有市场。”教育实践活动取得成效不易，巩固和拓展成果更难。教育实践活动虽然已告一段落，但目前群众最担心的是，已经取得的成绩能不能巩固拓展？承诺的事情能不能兑现？反“四风”问题能不能持久抓、抓持久？“开弓没有回头箭”。应持续抓好各项整改任务的落实，绝不允许出现“烂尾”工程，决不能让“四风”问题反弹回潮。坚持不懈地开展作风教育，深入开展马克思主义群众观点特别是习近平同志有关重要论述的学习教育，引导广大党员干部深刻认识党的根基在人民、血脉在人民、力量在人民，自觉摆正同人民群众的关系，密切同人民群众的联系，把知民情、懂民心、化民怨作为必修课、基本功，打牢作风建设的思想基础。始终保持反“四风”高压态势，牢固树立持续整改、长期整改的思想，继续以踏石留印、抓铁有痕的劲头，坚持整改责任主体不变、整改时限保持不变、标准要求保持不变，盯紧整改方案的落实，确保各项整改任务不折不扣完成。对整改落实工作和巩固活动成果的情况进行专项检查，对整改态度不积极、工作责任不落实的要坚决有力追责，对整改标准打折扣、整改过程走过场的要坚决有力纠正，对问题较复杂、推进难度大、一时未见成效的要坚决有力攻坚，对中央确定的专项整治任务要坚决有力落地，切实防止改作风好势头戛然而止、曲终人散，防止整改束之高阁、推诿扯皮，防止“四风”涛声依旧、卷土重来。

贯彻执行党的群众路线是一项长期任务，解决作风问题是一项经常性工作，必须在抓常、抓细、抓长上下功夫。习近平同志强调：“抓常，就是要把作风建设时刻摆上位置、有机融入日常工作，做到管事就管人，管人就管思想、管作风。推动各项工作，都要落实作风建设具体要求，形成抓作风促工作、抓工作强作风良性循环。抓细，就是要对干部群众特别是基层群众反映的作风问题一一回应、具体解决。要透过现象看本质，在解决个别具体问题的同时，着力解决面上的普遍性问题。抓长，就是要反复抓，不能三天打鱼两天晒网，集中抓的时候雷霆万钧，平时放任自流。要认真落实作风建设各项制度，做到有章必循、违规必究。要通过深化改革，从体制机制层面进一步破题，为作风建设形成长效化保障。”作风问题具有顽固性、反复性，具有很强的变异性、传染性，作风建设是一场攻坚战，也是一场持久战。这些年来，我们一直在抓作风建设，有些问题去得快、反弹得也快；一些不良作风像割韭菜一样，割了一茬长一茬；有的感到管严了、管紧了，就“懒政惰政”“为官不为”，“担风险”的事不干、“得罪人”的活不做、“讨人嫌”的话不说，成天捂着“乌纱帽”保官做官。为什么会出现这些现象呢？究其原因，症结在于对作风问题的顽固性和反复性估计不足，有时不缺少啃硬骨头的勇气和狠劲，但缺乏常抓的韧劲和长抓的耐心。改作风怕的是问题反弹，难的是善始善终，要的是久久为功。反“四风”不但要治标、正风肃纪，更要治本、建立长效机制。作风建设贵在抓常，要经常抓、见常态，时刻摆上位置、融入日常工作，经常盘点分析领导班子和党员、干部队伍的作风状况、存在问题，并拿出有针对性举措和对策。作风建设重在抓细，要深入抓、见实招，对干部群众特别是基层群众反映强烈的“四风”问题，一个问题一个问题地认真解决，一项任务一项任务地有力突破，办一件成一件，完成一项巩固一项，积小胜为大胜；对于新出现的特别是“隐性”问题、“变种”问题，要主动应对、有效应对，做到魔高一尺、道高一丈，谁以身试法就坚决纠正和查处，不达目的不罢休，让穿上“马甲”的各种歪风显出原形，坚决遏制变着法子顶风作案的现象滋长蔓延。作风建设难在抓长，要持久抓、见长效，健全和落实改进作风常态化制度，扎紧织密制度笼子，推动作风建设成果固化为制度约束，从源头上遏制不正之风。

习近平同志指出："活动收尾绝不是作风建设收场，必须以锲而不舍、驰而不息的决心和毅力，把作风建设不断引向深入，把目前作风转变的好势头保持下去，使作风建设要求真正落地生根。""要从解决'四风'问题延伸开去，努力改进思想作风、工作作风、领导作风、干部生活作风，努力改进学风、文风、会风，加强治本工作，使党员、干部不仅不敢沾染歪风邪气，而且不能、不想沾染歪风邪气，使党的作风全面纯洁起来。"①"四风"问题是当前作风建设的要重点解决的问题，需要高度重视，同时在推进作风建设过程中，应着力推动反"四风"向深度和广度延伸。坚持解放思想、实事求是、与时俱进、求真务实，努力改进思想作风；坚持问政于民、问需于民、问计于民，努力改进工作作风；坚持发扬民主，克服"长官意志"、主观武断，努力改进领导作风；坚持艰苦奋斗、勤俭节约、清正廉洁，努力改进干部生活作风；坚持理论联系实际，精减文件会议，努力改进学风、文风、会风，使党的作风全面纯洁和清新起来。

三、健全改进作风常态化制度

优良作风是推进党的事业发展的重要法宝，制度建设对改进作风至关重要。作风问题相当顽固、易于反复，抓作风既要着力解决当前突出问题，又要注重建立长效机制。习近平同志指出："现在，广大干部群众最担心的是问题反弹、雨过地皮湿、活动一阵风，最盼望的是形成常态化、常抓不懈、保持长效。"②"要着力抓好制度建设，聚焦改作风转作风的重点难点问题，确保出台一个就执行落实好一个，对违反制度规定踩'红线'、'闯雷区'的要零容忍，发现一起就坚

---

① 习近平：《在党的群众路线教育实践活动总结大会上的讲话》，《人民日报》2014年10月9日。

② 习近平：《在党的群众路线教育实践活动总结大会上的讲话》，《人民日报》2014年10月9日。

决查处一起。要着力搞好活动总结，把成功做法经验化、零星探索系统化。”建立健全作风建设长效机制，着力推进作风建设常态化、长效化、制度化，形成作风建设新常态，对于走出作风建设抓一抓就好转，松一松就反弹的怪圈，具有重要意义。

习近平同志指出：“要本着于法周延、于事简便的原则，体现改革精神和法治思维，把中央要求、群众期盼、实际需要、新鲜经验结合起来，努力形成系统完备的制度体系，以刚性的制度规定和严格的制度执行，确保改进作风规范化、常态化、长效化，切实防止‘四风’问题反弹。”① 优良作风的养成，一靠教育，二靠制度。改进作风，不仅是一场思想洗礼，也是一次制度机制变革。只有加强制度建设，才能实现改进作风常态化长效化。巩固教育实践活动成果，需要建章立制。各级党组织花了很大气力、下了很大功夫深入开展群众路线教育实践活动。广大党员干部马克思主义群众观点和党的群众路线更加入脑入心，“四风”方面的突出问题得到初步解决，批评和自我批评既出了汗、也红了脸。党的很多优良传统得到回归，党员干部思想灵魂受到一次震撼人心的洗礼。这次活动取得的成效得到党员群众普遍认可，但也不能把成绩估计过高，对此一定要保持清醒认识。总结和巩固好这次活动成果，需要把成功做法经验化、零星探索系统化，建立健全各方面制度机制，更好地用制度管住干部的行为，用机制规范权力的运行，以制度机制固化教育实践活动的成果。制度约束是刚性约束。制度具有根本性、长期性、稳定性、连续性，具有普遍、长期的约束力，是改进作风常态化的重要保证。制度问题不解决，作风问题也解决不了。对权力过大部门和岗位，必须用制度规范用权，从源头上遏制不正之风。作风建设既要治标也要治本，对作风

---

① 《习近平关于党风廉政建设和反腐败斗争论述摘编》，中央文献出版社、中国方正出版社 2015 年版，第 88 页。

建设抓什么、怎么抓，党员干部哪些行为可为、哪些行为不能为，都需要有章可循、有规可依。只要不断完善制度体系，不断加强制度刚性约束力，就一定能够实现“转作风不是一阵风”。

推进作风转变，必须走制度化路子，不断加强改进作风常态化制度建设。党的十八届三中全会明确指出：“围绕反对形式主义、官僚主义、享乐主义和奢靡之风，加快体制机制改革和建设。”改进作风，要更加强化问题导向，围绕解决“四风”问题、密切联系群众建立健全制度。党的群众路线教育实践活动过程中，中央陆续出台了《关于进一步规范省部级以下国家工作人员因公临时出国的意见》《关于党政机关停止新建楼堂馆所和清理办公用房的通知》《中央和国家机关会议费管理办法》《党政机关厉行节约反对浪费条例》《党政机关国内公务接待管理规定》等。对于党政机关来说，有些制度规定只要按照要求予以严格执行，有些还需要结合实际出台具体实施细则。比如公务宴请严禁超标接待，但具体到一个部门和单位，怎样界定“超标”？下基层调研不许层层陪同，但怎样接洽工作才算是合情、合理、合规？这需要进一步明确和细化。

习近平同志强调，抓制度要把握共性要求，研究个性特点，注重体现作风建设要求，体现机关管理和干部管理规律，体现广大群众意愿，确保形成的制度行得通、指导力强、能长期管用。在建章立制时，要结合贯彻落实党的十八届三中、四中、五中全会决定精神，坚持边实践边总结，重点抓好健全领导干部带头改进作风、深入基层调查研究机制，完善直接联系和服务群众制度；改革会议公文制度，减少会议、文件、简报，着力改进会风文风；健全严格的财务预算、核准和审计制度，着力控制“三公”经费支出和楼堂馆所建设；规范并严格执行领导干部工作生活保障制度；完善并严格执行领导干部亲属经商、担任公职和社会组织职务、出国定居等相关制度规定，努力构建为民务实清廉的常态化长效机制。

第六章 坚定不移惩治腐败，保持党的肌体健康

党风廉政建设和反腐败斗争，是管党治党的重大任务。为政清廉才能取信于民，秉公用权才能赢得人心。党风廉政建设和反腐败斗争，是广大干部群众始终关注的重大政治问题。党的十八大以来，习近平同志从党和国家事业发展战略高度出发，围绕党风廉政建设和反腐败斗争发表了一系列重要论述，内容深刻，思想丰富，对于推动党风廉政建设和反腐斗争取得重大成效具有重大意义。

第一节 反腐倡廉必须常抓不懈

坚决反对腐败，是全党必须始终抓好的重大政治任务。习近平同志指出："以猛药去疴、重典治乱的决心，以刮骨疗毒、壮士断腕的勇气，坚决把党风廉政建设和反腐败斗争进行到底。""反腐倡廉必须常抓不懈，拒腐防变必须警钟长鸣，关键就在'常'、'长'二字，一个是要经常抓，一个是要长期抓。"这充分展现了习近平同志和我们党在这一问题上的坚强意志和坚定决心，充分表明了共产党人的历史使命和责任担当。

一、反腐倡廉关系党和国家生死存亡

腐败是社会毒瘤，是影响经济社会发展、国家长治久安的致命风险。习近平同志反复告诫全党，中国历史上因为统治集团严重腐败导致人亡政息的例子比比皆是，当今世界上由于执政党腐化堕落、严重

脱离群众导致失去政权的例子不胜枚举。如果任凭腐败问题愈演愈烈，最终必然亡党亡国，这绝不是危言耸听。他还强调，我们党把党风廉政建设和反腐败斗争提到关系党和国家生死存亡的高度来认识，是深刻总结了古今中外的历史教训的。强烈的忧患意识和历史责任感，再一次向全党敲响了警钟。因此，凡是影响党的创造力、凝聚力、战斗力的问题都要全力克服，凡是损害党的先进性和纯洁性的病症都要彻底医治，凡是滋生在党的健康肌体上的毒瘤都要坚决祛除，使中国共产党始终同人民心连心、同呼吸、共命运。

腐败的实质是以权谋私。腐败的危害性非常大，全党必须要有清醒的认识。习近平同志指出："近年来，一些国家因长期积累的矛盾导致民怨载道、社会动荡、政权垮台，其中贪污腐败就是一个很重要的原因。大量事实告诉我们，腐败问题越演越烈，最终必然会亡党亡国！我们要警醒啊！"① "腐败问题对我们党的伤害很大，严惩腐败分子是党心民心所向，党内决不允许有腐败分子藏身之地。这是保持党同人民群众血肉联系的必然要求，也是巩固党的执政基础和执政地位的必然要求。"② 腐败严重破坏公平竞争的市场秩序，影响市场配置资源决定性作用的有效发挥，干扰社会主义市场经济的正常运行，影响经济持续健康发展，影响人民群众生活水平的提高。腐败严重违背社会主义法治原则和法治精神，阻碍依法治国进程，损害党和政府的威信和形象，降低国家政权机关的公信力。腐败严重损害社会主义道德，背离社会主义核心价值观，滋长腐朽落后思想，助长不良社会风气，把社会搞得乌烟瘴气。腐败严重损害社会公平正义，干扰社会管理，侵害人民权益，人民群众有理没地说、有理受欺负，歪理压倒真

---

① 《十八大以来重要文献选编》（上），中央文献出版社 2014 年版，第 81 页。

② 《习近平关于党风廉政建设和反腐败斗争论述摘编》，中央文献出版社、中国方正出版社 2015 年版，第 7 页。

理，邪气压过正气，引发甚至激化社会矛盾，影响社会和谐稳定。如果不坚决防范和惩治腐败，任凭腐败现象滋生蔓延，最终将导致经济衰退、政治动荡、文化颓废、社会混乱，全面建成小康社会的奋斗目标将无法实现，中华民族伟大复兴的中国梦也会落空。

加强党风廉政建设，坚决反对腐败，保持党的肌体健康，始终是我们党一贯坚持的鲜明政治立场。我们党历来高度重视反腐倡廉工作，特别是在革命、建设、改革的重大历史关头和关键发展阶段，更是高度自觉地把反腐倡廉工作摆在非常重要的位置。早在1927年4月，党就成立了专门的纪律检查机关中央监察委员会。毛泽东同志针对中央苏区少数干部和共产党员出现的不同程度的腐败行为，强调指出："应该使一切政府工作人员明白，贪污和浪费是极大的犯罪。"这表明了我们党在反腐倡廉问题上的坚决态度和严正立场。抗日战争时期，我们党提出建设廉洁政府的政治纲领，使反腐倡廉建设更加纲领化、制度化和法规化，抗日民主政府成为中国有史以来最民主、最廉洁的政府。1926年，党内诞生了第一份反腐败文件，即《关于坚决清洗贪污腐化分子的通告》。1933年，由毛泽东同志签署的《关于惩治贪污浪费行为——中央执行委员会第26号训令》中规定：贪污公款在500元以上者，处以死刑。1949年党的七届二中全会上，毛泽东要求全党要牢记"两个务必"，警惕和预防在"糖衣裹着的炮弹"面前打败仗。新中国成立后，1949年11月，中共中央作出《关于成立中央及各级党的纪律检查委员会的决定》。从1951年10月开始，在全国范围内开展增产节约运动和"三反"运动，许多具有一定级别的党政领导干部的违法犯罪问题被揭露出来，受到了党纪国法的制裁。严重贪污腐败分子刘青山、张子善就是在"三反"运动中被处死刑的，起到杀一儆百作用。"三反"运动清除了一批腐败分子，挽救了大批干部，有效地遏制了腐败现象的滋生蔓延。

改革开放以来，邓小平提出"执政党的党风问题是有关党的生死存亡的问题”的重要论断，强调指出：整个改革开放过程中都要反对腐败；越是高级干部子弟，越是高级干部，越是名人，他们的违法事件越要抓紧查处；该受惩罚的，不管是谁，一律受惩罚；不加强精神文明的建设，物质文明的建设也要受破坏，走弯路；制度好可以使坏人无法任意横行，制度不好可以使好人无法充分做好事，甚至会走向反面。江泽民指出，反腐败斗争是关系到党的生死存亡的问题。我们党是很重视这个问题的，也是有能力克服腐败现象的。胡锦涛指出，始终把反腐倡廉作为一件大事来抓，始终旗帜鲜明、毫不动摇地反对腐败。党的十八大以来，党中央和习近平同志对推进反腐倡廉建设和反腐败斗争高度重视、态度坚决、意志顽强、措施有力，取得全党认可和人民群众赞誉的显著成绩。总之，我们党始终把党风廉政建设和反腐败斗争作为重要任务来抓，旗帜是鲜明的，措施是有力的，成效是明显的，为保持和发展党的先进性和纯洁性发挥了重大作用，为我们党领导社会主义现代化建设提供了有力保证。习近平同志指出：“如果我们党不是一以贯之高度重视党风廉政建设、坚决反对腐败，我国经济社会发展不可能取得这么大的成就，改革发展稳定大局也不可能得到巩固。”

习近平同志强调：“我们党员干部队伍的主流始终是好的。同时，我们也要清醒地看到，当前一些领域消极腐败现象仍然易发多发，一些重大违纪违法案件影响恶劣，反腐败斗争形势依然严峻，人民群众还有许多不满意的地方。党风廉政建设和反腐败斗争是一项长期的、复杂的、艰巨的任务，不可能毕其功于一役。”① “当前腐败现象多发，滋生腐败的土壤存在，党风廉政建设和反腐斗争形势依然严峻复杂，必须加大惩治腐败力度，更加科学有效地防治腐败。”② 权力导

① 《习近平关于党风廉政建设和反腐败斗争论述摘编》，中央文献出版社、中国方正出版社 2015 年版，第 13 页。

② 《习近平关于党风廉政建设和反腐败斗争论述摘编》，中央文献出版社、中国方正出版社 2015 年版，第 17 页。

致腐败，绝对的权力导致绝对的腐败。贿随权集，权因贿腐。一个长期执政的党，一个掌握权力的领导干部，要经受住各种消极腐败现象的考验、始终保持清正廉洁是很不容易的。当前，一些不正之风和腐败问题影响恶劣、亟待解决。比如，监管薄弱、权力集中、资金资源密集的领域和部门仍是违纪违法的“重灾区”，一把手腐败案件多发，一些案件涉案金额巨大、作案手段隐蔽，一些腐败案件与多种社会矛盾相互交织，一些基层部门和基层干部违纪违法案件增多，“小官巨贪”问题比较突出，等等。因此，反腐倡廉必须常抓不懈，拒腐防变必须警钟长鸣。

二、建设廉洁政治

建设廉洁政治是马克思主义政党的本质要求，是中国共产党一贯的政治追求。习近平同志指出：“党的十八大提出建设廉洁政治的重大任务，要求做到干部清正、政府清廉、政治清明。这‘三清’对党风廉政建设和反腐败斗争提出了更高的要求。”党的清正廉洁，实质上就是指党始终代表最广大人民的根本利益，自觉地在理论、路线、纲领、方针、政策和全部工作中实现、维护和发展最广大人民的根本利益、全局利益和长远利益。

建设廉洁政治，表明党对反腐倡廉建设提出更高的要求。建设廉洁政治是社会主义政治文明和民主政治的重要内容。社会主义政治文明是中国共产党领导的、以人民当家作主为核心内容、以依法治国为重要保障的现代政治文明，社会主义政治文明内含了廉洁政治的发展本质，社会主义民主政治体现了廉洁政治的价值追求。只有把廉洁政治建设好，才能更好地实现、维护、保障人民的民主权利和主人翁地位，为社会主义政治文明和民主政治提供不竭动力。建设廉洁政治既是加强党的建设的重要目标，也是加强政权建设的重要目标。只有进一步加强廉洁政治建设，才能不断实现我们党的自我净化、自我完善、自我革新、自我提高，才能巩固党的执政地位，维护党的政权根基，实现国家可持续发展和长治久安。

所谓廉洁政治，就是不以公权谋私利的政治，其核心是全心全意为人民服务，本质是为人民掌好权用好权、不以权谋私。习近平同志指出，《人民日报》2013 年 1 月 9 日“人民论坛”栏目发表了一篇文章，题目叫《让崇清成为一种风尚》，文中写道，清则心境高雅，清则正气充盈，清则百毒不侵，清则万众归心，从一个角度解释了干部清正、政府清廉、政治清明的喻义。具体来说，建设廉洁政治体现在三个方面：

做到干部清正，保证党员干部作风优良、廉洁从政。习近平同志指出：“干部廉洁自律的关键在于守住底线。只要能守住做人、处事、用权、交友的底线，就能守住党和人民交给自己的政治责任，守住自己的政治生命线，守住正确的人生价值观。所有领导干部都必须把反腐倡廉当作政治必修课来认真对待，决不能把权力变成牟取个人或少数人私利的工具，永葆共产党人政治本色。”① 干部清正是建设廉洁政治的基础。作为国家公职人员的干部，自身是否清正，直接影响政府清廉和政治清明。干部清正就是要求公职人员品行端正、公道正派、遵纪守法、廉洁奉公，始终坚持党的理想信念，牢固树立马克思主义权力观，正确行使人民赋予的权力，决不滥用权力，严格落实《中国共产党廉洁自律准则》。

做到政府清廉，促使党政机关廉洁自守、公共权力规范运行。政府清廉是建设廉洁政治的关键。政府廉洁对于保证干部清正、实现政治清明至关重要。清正廉洁是人民政府的本质属性，全心全意为人民服务是人民政府的唯一宗旨。政府清廉就是要求党和国家机关运行规范、公开透明、勤俭节约、务实高效，把清廉的要求与公共权力的行

---

① 《习近平关于党风廉政建设和反腐败斗争论述摘编》，中央文献出版社、中国方正出版社 2015 年版，第 139 页。

使有机结合起来，把服务的公正性和运行成本的低廉性结合起来，对干部严格教育、严格管理、严格监督，对滥用权力、以权谋私的干部严加惩治。依法保护、鼓励人民对政府的监督，切实把政府置于人民监督之下，使政府不能懈怠，更不敢腐败。

做到政治清明，促进政治文明充分发展，努力建设一个安定有序、明礼诚信、公平公正的政治环境。政治清明是建设廉洁政治的综合体现。政治清明表现为法纪严明、权力透明、决策英明、用人贤明、为政开明，以及风清气正的浓厚文化氛围，是一种社会良性互动与政治生态系统健康和谐的状态。要求国家和社会实现法治有序、公平正义、政通人和、弊绝风清，坚持依法治国，加强法治建设，自觉按照法律制度办事，按照为民务实清廉的要求，增进党同人民群众的感情，密切党同人民群众的血肉联系。干部清正、政府清廉、政治清明这三者是一个既相互联系又相互区别的有机整体，统一于建设廉洁政治的历史进程中。可以说，建设廉洁政治，就是通过坚持不懈地开展党风廉政建设和反腐败斗争，逐步遏制并消除腐败的过程，也就是逐步实现干部清正、政府清廉、政治清明的过程。

三、完善惩治和预防腐败体系

全面推进惩治和预防腐败体系是反腐倡廉工作的重点任务，是全党的重大政治任务和全社会的共同责任，在党风廉政建设和反腐败工作中处于基础性、全局性、战略性的重要地位。习近平同志强调指出："以完善惩治和预防腐败体系为重点加强反腐倡廉建设，更加科学有效地防治腐败，坚定不移把党风廉政建设和反腐败斗争引向深入。"建立健全惩治和预防腐败体系，是保持党的先进性和纯洁性的迫切需要。只有切实抓好党风廉政建设和反腐败工作，党才能始终得到最广大人民的拥护和支持，才能永葆先进性和纯洁性，才能不断提高执政能力和巩固执政地位，永远立于不败之地。加快推进惩治和预防腐败体系建设，集中体现了反腐倡廉理论创新、实践创新的重要成果，是贯彻落实反腐倡廉方针、从源头上防治腐败的根本举措。

习近平同志指出，建立健全惩治和预防腐败体系是国家战略和顶层设计。新世纪新阶段，我国改革和发展正处在关键时期，经济体制深刻变革，社会结构深刻变动，利益格局深刻调整，思想观念深刻变化，党风廉政建设和反腐败工作面临新的情况，遇到新的挑战。我们既要坚持改革创新发展，又必须有效预防腐败、严厉惩治腐败，使党风廉政建设和反腐败工作整体推进、健康发展。建立健全惩治和预防腐败体系，反映了我们党对反腐倡廉规律认识的不断深化和提高，对反腐倡廉工作的不断坚持和发展。建立健全惩治和预防腐败体系，必须坚持标本兼治、综合治理、惩防并举、注重预防的方针，正确处理坚决惩治腐败与有效预防腐败的关系，做到治标与治本、惩治与预防两手抓、两手都要硬，努力形成有效防治腐败的新的机制和制度，推进反腐倡廉工作的制度化、法制化，发挥法规制度的规范和保障作用。

习近平同志在十八届中央纪委二次全会上指出，要继续全面推进惩治和预防腐败体系建设。为此，中央2013年制定了《建立健全惩治和预防腐败体系2013—2017年工作规划》，这是开展党风廉政建设和反腐败工作的指导性文件，是党中央认真总结历史经验，在科学判断形势的基础上，为做好新形势下反腐倡廉工作作出的重大战略决策，是深入开展党风廉政建设和反腐败工作的必然要求。当前，要以落实五年规划为契机，加强顶层设计、科学谋划，统筹兼顾、整体推进，多管齐下、综合治理，增强反腐倡廉建设的系统性、整体性和协调性。突出反腐倡廉工作重点，增强反腐倡廉建设的针对性、操作性和实效性。具体工作中，要处理好四个关系：一是正确把握和处理中心工作与反腐倡廉的关系，始终把加强党风廉政建设和反腐败工作放在党和国家大局中来考虑和把握。二是正确把握和处理教育、制度、监督的关系，教育是基础、制度是保证、监督是关键，三者相互依存、相互配套、相互促进、缺一不可。通过严格教育，使干部不想腐败；通过健全制度，使干部不能腐败；通过强化监督、严肃惩治，使干部不敢腐败。三是正确把握和处理治标和治本、惩治和预防的关系，治标和治本、惩治和预防，是反腐倡廉工作相辅相成、互相促进的两个方面。坚持全面协调发展，不能顾此失彼，不能一强调治本，就不敢查案，也不能只顾查案，忘掉注重治本。只有抓好从严惩治，严肃查处腐败案件，才能有效遏制腐败现象的蔓延，才能为注重预防创造前提条件。只有抓好预防，从源头上不断铲除腐败滋生蔓延的土壤，才能巩固和发展反腐倡廉的成果，从根本上解决腐败问题。四是正确把握和处理查处与保护的关系，不断加大查处大案要案的力度，绝不让腐败分子逃脱党纪国法的制裁。对坚持改革、敢抓敢管、受到不公正的非议和责难的党员干部，要澄清事实，旗帜鲜明地给予支持。

总之，要坚持不懈把反腐倡廉作为一项长期性任务来抓，贯穿于全面深化改革全过程、贯穿于全面依法治国全过程、贯穿于全面建成小康社会全过程，把阶段性任务与战略性目标结合起来，有计划、有步骤地层层推进，持之以恒，步步为营，须臾不懈怠，一刻不放松，积小胜为大胜，不断压缩腐败活动的生存空间，不断铲除腐败现象滋生蔓延的土壤，以实际成效取信于民。下大气力把反腐倡廉作为一项经常性工作来抓，纳入各级党委和政府工作总体布局，与经济建设、政治建设、文化建设、社会建设以及生态文明建设和各项工作紧密结合，一起部署，一起落实，一起检查，一起考核，把反腐倡廉各项要求和责任落实到日常工作之中，不留空白，不留死角，不留漏洞。

第二节　坚持以零容忍态度惩治腐败

腐败现象如同侵入党和国家肌体的病毒，决不能掉以轻心，必须坚决反对腐败，防止党在长期执政条件下腐化变质。习近平同志强调，要依纪依法严惩腐败，着力解决群众反映强烈的突出问题；反腐败高压态势必须继续保持，坚持以零容忍态度惩治腐败。“要深入抓好反腐倡廉工作，坚持有案必查、有腐必惩，任何人触犯了党纪国法都要依纪依法严肃查处，决不姑息，党内决不允许腐败分子有藏身之地。”① “惩治腐败这一手必须紧抓不放、利剑高悬，坚持无禁区、全覆盖、零容忍。”② 这些重要论述，抓住了当前深入推进反腐倡廉建设的关键，充分表明了我们党惩治腐败的坚强决心和鲜明态度。什么是以零容忍态度惩治腐败？就是对腐败现象毫不忍受、毫不宽容，就是有腐必反、有贪必肃。对腐败分子，发现一个坚决查处一个；对腐败行为，发现一起坚决纠正一起；坚持“露头即打”，防止滋生蔓延。

一、坚持“老虎”“苍蝇”一起打

习近平同志强调指出：“我们要牢记‘蠹众而木折，隙大而墙坏’的道理，保持惩治腐败的高压态势，做到有案必查、有腐必惩。要严格依纪依法查处各类腐败案件，坚持‘老虎’、‘苍蝇’一起打，既坚决查处大案要案，严肃查办发生在领导机关和领导干部中的滥用职权、贪污贿赂、腐化堕落、失职渎职案件，又要着力解决发生在群众身边的腐败问题，严肃查处损害群众利益的各类案件，切实维护人民合法权益，努力做到干部清正、政府清廉、政治清明。”③ “我们说‘老虎’、‘苍蝇’一起打，有的群众说‘老虎’离得太远，但‘苍蝇’每天扑面。这就告诉我们，必须着力解决发生在群众身边的腐败

---

① 《习近平关于党风廉政建设和反腐败斗争论述摘编》，中央文献出版社、中国方正出版社 2015 年版，第 93 页。

② 习近平：《在第十八届中央纪律检查委员会第六次全体会议上的讲话》，《人民日报》2016 年 5 月 3 日。

③ 《习近平关于党风廉政建设和反腐败斗争论述摘编》，中央文献出版社、中国方正出版社 2015 年版，第 96 页。

问题，认真解决损害群众利益的各类问题，切实维护人民群众合法权益。”① 坚持“老虎”、“苍蝇”一起打，这是习近平同志关于反腐败斗争的重要核心思想，是针对新形势下反腐败斗争的新要求新情况提出来的，对于推进党风廉政建设和反腐败斗争具有重要指导作用。

做到零容忍，坚决惩治腐败现象，是马克思主义经典作家和中国共产党人的一贯态度。恩格斯1879年8月20日在致马克思的信中指出：“当各种腐朽分子和好虚荣的分子可以毫无阻碍地大出风头的时候，就该抛弃掩饰和调和的政策，只要有必要，即使发生争论和吵闹也不怕。一个政党宁愿容忍任何一个蠢货在党内肆意地作威作福，而不敢公开拒绝承认他，这样的党是没有前途的。”② 这说明恩格斯对于惩治腐败的态度是坚决的、要求是明确的。中国共产党始终要求坚决惩治腐败，对党风廉政建设和反腐败斗争旗帜是鲜明的，措施是有力的，成效也是明显的。毛泽东始终要求“务将一切贪污分子追出而后止”，“对于贪污腐化犯法乱纪情节严重的分子，必须一律予以惩办，不得姑宽”。③ 邓小平强调必须以从严治党的精神同党内各种错误倾向和腐败现象作坚持不懈的斗争，绝不能心慈手软。“对有严重问题的党员，开除党籍，开除公职，不就是整党吗？贪污分子，贪污数量很大的，就是坦白从宽，再宽大，党籍总要开除吧；如果在军队，军籍总要开除吧。再宽，也不能宽到连党籍、军籍也保留，甚至于还升一级吧。这说不过去嘛！党籍、军籍、公职都应该开除。”④ 江泽民强调坚决查处大案要案，决不手软。指出：“不论是谁，不论职务多高，该受什么处分就给什么处分，该重判的坚决重判，决不手

---

① 《习近平关于党风廉政建设和反腐败斗争论述摘编》，中央文献出版社、中国方正出版社2015年版，第99页。

② 《马克思恩格斯全集》第34卷，人民出版社1972年版，第90页。

③ 《建国以来毛泽东文稿》第3册，中央文献出版社1989年版，第157页。

④ 《邓小平文选》第2卷，人民出版社1994年版，第359页。

软。否则，腐败之风刹不住，也难以服众。案情重、影响大的典型案件，要把问题和教训讲透，教育大家提高认识，引以为戒。有的可以公之于众，形成强大声势，增强群众信心。”① 胡锦涛指出：“始终保持惩治腐败高压态势，坚决查处大案要案，着力解决发生在群众身边的腐败问题。不管涉及什么人，不论权力大小、职位高低，只要触犯党纪国法，都要严惩不贷。”这些重要论述，对于推进我们党反腐败斗争取得重要成效，保持党的先进性和纯洁性，起到重要推动作用。

坚定不移惩治腐败，是我们党有力量的表现，也是全党同志和广大群众的共同愿望。从严治党，惩治这一手决不能放松、不能手软，决不能网开一面、法外施恩，决不能任其泛滥、养痈遗患。习近平同志指出：“坚决查办案件，不是要和什么人过不去，而是要严肃法纪。如果是你先同党和人民过不去、同党纪国法过不去，而我们不讲原则让你过去了，党和人民、党纪国法是不会答应的。”② 党的十八大以来，中央在惩治腐败问题上态度坚决，坚持有腐必反、有贪必肃，“老虎”“苍蝇”一起打，对于触犯国家法律和党的纪律者，一查到底、绝不手软，决不姑息。坚持运用法治思维和法治方式反腐败，一批大案要案得以查处，形成了对腐败分子的高压态势。我们党严肃查处一些党员干部包括高级干部严重违纪问题的坚强决心和鲜明态度，向全党全社会表明，我们所说的不论什么人，不论其职务多高，只要触犯了党纪国法，都要受到严肃追究和严厉惩处，决不是一句空话。党风廉政建设和反腐败斗争取得的重大成果，推动了党风政风的转变，提振了全党同志的信心，树立了党的威信，赢得了人民群众的信任和拥护。事实证明，党纪国法面前没有例外，我们党言出必行、说

① 《江泽民文选》第2卷，人民出版社2006年版，第505页。

② 《习近平关于党风廉政建设和反腐败斗争论述摘编》，中央文献出版社、中国方正出版社2015年版，第96—97页。

到做到，以重拳反腐的实际行动，构筑起惩防腐败的“高压线”与“防火墙”。

以零容忍态度惩治腐败，坚决遏制腐败现象蔓延势头。习近平同志指出：“深入推进反腐败斗争，持续保持高压态势，做到零容忍的态度不变、猛药去疴的决心不减、刮骨疗毒的勇气不泄、严厉惩处的尺度不松，发现一起查处一起，发现多少查处多少，不定指标、上不封顶，凡腐必反，除恶务尽。”① 他还指出：“腐败现象蔓延势头尚未有效遏制。我们的目的就是遏制。现在矿产资源、土地出让、房地产开发、工程项目、惠民资金、科研经费管理等方面腐败问题频发。领导干部插手工程项目、亲属子女经商办企业问题突出。有的地方扶贫、涉农、医保、低保资金都敢贪敢挪，而且拿这些钱来行贿买官，群众的‘保命钱’成了干部的‘买官钱’，发达地区通过工程项目搞钱权交易，贫困地区贪扶贫救济的钱，恶行令人发指！查处惩戒力度还要加大。”② 反腐败斗争是一场持久战，绝不可有松口气的想法。坚持一个节点一个节点抓，咬紧一个问题一个问题破，在元旦、春节、五一、端午、中秋、国庆等节假日前，进行廉政提醒，促使干部遵守纪律规定，保持警惕、廉洁自律。坚持“四不”：不因恶小而“以观后效”，不因初犯而“下不为例”，不因位高而“保留情面”，不因面广而“法不责众”，让每一个干部牢记“手莫伸，伸手必被捉”的道理。进一步健全腐败问题揭露机制，充分运用手机短信与网络举报、反腐舆情搜索等新兴媒体收集反腐信息，完善巡视移交线索的受理和查办机制。

把追逃追赃工作纳入党风廉政建设和反腐败斗争总体部署，把反

---

①《习近平关于党风廉政建设和反腐败斗争论述摘编》，中央文献出版社、中国方正出版社 2015 年版，第 102—103 页。

②《习近平关于党风廉政建设和反腐败斗争论述摘编》，中央文献出版社、中国方正出版社 2015 年版，第 99 页。

腐败斗争引向深入。加强追逃追赃工作是向腐败分子发出断其后路的强烈信号，能够对腐败分子形成震慑，遏制腐败现象蔓延势头。习近平同志指出：“国际追逃工作要好好抓一抓，各有关部门要加大交涉力度，不能让外国成为一些腐败分子的‘避罪天堂’，腐败分子即使逃到天涯海角，也要把他们追回来绳之以法，五年、十年、二十年都要追，要切断腐败分子的后路。”① “要加强对国际规则和国际组织情况的研究，深入了解和掌握有关国家的相关法律和引渡、遣返规则。要及时了解和掌握国际反腐败最新动态，提高追逃追赃工作的针对性。”② “要加大国际追逃追赃力度，推动二十国集团、亚太经合组织、《联合国反腐败公约》等多边框架下的国际合作，实施重大专项行动，把惩治腐败的天罗地网撒向全球，让已经潜逃的无处藏身，让企图外逃的丢掉幻想。”随着反腐败力度不断加大，一些腐败分子把外逃作为后路，近期处理的这些案件，很多人都想这样，最后未遂，但都是有这个打算的。这就需要建立国际追逃追赃工作协调机制，以零容忍态度惩治腐败，组织开展追逃追赃专项行动，多管齐下，综合施策，形成追逃追赃工作的整体合力，不管腐败分子跑到天涯海角，也要把他们绳之以法，决不能让其躲进“避罪天堂”、逍遥法外。

习近平同志强调：“贪似火，无制则燎原；欲如水，不遏必滔天。一些人在腐败泥坑中越陷越深，一个重要原因是对其身上出现的一些违法违纪的小错，党组织提醒不够，批评教育不力，甚至睁一只眼闭一只眼。网开一面，法外施恩，就可能导致要么不暴露，要么就出大问题。所以，要抓早抓小，有病就马上治，发现问题就及时处理，不能养痈遗患。这是对干部的爱护。要让每一个干部牢记‘手莫伸，伸

---

① 《习近平关于党风廉政建设和反腐败斗争论述摘编》，中央文献出版社、中国方正出版社 2015 年版，第 98 页。

② 《习近平关于党风廉政建设和反腐败斗争论述摘编》，中央文献出版社、中国方正出版社 2015 年版，第 101 页。

手必被捉’的道理。孔子说：‘见善如不及，见不善如探汤。’意思是一见到善要觉得赶不上似地急切追求，见到不善就要像用手试沸水一样赶快躲开。领导干部要心存敬畏，不要心存侥幸。群众说，只有警钟长鸣，才能警笛不响。这些说的都是一个道理。”① 因此，要按照习近平同志的要求，坚持“老虎”“苍蝇”一起打，加大对违反中央八项规定精神问题的查处力度，坚持暗访、曝光、查处、追责多管齐下，以猛药去疴、重典治乱的决心，以刮骨疗毒、壮士断腕的勇气，把党风廉政建设和反腐败斗争进行到底。

二、坚决反对特权思想、特权现象

习近平同志非常重视反对特权，并多次作过重要论述。他在十八届中央纪委二次全会上强调指出：“反腐倡廉建设，还必须反对特权思想、特权现象。”② 他还强调：“我提出这个问题，是因为这个问题不仅是党风廉政建设的重要内容，而且是涉及党和国家能不能永葆生机活力的大问题。”③ 这些论断，是深刻总结反腐倡廉建设经验的科学结论，是中国特色社会主义制度建设的本质要求，指明了今后反腐倡廉建设的重要方向。对此，必须采取得力措施，坚决反对和克服特权思想、特权现象。

马克思主义经典作家一贯主张反对特权，《共产党宣言》中一个重要思想即无产阶级要消灭包括无产阶级自身在内的一切阶级及其特权，建立自由人的联合体。《反杜林论》中主张无产阶级不仅要消灭阶级特权，而且要消灭阶级本身。列宁则反对一切形式的特权，提出要“同一切特权作不调和的斗争”。永远把人民放在首位，决不允许有凌驾于党纪国法之上的特殊公民，以老一辈革命家为代表的

---

① 《习近平关于党风廉政建设和反腐败斗争论述摘编》，中央文献出版社、中国方正出版社 2015 年版，第 98 页。

② 《十八大以来重要文献选编》（上），中央文献出版社 2014 年版，第 136 页。

③ 《十八大以来重要文献选编》（上），中央文献出版社 2014 年版，第 137 页。

中国共产党人用自己的一生践行入党誓言，严以律己，克己奉公，赢得了人民的信任和爱戴，为党和国家奠定万古长青的基业。早在1927年，毛泽东同志在江西永新县领导的“三湾改编”，建立起士兵委员会的民主制度，实行官兵平等，经济公平，破除了旧军雇佣关系。当时，党员干部没有特权，秉持的革命理念是吃苦在前、享受在后，打仗要冲锋在前，做事要成为表率和模范。毛泽东同志在1942年曾指出，“共产党的唯一任务，就在团结全体人民，奋不顾身地向前战斗，推翻民族敌人，为民族与人民谋利益，绝无任何私利可言。”① 1958年毛泽东同志在党的八大二次会议上指出：“因为我们有些干部是老子天下第一，看不起人，靠资格吃饭，做了官，特别是做了大官，就不愿意以普通劳动者的姿态出现。这是一种很恶劣的现象。如果大多数干部能够以普通劳动者的姿态出现，那末这少数干部就会被孤立，就可以改变官僚主义的习气。”② 邓小平同志在《党和国家领导制度改革》讲话中指出：“当前，也还有一些干部，不把自己看作是人民的公仆，而把自己看作是人民的主人，搞特权，特殊化，引起群众的强烈不满，损害党的威信，如不坚决改正，势必使我们的干部队伍发生腐化。”③ 江泽民、胡锦涛同志等党的主要领导人也特别注意反对特权，经常提醒党的高级干部要记住手中掌握的权力是人民赋予的，只能用来为人民谋利益，而不能为自己、为小团体谋私利。

所谓腐败，最基本的含义就是以公共权力谋取私利的行为。透过形形色色的腐败现象可以发现，腐败的基本轨迹是掌握一定权力的人通过改变公共权力的作用方向和运行规则，使之成为不受约束的特

---

① 《毛泽东文集》第2卷，人民出版社1993年版，第395页。
② 《毛泽东文集》第7卷，人民出版社1999年版，第378页。
③ 《邓小平文选》第2卷，人民出版社1994年版，第332页。

权，谋取不正当的私利。也就是说，特权是腐败产生的重要根源和条件。我们党作为马克思主义政党，全心全意为人民服务是党的宗旨，也是我们党区别于其他政党的根本标志。党章规定：“除了法律和政策规定范围内的个人利益和工作职权以外，所有共产党员都不得谋求任何私利和特权。”党的十八大强调，各级领导干部决不允许搞特权。党的十八届三中全会《决定》指出：“防止领导干部利用公共权力或自身影响为亲属和其他特定关系人谋取私利，坚决反对特权思想和作风。”领导干部任何政治上、生活上的特殊化都是与党的基本性质和根本宗旨相违背的。在新的历史条件下，特权思想在一些干部中间蔓延扩散，特权行为在一些社会领域时有发生，引起群众不满。比如，有的领导干部居官位而自傲，自认为言论和行动不受党纪国法的约束；有的任人唯亲、排斥异己；有的开后门、拉关系；有的以权谋私、权钱交易；有的违规占有多套住房，违规占有公家车辆，以各种形式侵占公共利益和群众利益；有的明里暗里为子女亲属升官发财奔走，通过“萝卜招聘”“吃空饷”等方式搞权力世袭，等等。这些特权思想和特权现象的存在，对现实生活造成多方面的负面影响，其中最突出的，就是腐败现象的严重滋生和蔓延，严重损害党的形象，严重影响党的执政地位和执政基础巩固，必须坚决反对和克服。

面对种种特权现象，习近平同志强调指出：“如果升学、考公务员、办企业、上项目、晋级、买房子、找工作、演出、出国等各种机会都要靠关系、搞门道，有背景的就能得到更多照顾，没有背景的再有本事也没有机会，就会严重影响社会公平正义。这种情况如不纠正，能形成人才辈出、人尽其才的生动局面吗？这个社会还能有发展活力吗？我们党和国家还能生机勃勃向前发展吗？我们共产党人决不能搞封建社会那种‘封妻荫子’、‘一人得道，鸡犬升天’的腐败之道！群众是要戳脊梁骨的！”他还强调：“焦裕禄、杨善洲等同志的事迹之所以感人，群众之所以信服，很重要的一个原因就是他们绝对不搞任何特权，有的事甚至做到一般人看来都不近人情的地步，但就是这样过得硬的干部，在群众中才有口碑。”① 坚持反对特权思想、特权现象，首先要加强党纪国法和正确权力观教育，开展宗旨意识和群众路线教育，坚决破除特权思想。反特权的核心是管住权力，做好权力制约的文章，科学设置权力边界，合理优化权力结构，依法规范权力运行，确保决策权、执行权、监督权既相互制约又相互协调，确保党和国家机关按照法定权限和程序行使权力。严格执行关于反对特权的纪律要求和制度规定，督促领导干部既要严于律己，自觉遵守党内法规，又要加强对亲属和身边工作人员的教育和约束。对当前比较突出的特权现象进行治理，对严重违反党纪国法的特权行为，要从严惩处。严格执行党内各项监督制度，尤其是要坚持民主集中制，积极探索加强和改进监督工作的新途径新办法，坚决反对个人独断专行、凌驾于组织之上。完善党务政务事务等各项公开制度，进一步拓宽群众通过各种方式参与监督的渠道，让人民监督权力，让权力在阳光下更加透明规范地运行。

三、用好巡视这把反腐“利剑”

巡视是党章赋予的重要职责，是加强党的建设的重要举措，是从严治党、维护党纪的重要手段，是加强党内监督的重要形式。建立巡视制度，是加强党内监督的一项重大制度创新。习近平同志指出：“巡视工作要明确职责定位，巡视内容不要太宽泛，要围绕党风廉政建设和反腐败斗争这个中心进行。中央巡视工作领导小组要切实加强对巡视工作的领导。中央巡视组是中央直接派的，要当好‘钦差大臣’，善于发现问题，发挥震慑力。要增强对党负责的政治意识、发现问题的责任意识、敢于提出问题的党性意识，切实加强对党组织领

① 《十八大以来重要文献选编》（上），中央文献出版社2014年版，第137页。

导班子及其成员特别是主要负责人的监督。无论是谁，都在巡视监督的范围之内。”① 这对巡视工作的工作定位、工作职责、工作对象、工作要求都讲得非常明确，需要切实抓好贯彻落实。

巡视监督与其他党内监督方式相比，有着明显的特点和优势。一是巡视监督的对象是领导班子及其成员特别是主要负责人，能够较好地解决长期以来存在的对一把手监督不力的问题；二是巡视监督突出主动性和经常化，是动态监督；三是巡视监督从结果监督转向过程监督，做到关口前移；四是巡视监督具有时间相对集中、方式比较灵活、接触较为广泛、了解情况比较全面的优势。巡视工作要突出四个重点：一是围绕党风廉政建设和反腐败斗争，着力发现领导干部是否存在权钱交易、以权谋私、贪污贿赂、腐化堕落等违纪违法问题；二是在贯彻落实八项规定方面，着力发现是否存在形式主义、官僚主义、享乐主义和奢靡之风等问题，紧紧盯住，防止反弹；三是着力发现是否存在违反党的政治纪律问题；四是着力发现是否存在选人用人上的不正之风和腐败问题。巡视组要增强对党负责的政治意识、发现问题的责任意识、敢于提出问题的党性意识，切实加强对党组织领导班子及其成员特别是主要负责人的监督。

发挥巡视震慑作用和遏制作用。习近平同志指出：“唐代御史韦思谦早就讲过，‘不能动摇山岳，震慑州县，为不任职’。巡视就是要形成震慑。对发现的问题，包括党风廉政问题、‘四风’问题、干部问题，要把握节奏，分清轻重缓急，但都要纠正处置，件件都要有着落。”② 他还强调：“巡视组要当好中央的‘千里眼’，找出‘老虎’、‘苍蝇’，抓住违纪违法问题线索。要落实监督责任，敢于碰硬，真正

---

① 《习近平关于党风廉政建设和反腐败斗争论述摘编》，中央文献出版社、中国方正出版社2015年版，第107页。

② 《习近平关于党风廉政建设和反腐败斗争论述摘编》，中央文献出版社、中国方正出版社2015年版，第111页。

做到早发现、早报告，促进问题解决，遏制腐败现象蔓延的势头。”① 对领导班子和领导干部存在的问题要坚持抓早抓小，咬咬耳朵，扯扯袖子，该诫勉谈话的要严肃认真谈话，对领导干部身上苗头性问题要敲敲警钟。对巡视中发现的腐败问题，决不姑息，一查到底。对一些反映不实的，给予澄清、解脱，要保护干部。创新巡视形式，增强巡视的机动性和灵活性，落实全覆盖要求，形成更大震慑力。以问题为导向，派出“侦察兵”，哪里反映声音大、问题多，就派到哪里去侦察，就像公安系统的110、路面巡警制度，在创新机制上下功夫。加强“回头看”，巡视过的地区、部门、单位，不是一巡视了就完事，要出其不意，杀个“回马枪”，让心存侥幸的感到震慑常在。对巡视成果善加运用，更好发挥巡视在党内监督中的重要作用，巡视监督具有催化剂作用、强化作用，对制度框架是否有效运转、对一把手是否认真履责、对纪检机构是否有效工作，都能起到点睛作用。党的十八大以来，中央率先改进巡视工作，在深入推进常规巡视的基础上，开展了专项巡视，与常规巡视相比，专项巡视更加机动灵活，可以围绕一件事、一个人、一个下属单位、一个工程项目、一笔专项经费开展专项巡视，或针对已巡视过的地方和部门杀个“回马枪”，检查整改落实情况，哪里有问题就巡视哪里，谁问题突出就巡视谁，循着问题线索而去。专项巡视把巡视从程序、时间、对象等固化模式制约中解放出来，不拘泥于复杂的工作流程，突破对象类别、巡视批次、条块级别等的限制，出其不意，攻其不备，让心存侥幸者感到震慑常在。

深入推进省区市巡视工作。习近平同志指出：“党章规定中央和省区市两级开展巡视。党的十八大以来，中央率先改进巡视工作，发

① 《习近平关于党风廉政建设和反腐败斗争论述摘编》，中央文献出版社、中国方正出版社2015年版，第108页。

挥了示范作用，下一步要加强对省区市巡视工作的领导，层层传导压力，层层落实责任，发挥省级巡视的基础作用。抓早抓小，基础在下面，要上下联动，把问题化解在地市和县一级，有效防止‘带病提拔’。省区市党委必须坚决贯彻中央巡视方针，深化聚焦转型，做到横向全覆盖、纵向全链接、全国一盘棋，上下联动遏制腐败现象蔓延势头。”① 巡视工作涉及面广，政治性、政策性强，工作难度大，加强组织领导是搞好巡视工作的关键，中央要加强对省区市巡视工作的领导，不断提高巡视工作水平和成效，真正使巡视制度成为下情上达的“直通车”，反腐倡廉的“监督哨”，了解干部的“显微镜”，经济发展的“助推器”。目前，在中央有力领导下，“双剑”合璧发力，省区市巡视工作通过中央示范传导、检查传导、制度传导，逐步实现了遏制腐败上下联动、全覆盖上下联动、制度建设和执行上下联动。

四、筑牢拒腐防变的思想道德防线

“物必自腐，而后虫生。”大量事实证明，腐败行为的发生，首先是思想道德防线出了问题。党的十八大以来，我们党把加强反腐倡廉教育作为提高干部的思想素质、从思想上筑牢拒腐防变堤防的治本之策来抓，为深入推进党风廉政建设和反腐败斗争提供了有力的思想保证。习近平同志指出，加强反腐倡廉教育和廉政文化建设，督促领导干部坚定理想信念，保持共产党人的高尚品格和廉洁操守，提高拒腐防变能力，在全社会培育清正廉洁的价值理念，使清风正气得到弘扬。加强教育是反腐倡廉的基础性工作，是党员干部拒腐防变的思想保证。加强廉政文化建设，是大力营造崇尚廉洁的社会风尚的重要内容，是深入开展党风廉政建设和反腐败斗争的思想保障和文化支撑。

以领导干部为重点加强反腐倡廉教育，夯实廉洁从政思想基础。

---

① 《习近平关于党风廉政建设和反腐败斗争论述摘编》，中央文献出版社、中国方正出版社 2015 年版，第 116 页。

习近平同志强调指出："思想纯洁是马克思主义政党保持纯洁性的根本，道德高尚是领导干部做到清正廉洁的基础。我们强调坚持德才兼备、以德为先，就是说要把思想道德建设放在十分突出的位置。我们要坚持从教育抓起，教育引导广大党员、干部坚定理想信念、坚守共产党人精神家园，不断夯实党员干部廉洁从政的思想道德基础，筑牢拒腐防变的思想道德防线。"① 加强反腐倡廉教育，领导干部是重点。针对领导干部自身权力集中、岗位责任重、社会关注度高的特点，狠抓以理想信念教育和党性党风党纪教育为重点的廉洁从政教育，在建立拒腐防变教育长效机制上下功夫，切实把领导干部反腐倡廉教育抓实抓好。着力加强廉政和道德教育，提高领导干部道德修养。广泛开展示范教育和警示教育，引导党员干部勤廉从政。注重挖掘勤廉兼优典型，充分发挥先进典型的激励和示范教育作用，引导广大党员干部牢固树立"以人为本、执政为民"理念，切实做到讲党性、重品行、作表率。充分发挥查办案件的治本功能，深刻剖析典型案件的原因和教训。积极开展岗位廉政教育，切实增强防范腐败风险的能力。针对不同岗位、不同对象，认真查找岗位廉政风险点，努力探索适应不同层次、不同岗位干部教育的方式方法，切实做到因人因岗施教，提高反腐倡廉教育的针对性和实效性，切实增强风险防范意识和能力。深入挖掘各类博物馆、纪念馆（地）、革命旧址、历史文化名胜所蕴含的丰富廉政资源，建设一批反腐倡廉教育基地，开展革命传统教育和反腐倡廉教育，扩大教育的覆盖面和影响力。

深入推进廉政文化建设，形成廉荣贪耻的社会风尚。习近平同志指出："中国历史上形成和留下了大量这方面的思想遗产，虽然这里

---

① 《习近平关于党风廉政建设和反腐败斗争论述摘编》，中央文献出版社、中国方正出版社 2015 年版，第 141 页。

面有封建社会的糟粕，但很多观点至今仍然富有启发意义。比如，‘政者，正也。子帅以正，孰敢不正’，‘富贵不能淫，贫贱不能移，威武不能屈’，‘克勤于邦，克俭于家’，‘儆戒无虞，罔失法度。罔游于逸，罔淫于乐’，‘直而温，简而廉’，‘公生明，廉生威’，‘无教逸欲有邦，兢兢业业’，等等。对此，我们要坚持古为今用、推陈出新，使之成为新形势下加强反腐倡廉教育和廉政文化建设的重要资源。”① 他还强调，深入推进党风廉政建设和反腐败斗争，需要坚持发扬我们党在反腐倡廉建设长期实践中积累的成功经验，需要积极借鉴世界各国反腐倡廉的有益做法，也需要积极借鉴我国历史上反腐倡廉的宝贵遗产。研究我国反腐倡廉历史，了解我国古代廉政文化，考察我国历史上反腐倡廉的成败得失，可以给人以深刻启迪，有利于我们运用历史智慧推进反腐倡廉建设。廉政文化是社会主义先进文化的重要组成部分，是建设社会主义核心价值体系的重要内容，也是惩治和预防腐败体系建设的重要任务。大力培育和弘扬廉洁价值理念，树立领导干部秉公用权、廉洁从政的价值理念，打牢廉洁从政的思想政治基础。加强反腐倡廉舆论引导，增强全社会大力支持、有序参与反腐倡廉的责任意识。广泛开展廉政文化创建活动，结合群众性精神文明创建活动，突出先进思想和廉政文化内涵，强化道德教化功能，推动廉政文化进机关、社区、学校、农村、企业、家庭等社会各领域，引导广大干部群众在参与中自觉增强廉洁意识。加强各类基层廉政文化阵地建设，丰富群众精神文化生活。积极推动廉政文化产品的创作和传播。坚持弘扬时代主旋律，把廉政题材纳入文学艺术创作，舞台艺术生产，电影和电视剧制作，报刊、图书、音像电子与网络出版计划，着力打造一批思想性、艺术

① 《习近平关于党风廉政建设和反腐败斗争论述摘编》，中央文献出版社、中国方正出版社 2015 年版，第 139—140 页。

性和观赏性相统一，深受群众喜爱的优秀廉政文化作品。加大廉政文化传播力度，切实发挥大众传媒的作用，推动反腐倡廉网络文化建设，营造崇尚廉洁、抵制腐败的良好舆论环境。加强廉政文化理论研究，推动廉政文化建设理论创新，为廉政文化建设提供理论支持。

第三节　推进反腐败体制机制创新

全面深化改革，离不开高效廉洁的权力运行体系。党风廉政建设和反腐败斗争，也离不开改革的精神、创新的思想、发展的办法。党的十八届三中全会对加强反腐败体制机制创新和制度保障作出重要部署，列出了一系列“任务清单”。习近平同志在十八届中央纪委三次全会上指出：“以深化改革推进党风廉政建设和反腐败斗争”、“改革党的纪律检查体制，完善反腐败体制机制。”推进反腐败体制机制创新，对于加强党风廉政建设和反腐败斗争、提高党的建设科学化水平，对于完善和发展中国特色社会主义制度、推进国家治理体系和治理能力现代化，都具有十分重要的意义。

一、改革党的纪律检查体制

习近平同志强调指出：“抓好党风廉政建设和反腐败斗争，必须全党动手。各级党委对职责范围内的党风廉政建设负有全面领导责任，党委主要负责人是第一责任人。要坚持和完善反腐败领导体制和工作机制，发挥好纪检、监察、司法、审计等机关和部门的职能作用，共同推进党风廉政建设和反腐败斗争。”① 改革党的纪律检查体制，保证各级纪委监督权的相对独立性和权威性。按照党章规定，党的中央纪律检查委员会在党的中央委员会领导下进行工作，党的地方

---

① 《习近平关于党风廉政建设和反腐败斗争论述摘编》，中央文献出版社、中国方正出版社 2015 年版，第 56 页。

各级纪律检查委员会和基层纪律检查委员会在同级党的委员会和上级纪律检查委员会双重领导下进行工作。从总体上来看，这种双重领导体制自党的十二大以来发挥了积极作用，但随着时代的发展，也出现了一些不适应、不协调的问题，有些案件难以坚决查办，有的地方党委担心查办案件会损害形象、影响发展，心存顾虑，甚至包庇姑息腐败分子；有的地方纪委执纪执法偏宽偏软，奉行好人主义，该严厉惩处的没有严厉惩处，致使很多腐败分子逍遥法外；一些地方和部门腐败案件频发，却追究相关责任不够。监督机制不完善，上级监督存在“鞭长莫及”的问题，派驻机构覆盖面不够广；同级监督忌讳多，觉得“大家在一个锅里吃饭”，很难监督别人，这些年发生的一把手腐败问题，很少有同级纪委主动报告的；社会监督渠道少，受理的几率低，一些信息不够透明。这些体制机制上的问题很不正常，必须有所改变。解决这些问题，从根本上说，还得靠改革、靠制度。

习近平同志指出：“健全反腐败领导体制和工作机制，改革和完善各级反腐败协调小组职能，规定查办腐败案件以上级纪委领导为主；体现强化上级纪委对下级纪委的领导，规定线索处置和案件查办在向同级党委报告的同时必须向上级纪委报告。”① “推动党的纪律检查工作双重领导体制具体化、程序化、制度化，强化上级纪委对下级纪委的领导；明确规定查办腐败案件以上级纪律领导为主，各级纪委书记、副书记的提名和考察以上级纪委会同组织部门为主。”② 这既坚持了党对反腐败的领导，坚持了党管干部原则，又保证了纪委监督权的行使，有利于加大反腐败工作力度，有利于各级党的纪律检

---

① 《习近平关于党风廉政建设和反腐败斗争论述摘编》，中央文献出版社、中国方正出版社 2015 年版，第 57—58 页。

② 《习近平关于党风廉政建设和反腐败斗争论述摘编》，中央文献出版社、中国方正出版社 2015 年版，第 59—60 页。

查机关更好发挥党内监督专门机关的作用。各级党委要认真落实反腐败体制机制改革举措，自觉接受纪委监督，支持和保障纪委履行职责。这种体制机制改革既是党和人民对各级纪委的信任，更是纪委沉甸甸的政治责任。要支持纪检机关开展工作，关心爱护纪检干部，注意保护那些党性强、敢于坚持原则的同志，为他们开展工作创造条件。各级纪委要履行协助党委加强党风建设和组织协调反腐败工作的职责，坚持党委统一领导，更好发挥党内监督专门机关作用。进一步明确纪检监察工作职责定位，强化对监管者的监督。转职能、转方式、转作风，把不该牵头或参与的协调工作交还给主要责任部门，集中精力抓好党风廉政建设和反腐败工作。加强对同级党委特别是常委会成员的监督，更好发挥党内监督专门机关作用。加强和改进行政监察工作。各级纪检监察机关要加强自身建设，牢固树立进取意识、机遇意识、责任意识，坚守责任担当，做到正人先正己，以更高的标准、更严的纪律要求自己，强化基础工作，坚持和完善约谈制度，树立忠诚可靠、服务人民、刚正不阿、秉公执纪的良好形象。

习近平同志指出，“全面落实中央纪委向中央一级党和国家机关派驻纪检机构”①。长期以来，派驻机构发挥了重要作用。但就新形势、新任务、新要求而言，目前派驻机构在覆盖范围、职责定位、日常监督等方面还存在很多不适应的地方，不敢监督、不善监督的问题还不同程度地存在。中央和国家机关是党和国家治理体系的中枢，权力集中、地位重要，同样存在滋生不正之风和腐败现象的空间，更应该加强监督。过去中央纪委主要是向中央国家机关派驻纪检组，没有向党的工作部门派驻，也没有向人大机关、政协机关派驻。因此，要

---

① 《习近平关于党风廉政建设和反腐败斗争论述摘编》，中央文献出版社、中国方正出版社 2015 年版，第 58 页。

通过新设、调整等方式，实现中央一级党和国家机关派驻机构全覆盖。2014 年 12 月 11 日，中央审议通过《关于加强中央纪委派驻机构建设的意见》，将通过新设、调整等方式，实现中央一级党和国家机关派驻机构全覆盖。中央先后在中央办公厅、中央组织部、中央宣传部、中央统战部、全国人大机关、国务院办公厅、全国政协机关等对党和国家政治生活具有重要影响的 7 家中央和国家机关设立中央纪委派驻机构，派驻机构全覆盖迈出关键性步伐。派驻机构由中央纪委直接领导、统一管理，依据党章规定，围绕监督执纪问责，履行党的纪律检查职能，监督的重点对象是驻在部门领导班子及中管干部和司局级干部。同时，纪检组组长不分管驻在部门其他业务工作，监督责任和执纪能力进一步增强。

二、落实党委的主体责任和纪委的监督责任

党的十八大以来，以习近平同志为总书记的党中央高度重视党风廉政建设和反腐败工作，坚持党要管党、从严治党，不断强化党风廉政建设主体责任和监督责任，形成全党动手一起抓的局面。习近平同志指出："加强党对党风廉政建设和反腐败工作统一领导，明确党委负主体责任、纪委负监督责任，制定实施切实可行的责任追究制度。"[①] 党要管党、从严治党不是空洞的口号，坚持党要管党、从严治党是各级党组织的责任所系、使命所在，落实党风廉政建设主体责任和监督责任关键看行动、根本在担当。这两个责任不是并列关系，主体责任是前提，监督责任是保障，两者相互作用、互成一体。

反腐败体制机制改革，一个重要方面就是理清责任、落实责任。不讲责任，不追究责任，再好的制度也会成为"纸老虎""稻草

---

① 《习近平关于党风廉政建设和反腐败斗争论述摘编》，中央文献出版社、中国方正出版社 2015 年版，第 57 页。

人”。党委落实好主体责任直接关系到党风廉政建设成效。现在，有的党委和党委书记对主体责任认识不清、落实不力，有的没有把党风廉政建设当作分内之事，每年开个会、讲个话，或签责任书，做个表面文章。有的怕得罪人，对眼皮底下的“四风”和腐败问题，睁一只眼闭一只眼，得过且过，高高举起、轻轻落下。有的对下属单位党风廉政建设情况知之甚少、不管不问，甚至捂着盖着，搞歌舞升平，导致问题由小变大、由少变多，甚至成了区域性、系统性问题。有的在任用干部时当仁不让，而干部一出问题，就认为那是纪委的事情。用人管人是一枚硬币的两面，管“戴帽”也得管“摘帽”。也有极少数党员领导干部自己不正、存在瑕疵，说话就不硬，还敢管别人吗？这些问题的存在，必然导致对党要管党从严治党的任务、党风廉政建设主体责任认识不清，责任担当缺失。主体责任不落实必须从根上找问题，从落实责任入手，促使其切实履行好管党治党的职责。

俗话说：“火车跑得快，全靠车头带。”各级党委的主体责任是前提、是基础，只要党组织和领导真正负起责任，再难的工作也能抓好。责任的内容是具体的，不是抽象的。习近平同志指出：“党委的主体责任是什么？主要是加强领导，选好用好干部，防止出现选人用人上的不正之风和腐败问题；坚决纠正损害群众利益的行为；强化对权力运行的制约和监督，从源头上防治腐败；领导和支持执纪执法机关查处违纪违法问题；党委主要负责同志要管好班子，带好队伍，管好自己，当好廉洁从政表率。”① 主体责任是政治责任，是深入推进党风廉政建设的“牛鼻子”。党委要直接抓党风廉政建设和反腐败工作，党委书记是第一责任人。各级党委特别是主要负责同志必须树立

① 《习近平关于党风廉政建设和反腐败斗争论述摘编》，中央文献出版社、中国方正出版社 2015 年版，第 61 页。

不抓党风廉政建设就是严重失职的意识，常研究、常部署，抓领导、领导抓，抓具体、具体抓，种好自己的“责任田”，坚持党风廉政建设和反腐败重要工作亲自部署、重大问题亲自过问、重点环节亲自协调、重要案件亲自督办。党委成员对职责范围内的党风廉政建设负领导责任，加强对分管部门、分管领域党员干部的经常性教育管理，检查督促分管部门及负责人廉洁从政、改进作风、履行党风廉政建设职责情况，做到业务工作管到哪里，党风廉政建设就深入到哪里。

监督责任是党章赋予纪委的神圣职责。现在，有的纪检部门和纪检监察干部怕得罪人，对监督畏首畏尾，看到问题和没有看到一样，听到反映和没有听到一样，得过且过，监督缺位。有的乐于从事其他业务，党风廉政建设反成了副业，种了别人的田、荒了自己的地。有的纪委书记只想着与同级党委搞好关系，不主动向上级纪委汇报工作，甚至大事化小、小事化了。这背后反映的其实是不愿监督、不敢负责。还有的纪检监察干部总是强调客观，动不动就说级别太低、权威不够、牵制过多，工作面广人少，抓不过来，要求提高级别、增加编制，把应承担的监督责任推得一干二净，等等。这些都是不负责任的表现。因此，习近平同志强调：“各级纪委要履行好监督责任，既协助党委加强党风建设和组织协调反腐败工作，又督促检查相关部门落实惩治和预防腐败工作任务，经常进行检查监督，严肃查处腐败问题。”① 要抓住突出问题，强化监督执纪，在执行纪律上敢于较真，认真清理反映党员领导干部问题线索，提出处置意见，及时报告，坚决惩治腐败。加大对违反中央八项规定精神、违反党的纪律案件的查处力度，对典型案例深入剖析，举一反三。

有权就有责，权责要对等。习近平同志指出：“无论是党委还是

---

① 《习近平关于党风廉政建设和反腐败斗争论述摘编》，中央文献出版社、中国方正出版社 2015 年版，第 61—62 页。

纪委或其他相关职能部门，都要对承担的党风廉政建设责任进行签字背书，做到守土有责。出了问题，就要追究责任。决不允许出现底下问题成串、为官麻木不仁的现象！”[①] 落实“两个责任”，不仅要明确责任，更要强化责任追究。各级党委（党组）应落实好主体责任，不抓党风廉政建设是严重失职。各级纪委应履行好监督责任，更好发挥党内监督专门机关作用。健全责任分解、检查监督、倒查追究的完整链条，有错必究，有责必问。只有进一步明确责任、落实责任、追究责任，“两个责任”落实到位，党风廉政建设责任制不再是“纸老虎”“稻草人”，党风廉政建设和反腐败工作各项任务才能落到实处。

---

① 《习近平关于党风廉政建设和反腐败斗争论述摘编》，中央文献出版社、中国方正出版社 2015 年版，第 62 页。

第七章 严明党的纪律，维护党的团结统一

全面从严治党，要靠严明党的纪律保证。党的纪律是党的各级组织和全体党员必须遵守的行为规则，是维护党的团结统一、完成党的任务的保证。党的十八大以来，习近平同志就全面从严治党、严明党的纪律作出一系列重要论述，他在中央纪委二次全会上强调严明政治纪律，提出“严明党的纪律，首要的就是严明政治纪律”；在中央纪委三次全会上强调严明组织纪律，提出“严明党的组织纪律，增强组织纪律性”；在中央纪委五次全会上强调严明政治纪律和政治规矩，提出“加强纪律建设，把守纪律讲规矩摆在更加重要的位置”；在中央纪委六次全会上强调把纪律建设摆在更加突出位置，提出“坚持纪严于法、纪在法前……用纪律管住全体党员”。这些重要论述，丰富和发展了党的纪律建设理论，是新形势下从严管党治党的行动指南。

第一节 全面从严治党必须严明党的纪律

国有国法，家有家规，无规矩不成方圆。对一个执政党来说，有铁的纪律，才有党的团结统一，才有党风的清正廉洁。习近平同志强调指出：“党要管党、从严治党，靠什么管，凭什么治？就是要靠严明纪律。”“党面临的形势越复杂、肩负的任务越艰巨，就越要加强纪律建设，越要维护党的团结统一，确保全党统一意志、统一行动、步调一致前进。”

一、纪律严明是党的光荣传统和独特优势

习近平同志指出："我们党是靠革命理想和铁的纪律组织起来的马克思主义政党，纪律严明是我们党的光荣传统和独特优势。"90多年来，我们党栉风沐雨、历经坎坷，之所以能够从小到大、由弱变强，发展成为一个拥有8800多万名党员、440多万个基层党组织的世界第一大执政党，组织严密、纪律严明是一个必不可少的重要保证。

加强党的纪律是建设坚强有力马克思主义政党的必然要求。无产阶级及其政党在反对资产阶级争取自身和全人类解放的斗争中，极其重视纪律。马克思曾指出，必须绝对保持党的纪律，否则将一事无成。1859年，马克思在致恩格斯的信中指出，巴黎公社遭到灭亡，就是由于缺乏集中和权威。列宁也曾强调，"无产阶级实现无条件的集中和极严格的纪律，是战胜资产阶级的基本条件之一。"① 毛泽东深刻指出："加强纪律性，革命无不胜。""必须提高纪律性，坚决执行命令，执行政策，执行三大纪律八项注意，军民一致，军政一致，不允许任何破坏纪律的现象存在。"他在井冈山时期就亲自为工农红军制定了"三大纪律"：一是行动听指挥，二是不拿工人农民一点东西，三是打土豪要归公。其中第一条是管总的，既是政治纪律，又是军事纪律、组织纪律；后两条分别规定了群众工作纪律和经济工作纪律。后来发展成了"三大纪律八项注意"，并谱成歌曲，一直唱到现在。邓小平指出："我们这么大一个国家，怎样才能团结起来、组织起来呢？一靠理想，二靠纪律。组织起来就有力量。没有理想，没有纪律，就会像旧中国那样一盘散沙，那我们的革命怎么能够成功？我们的建设怎么能够成功？""没有纪律可不行啦。同心同德，一心一意，没有纪律不行。我们过去革命，就是靠纪律，而且是自觉地纪律。中

---

① 《列宁选集》第4卷，人民出版社1995年版，第135页。

国共产党成立后，最好的风气就是这个。”江泽民指出：“党的纪律极为重要，它的政治作用，就是维护党的团结统一，保持党的先进性和纯洁性，增强党的凝聚力和战斗力，保证党的纲领、路线和任务的实现。如果容许和听任党组织或党员无视组织纪律，为所欲为，那么我们党就不成其为马克思主义的党，就会丧失战斗力，甚至瓦解。”胡锦涛指出：“加强监督检查，严肃党的纪律特别是政治纪律，对违反纪律的行为必须认真处理，切实做到纪律面前人人平等、遵守纪律没有特权、执行纪律没有例外，形成全党上下步调一致、奋发进取的强大力量。”实践证明，严明的纪律是我们党的政治优势，是不断从胜利走向胜利的可靠保证。

党的纪律是维护党的团结统一、完成党的任务的重要保证。革命战争年代，我们党团结带领人民打败穷凶极恶的敌人、夺取中国革命胜利，靠的是铁的纪律保证。新的历史条件下，我们党要团结带领人民全面建成小康社会、基本实现现代化，同样要靠铁的纪律保证。习近平同志指出：“我们党有八千五百多万党员，在一个幅员辽阔、人口众多的发展中大国执政，如果不严明党的纪律，党的凝聚力和战斗力就会大大削弱，党的领导能力和执政能力就会大大削弱。”① 当前，随着全面深化改革的深入推进，我国经济体制深刻变革、社会结构深刻变动、利益格局深刻调整、思想观念深刻变化，各种矛盾和问题明显增多，党面临着严峻的执政考验、改革开放考验、市场经济考验、外部环境考验。这样的形势和环境对于党员干部严守党的纪律提出了新的更高的要求。但少数党员干部身上依然存在组织观念淡薄、纪律意识不强的问题，严重损害了党的团结和统一，妨碍党的路线方针政策的贯彻执行，削弱党的创造力、凝聚力、战斗力。对于这些不良倾向，必须高度重视，坚决纠正。

---

① 《十八大以来重要文献选编》（上），中央文献出版社2014年版，第131页。

二、把纪律和规矩挺在前面

2015 年 6 月 26 日，在中共中央政治局会议上，习近平同志指出，全面从严治党任务艰巨繁重，党要管党、从严治党，必须有坚强的制度作保证，首先是把党的纪律和规矩立起来、严起来，执行到位。党的性质和宗旨都决定了纪严于法、纪在法前，要把执纪和执法贯通起来，把党的纪律和规矩挺在前面，用纪律和规矩管住大多数，做到有规在先、抓早抓小，使全体党员、干部严格执行党规党纪，模范遵守国家法律法规。把纪律和规矩挺在法律前面，是习近平同志关于抓党的纪律建设的重要思想。纪律对政党来说是规范、约束成员的准绳。全面从严治党关键在治，要害在“严”，要真管真治、严管严治，必须有纪律有规矩、严纪律严规矩。

习近平同志指出：“新形势下加强党的建设，必须把党的十八大提出的关于党的建设的目标任务落到实处，把党要管党、从严治党落到实处。如果管党不力、治党不严，纪律松弛、组织涣散，正气上不来、邪气压不住，人民群众反映强烈的党内突出问题得不到及时有效解决，那么我们党迟早会出大问题。”① 党的十八大以来，我们党从改进作风入手，坚决反对“四风”，严明党的纪律，严厉惩治腐败，坚持无禁区、全覆盖、零容忍，捍卫了党的纪律的权威性。但也要看到，近些年来，纪律松弛的现象在党内较为普遍，违反党的纪律的现象在一些领域还相当严重，如果得不到及时有效的治理，势必严重危害党的肌体健康、危及党的执政地位。纪律上松一尺，党在群众中的形象就会退一丈，党的纪律就会沦为“稻草人”“纸老虎”，党组织就会成为一盘散沙，甚至沦为各取所需、自行其是的“私人俱乐部”。

---

① 《习近平关于党风廉政建设和反腐败斗争论述摘编》，中央文献出版社、中国方正出版社 2015 年版，第 34 页。

党规党纪严于国家法律。习近平同志指出："要完善党内法规制定体制机制，注重党内法规同国家法律的衔接和协调，构建以党章为根本、若干配套党内法规为支撑的党内法规制度体系，提高党内法规执行力。党章等党规对党员的要求比法律要求更高，党员不仅要严格遵守法律法规，而且要严格遵守党章等党规，对自己提出更高要求。"①"要把纪律建设摆在更加突出位置，坚持纪严于法、纪在法前，健全完善制度，深入开展纪律教育，狠抓执纪监督，养成纪律自觉，用纪律管住全体党员。"把纪律和规矩挺在前面，就是将纪律和规矩挺在法律之前，立起来、严起来，执行到位。党是肩负神圣使命的政治组织，党员是有着特殊政治职责的公民。国家法律是全体公民必须遵循的行为底线。党规党纪对党员的要求严于国家法律对普通公民的要求。申请加入中国共产党，面对党旗宣过誓，就成了组织的人，就意味着主动放弃一部分普通公民享有的权利和自由，就必须多尽一份义务，就要在政治上讲忠诚、组织上讲服从、行动上讲纪律。党的纪律检查机关必须把党规党纪作为党员干部不可逾越的"红线"，一分一毫都不能放松，发现违纪苗头就马上去管，在触犯法律之前及时扯扯袖子、咬咬耳朵，必要时大吼一声甚至猛击一掌，绝不能养痈遗患、放任自流。同时，必须把每一名党员、每一个党组织都纳入执纪监督范围，不能只盯着少数严重违纪违法的党员干部，使多数党员都处于视线之外。

三、坚持有纪必执、执纪必严、违纪必纠

党的纪律是铁的纪律，包括政治纪律、组织纪律、廉洁纪律、群众纪律、工作纪律和生活纪律等等。习近平同志指出："制定纪律就是要执行的。'不以规矩，不能成方圆'，'木受绳则直，金就砺则

---

①《习近平关于党风廉政建设和反腐败斗争论述摘编》，中央文献出版社、中国方正出版社2015年版，第49页。

利’，讲的就是这个道理。党的规矩，党组织和党员、干部必须遵照执行，不能搞特殊、有例外。各级党组织要敢抓敢管，使纪律真正成为带电的高压线。”① 他还强调：“执行组织纪律就要明确，哪些事能做、哪些事不能做，哪些事该这样做、哪些事该那样做，哪些事可以个人对组织或组织对个人、哪些事必须组织对组织，哪些事可以简化程序、哪些事只能按程序办，哪些事该发扬民主、哪些事该坚持集中，哪些事由自己决定、哪些事该请示报告，都要规定得明明白白。对违反民主集中制原则、拒不执行或擅自改变党组织作出的决定、个人或少数人决定重大事项的，对在党内搞非组织活动、破坏党的团结统一的，对不严格执行请示报告等组织制度的，对长期不参加党组织活动、不能履行党员义务的，必须及时批评教育；情节严重的，要给予组织处理或纪律处分。”② 纪律从来都是具有强制性的，不允许打折扣、搞变通、做选择。每一名党员、干部都应无条件地遵守党的纪律，即使个人意见正确、工作能力强、地位比较高、资格比较老，都不能作为不服从纪律的借口，必须按照党的纪律行事。

习近平同志指出：“遵守党的纪律是无条件的，要说到做到，有纪必执，有违必查，而不能合意的就执行，不合意的就不执行，不能把纪律作为一个软约束或是束之高阁的一纸空文。”③ “执行党的纪律不能有任何含糊，不能让党纪党规成为‘纸老虎’、‘稻草人’，造成‘破窗效应’。凡是违反党章和党的纪律特别是政治纪律、组织纪律、财经纪律的行为，都不能放过，更不能放纵。”④ 纪律面前人人平等，

---

① 《习近平关于党风廉政建设和反腐败斗争论述摘编》，中央文献出版社、中国方正出版社 2015 年版，第 41 页。

② 《习近平关于党风廉政建设和反腐败斗争论述摘编》，中央文献出版社、中国方正出版社 2015 年版，第 41—42 页。

③ 《十八大以来重要文献选编》（上），中央文献出版社 2014 年版，第 764 页。

④ 《习近平关于党风廉政建设和反腐败斗争论述摘编》，中央文献出版社、中国方正出版社 2015 年版，第 44 页。

遵守纪律没有特权，执行纪律没有例外。任何党员，不能因为是一个普通党员就放松对自己的纪律要求，更不能因为是一个位高权重的领导干部就拒绝接受纪律约束。只要是党员，在遵守党纪方面就是平等的、一致的。在遵守党纪上没有“特区”，也没有“敏感区”，更没有“禁区”。随着党员干部职务的升迁、权力的增大，其在遵守党的纪律方面更要主动自觉、真心诚意。领导干部要从自身做起，树立平等的纪律观念，以上率下，带动全体党员严格遵守党纪。

习近平同志指出：“抓纪律，就要敢于板起脸来批评。不要等犯了大错误才去批评，平常有问题就要及时批评。担心批评得罪人、会丢选票的心态在不少领导干部身上存在，有的不仅不敢批评、不愿批评，而且还经常以表扬代替批评。这些现象必须纠正。”① 他还强调：“各级党组织和领导干部要切实履行执纪职责，拒绝说情风、关系网、利益链，采取管用的措施提高组织管理的有效性，使违纪问题能及时发现、及时查处。这样既有利于防微杜渐，也有利于教育和挽救干部。有的地方和单位有了问题总想捂着盖着，甚至弄得保护错误的力量大过伸张正义的力量，这个问题要认真解决。查处违纪问题必须坚持有什么问题查清什么问题、发现什么问题查清什么问题，不能装聋作哑、避重就轻，不能大事化小、小事化了，任何人不得隐瞒、简化、变通。”② 维护党纪，查处是最有力的武器。谁违反了党纪，谁就要受到制裁，不允许任何违反党纪的人逍遥于党纪之外，也不允许任何人干扰党纪的正常执行。对各级党委和纪委来说，严明党的纪律没有退路，也不能有丝毫的松懈，认识绝不能含糊，决心绝不能动摇，力度绝不能减弱，必须持之以恒、义无反顾地抓下去。各级党组

---

① 《十八大以来重要文献选编》（上），中央文献出版社 2014 年版，第 771 页。

②《习近平关于党风廉政建设和反腐败斗争论述摘编》，中央文献出版社、中国方正出版社 2015 年版，第 49 页。

织要自觉担负起执行和维护党的纪律的政治责任，切实做到遵守纪律没有特权、执行纪律没有例外，对违反纪律的行为敢于亮剑。纪检机关要铁面执纪，坚守责任担当，敢于动真碰硬，讲原则不讲情面，加强对纪律执行情况的监督检查，坚决查处违反党纪的行为。

第二节 严明党的政治纪律和政治规矩

党的政治纪律和政治规矩，是指各个不同时期根据党的政治任务的要求，对各级党组织和党员的政治活动和政治行为的基本要求，是各级党组织和党员在政治生活中必须遵守的行为准则。习近平同志指出，在所有党的纪律和规矩中，第一位的是政治纪律和政治规矩。他还在党的十八届四中全会上强调，党员、干部特别是领导干部要严守党的政治纪律和政治规矩。

一、政治纪律是最重要最根本最关键的纪律

党的政治纪律是各级党组织和全体党员在政治方向、政治立场、政治言论、政治行为方面必须遵守的规矩，是维护党的团结统一的根本保证。习近平同志指出："严明党的纪律，首要的就是严明政治纪律。党的纪律是多方面的，但政治纪律是最重要、最根本、最关键的纪律，遵守党的政治纪律是遵守党的全部纪律的重要基础。"①

现代政党都是有政治纪律要求的，没有政治上的规矩不成其为政党。在西方国家，主要政党在政治方面也是有严格约束的，政党的重要干部必须拥护本党的政治主张、政策主张，包括本党的意识形态。纵观世界上的政党，几乎每个政党都对自己的党员有政治上的要求和约束。1903 年，英国工党就明确党议员要"严格避免"与其他党派一致行动等纪律要求；2000 年，法国社会党修改的新章程要求党员必

---

① 《十八大以来重要文献选编》（上），中央文献出版社 2014 年版，第 131—132 页。

须接受党的“原则声明”、章程和决定。特别是西方国家议会投票的时候，往往是政党壁垒分明，一个党要不就是都反对，要不就是都支持。对那些在政治上行动上与本党离心离德的党员，西方国家政党也是要执行纪律的，有的下次“不予提名”，有的给予“党内警告”，有的甚至给予开除处分。如果一个政党，不严明政治纪律，必然会分崩离析。在剖析苏共解体原因时，很多人都提出这样一个问题：苏共早年在有 20 万党员时能够夺取国家政权，在有 200 万党员时能够打败希特勒，在有 2000 万党员时却丢了政权、丢失了自己，这是为什么？一个重要的自身原因就是苏共党内纪律松弛，组织散沙一盘。

我们党从成立之日起就十分重视政治纪律，要求每个党员和每个要求入党的人都必须“承认党的纲领和章程”，拥护党的政治主张。1927 年党的五大通过的《对于组织问题议决案》中第一次明确地提出了“政治纪律”这个概念。议决案的第三条指出，党内纪律非常重要，但“宜重视政治纪律”。1975 年，针对当时遭到“四人帮”严重破坏的党内状况，邓小平重新提出了党的政治纪律问题。他说：“现在不只是组织纪律差，政治纪律也差。”党的十一届三中全会以后，为了保证十一届三中全会制定的路线、方针和政策的贯彻执行，坚持四项基本原则，党中央再次提出和强调执行党的政治纪律问题。1980 年 2 月党的十一届五中全会通过的《关于党内政治生活的若干准则》，第一部分就具体规定了党的政治纪律，强调：“坚持党的政治路线和思想路线，是党内政治生活准则中最根本的一条。”之后，十二大以来的党章都把保持全党在思想上政治上的高度一致，作为新时期加强党的建设的根本要求。党的十四大、十五大、十六大、十七大报告也都对全党政治上的统一作了强调。2012 年，党的十八大报告强调：“加强监督检查，严肃党的纪律特别是政治纪律，对违反纪律的行为必须认真处理，切实做到纪律面前人人平等、遵守纪律没有特权、执行纪律没有例外，形成全党上下步调一致、奋发进取的强大力量。”

我们党作为马克思主义政党，讲政治是突出的特点和优势。没有强有力的政治保证，党的团结统一就是一句空话。习近平同志指出，干部在政治上出问题，对党危害不亚于腐败问题，有的甚至比腐败问题更严重。在政治问题上，任何人同样不能越过红线，越过了就要严肃追究其政治责任。党的十八大以来，党中央多次强调，党员、干部特别是领导干部要严守政治纪律和政治规矩。当前，在遵守和维护政治纪律方面，绝大多数党组织和党员干部做得都很好。但是，也有少数党员干部政治纪律意识不强，在原则问题和大是大非面前立场摇摆，有的对涉及党的理论和路线方针政策等重大政治问题公开发表反对意见；有的对维护党的政治纪律重视不够，个别地方和部门对中央方针政策和重大决策部署阳奉阴违。有的党员干部想说什么说什么，想干什么干什么。有的还专门挑那些党已经明确规定的政治原则来说事，口无遮拦，毫无顾忌，以显示自己所谓的“能耐”，受到敌对势力追捧，他们不以为耻、反以为荣。这些问题在党内和社会上造成恶劣影响，给党的事业造成严重损害。作为党员干部，一定要牢记有些事情在政治上是绝不能做的，做了就要付出代价，谁都不能拿政治纪律和规矩当儿戏。

二、严守政治纪律和政治规矩

全面从严治党必须注重政治上的要求，特别是各级领导干部要时刻绷紧政治纪律这根弦，坚持党的领导不动摇，牢牢树立政治意识、大局意识、核心意识、看齐意识，增强政治警觉性和政治鉴别力。只有增强政治意识、大局意识、核心意识、看齐意识，自觉在思想上政治上行动上同以习近平同志为总书记的党中央保持高度一致，才能使我们党更加团结统一、坚强有力，始终成为中国特色社会主义事业的坚强领导核心。欲知平直，则必准绳；欲知方圆，则必规矩。讲规矩是对党员党性的重要考验。中国共产党是用革命理想和铁的纪律组织起来的马克思主义政党，组织严密、纪律严明是党的优良传统和政治优势，也是党的力量所在。全党必须讲政治，把政治纪律摆在首位，把纪律刻印在全体党员特别是党员领导干部的心上，消灭隐患，杜绝后患。

严守政治纪律和政治规矩，首先要保持对党绝对忠诚的政治品质。习近平同志强调："坚持对党绝对忠诚，必须把牢政治方向、严守政治纪律。"作为党员干部，必须坚定对马克思主义的信仰、对中国特色社会主义的信念，坚定学习习近平总书记系列重要讲话精神的政治自觉，坚定中国特色社会主义道路自信、理论自信、制度自信、文化自信。充分认识各自岗位的特殊重要性，着力增强政治意识和党性立场，对党绝对忠诚和高度信赖，做到热爱党、拥护党、永远跟党走。坚决防止信仰缺失，不信马列信鬼神、信风水，决不允许参加任何宗教组织，参与任何封建迷信活动。

严守党的政治纪律和规矩，最根本的是要严格遵守和维护党章。习近平同志指出："党章就是党的根本大法，是全党必须遵循的总规矩。"①"党内决不允许有不受党纪国法约束、甚至凌驾于党章和党组织之上的特殊党员。"② 党员、干部特别是各级领导干部要牢固树立党章意识，自觉用党章规范自己的一言一行，在任何情况下都要做到政治信仰不变、政治立场不移、政治方向不偏。不论担任何种职务、从事何种工作，都要牢记自己是一名在党旗下宣过誓的共产党员，时刻用入党誓词约束自己。坚持以党章为镜，对照党的纪律、群众期盼、先进典型，对照改进作风要求，在宗旨意识、工作作风、廉洁自律上查问题、找差距、明方向，自觉用党章规范自己的一言一行。对党章规定的党员义务、权利和领导干部基本条件要了然于胸，并作为必须遵守的根本行为规范，不断加强党性修养和党性锻炼，永葆共产

① 《习近平关于党风廉政建设和反腐败斗争论述摘编》，中央文献出版社、中国方正出版社 2015 年版，第 29 页。

② 《习近平关于党风廉政建设和反腐败斗争论述摘编》，中央文献出版社、中国方正出版社 2015 年版，第 33 页。

党人政治本色。

严守党的政治纪律和政治规矩，坚决同党中央保持高度一致、维护中央权威。习近平同志强调："遵守党的政治纪律，最核心的，就是坚持党的领导，坚持党的基本理论、基本路线、基本纲领、基本经验、基本要求，同党中央保持高度一致，自觉维护中央权威。同党中央保持一致不是一个空洞口号，而是一个重大政治原则。在指导思想和路线方针政策以及关系全局的重大原则问题上，全党必须在思想上政治上行动上同党中央保持高度一致。"① 判断一名党员、干部的政治纪律意识强不强，关键要看他能否自觉与党中央保持高度一致。讲政治纪律，首要的一条，就是要坚持党的基本理论和基本路线不动摇，在思想上、政治上同党中央保持高度一致，保证中央的政令畅通。党员、干部要坚持正确的原则，敢于同一切损害党和人民利益的思想和行为作坚决斗争，不允许散布违背党的理论和路线方针政策的意见，不允许公开发表违背中央决定的言论，不允许泄露党和国家秘密，不允许参与各种非法组织和非法活动，不允许制造、传播政治谣言及丑化党和国家形象的言论。这些都是不可逾越的红线，是党的政治纪律的基本要求，必须不折不扣地得到遵守。严肃党的政治纪律，要把反对地方和部门保护主义放在重要位置。党的各级组织和党员干部，必须坚决维护中央的权威，决不允许有令不行、有禁不止，搞"上有政策、下有对策"。共产党员在政治上要光明磊落，忠诚老实，言行一致，表里如一，反对当面一套、背后一套。因此，政治纪律和政治规矩这根弦不能松，在政治问题上，任何人同样不能越过红线，越过了就要严肃追究其政治责任。

严守党的政治纪律和政治规矩，必须大力营造清清爽爽的同志关

---

① 《习近平关于党风廉政建设和反腐败斗争论述摘编》，中央文献出版社、中国方正出版社 2015 年版，第 31 页。

系。习近平同志指出："党内上下关系、人际关系、工作氛围都要突出团结和谐、纯洁健康、弘扬正气，不允许搞团团伙伙、帮帮派派，不允许搞利益集团、进行利益交换。"① 对此，作为党员干部，应坚持五湖四海、开放包容，团结一切忠于党的同志，团结大多数，决不允许以人划线，不得搞团团伙伙、拉帮结派，不得搞任何形式的派别活动；决不允许在党内培植私人势力，把上下级关系变成人身依附关系。坚持相互理解、相互支持，坚决反对相互掣肘、彼此拆台，甚至背后"捣鬼"；坚决反对争功诿过，见名利就上、见困难就躲的行为。坚持自觉维护班子团结，使党内上下关系、人际关系、工作氛围团结和谐、纯洁健康。

习近平同志指出："讲规矩是对党员、干部党性的重要考验，是对党员、干部对党忠诚度的重要检验。"经过长期实践，我们党形成了系统的规矩，包括其一，党章是全党必须遵循的总章程，也是总规矩。其二，党的纪律是刚性约束，政治纪律更是全党在政治方向、政治立场、政治言论、政治行动方面必须遵守的刚性约束。其三，国家法律是党员、干部必须遵守的规矩，法律是党领导人民制定的，全党必须模范执行。其四，党在长期实践中形成的优良传统和工作惯例也是重要的党内规矩。这些都是党的各级组织和全体党员必须遵守的行为规范和规则。对此，严守党的政治纪律和政治规矩，各级党组织还应把严守纪律、严明规矩放到重要位置来抓，努力在全党营造守纪律、讲规矩的氛围。各级领导干部特别是高级干部要牢固树立纪律和规矩意识，在守纪律、讲规矩上作表率。同时，习近平同志在十八届中央纪委五次全会提出的"五个必须"，即"遵守政治纪律和政治规矩，必须维护党中央权威，在任何时候任何情况下都必须在思

---

① 习近平：《在党的群众路线教育实践活动总结大会上的讲话》，《人民日报》2014年10月9日。

想上政治上行动上同党中央保持高度一致；必须维护党的团结，坚持五湖四海，团结一切忠实于党的同志；必须遵循组织程序，重大问题该请示的请示，该汇报的汇报，不允许超越权限办事；必须服从组织决定，决不允许搞非组织活动，不得违背组织决定；必须管好亲属和身边工作人员，不得默许他们利用特殊身份谋取非法利益。”这“五个必须”，是党员干部严守党的政治纪律和政治规矩的重点，一定要牢记，不能逾越和突破，对不守纪律不讲规矩的行为要严肃处理。

第三节 严明党的组织纪律，增强组织纪律性

党的组织纪律，指党的组织和党员必须遵守的维护党在组织上团结统一的行为准则和规范，是处理党组织之间和党组织与党员之间关系的纪律，是增强组织纪律性的重要保证。习近平同志指出，如何在新形势下加强全党的组织纪律性，是需要我们认真思考和回答的重大课题；要好好抓一抓组织纪律，加强全党的组织纪律性。

一、党的力量来自组织，组织能使力量倍增

党的组织纪律是维护党的集中统一，保持党的战斗力的基本条件。习近平同志指出：“党的力量来自组织，组织能使力量倍增。我们党是按照马克思主义建党原则建立起来的政党，我们党以民主集中制为根本组织制度和领导制度，组织严密是党的光荣传统和独特优势。九十多年来，我们党栉风沐雨、历经坎坷，不断从胜利走向胜利，发展成为世界第一大执政党，组织严密是重要保证。”① 列宁曾指出：“无产阶级在争取政权的斗争中，除了组织而外，没有别的武器。”共产党是无产阶级的有组织的部队，严格的组织纪律约束，维护了党的力量和权威，保证了党的坚强战斗力，保证了党的路线的贯

① 《十八大以来重要文献选编》（上），中央文献出版社 2014 年版，第 765 页。

彻执行，保证了党的先进性。

从党的历史上看，每当党的中心任务、活动方式和所处的社会环境发生重大变化时，党的组织纪律是全党在行动上高度一致，顺利实现历史转变的重要保证。中国共产党从成立之日起，就注重加强党的组织纪律建设。在党成立时通过的第一个纲领就明确规定：“凡承认本党党纲和政策，并愿成为忠实党员的人……在加入我们队伍以前，必须与企图反对本党纲领的党派和集团断绝一切联系。”1938 年，党的六届六中全会特别重申了党的组织纪律，要求必须坚持个人服从组织，少数服从多数，下级服从上级，全党服从中央的民主集中制。1941 年中共中央在《关于增强党性的决定》中再一次强调，要在全党加强纪律教育，因为统一的纪律，是革命胜利的必要条件。要严格遵守个人服从组织，少数服从多数，下级服从上级，全党服从中央的原则。无论是普通党员和干部党员都是如此。1951 年，党中央先后决定开展整党和“三反运动”，进一步提高了党员素质，纯洁了党的组织。1980 年，党的十一届五中全会通过《关于党内政治生活的若干准则》。党的十二大以来的党章对于党的组织纪律都作出了明确的规定和要求。这些要求为保证党的中心任务的完成、推动伟大事业和伟大工程的顺利前进提供了坚强的组织保障。

习近平同志强调：“组织纪律、财经纪律过去都是不敢碰的高压线，现在这两条纪律在一些地方和部门成了最松弛的低压线。犯个组织纪律、财经纪律算什么？打个哈哈就过去了！一到节假日甚至不是节假日，有些人就到处跑，还带着一大家子，吃好的，住好的，玩好的，大江南北，长城内外，哪儿好就往哪儿去。不少是公款消费，财政成了他们家的钱包，财政局长成了他们家的管账先生。社保基金、扶贫资金、惠民资金等关系千家万户切身利益，历来贪污挪用这种钱要罪加一等，也有人敢下手。要加强对各项资金使用情况的管理和监督，加强审计工作特别是对重大领域、重大项目、重要资金的审计监督，防止贪污、挪用、截留等问题发生。”① 党的组织纪律一贯执行较好，但随着新形势新任务的发展，特别是改革开放和发展社会主义市场经济，改变了原有的资源配置方式和组织管理模式，越来越多的单位人变成社会人，各种复杂的人际关系和利益关系对党内生活带来不可低估的影响，引发了种种问题，组织观念薄弱、组织软弱涣散就是其中一个需要严肃对待的问题。比如，有的个人主义、自由主义严重，目无组织纪律，跟组织讨价还价，不服从组织安排；有的党组织和领导干部在处理一些应该由中央和上级组织统一决定的重要问题时，事前不请示、事后不报告，搞先斩后奏、边斩边奏，甚至斩而不奏；有的变着法儿把一件完整的需要汇报的大事情分解成一件一件可以不汇报的小事项，让组织程序空转；有的只对领导个人负责而不对组织负责，把上下级关系搞成人身依附关系；有的办事不靠组织而靠熟人、靠关系，形形色色的关系网越织越密，方方面面的潜规则越用越灵。一些领导干部摆不正个人与组织的关系，组织的决定对自己有利就执行，无利就置之不理；有的给别人讲道理“顶呱呱”，自己遇到问题却“静悄悄”；有的自律意识不强，对上级明令禁止的事情，心存侥幸，明知故犯；有的泄露党的秘密，不该说的乱说，不该捅的乱捅。一些地方和部门在干部选任上任人唯亲，拉关系、徇私情、打招呼，搞团团伙伙、搞小圈子，任用干部主要领导说了算或少数人说了算，有时还存在临时动议现象，等等。要解决这些问题，就必须使组织观念、组织程序、组织纪律都严起来，切实加强全党的组织纪律性。

二、严守组织纪律，坚决听从指挥

加强组织纪律性必须增强党性。组织纪律性是党性修养的重要内容，党性强组织纪律性就强。党性说到底就是立场问题，共产党人无

① 《习近平关于党风廉政建设和反腐败斗争论述摘编》，中央文献出版社、中国方正出版社 2015 年版，第 42—43 页。

论是想问题、搞研究，还是作决策、办事情，都必须站在党和人民立场上，而不能把个人利益放在第一位。这就是共产党人的党性原则。习近平同志强调指出："全党同志要强化党的意识，牢记自己的第一身份是共产党员，第一职责是为党工作，做到忠诚于组织，任何时候都与党同心同德。"强化党的意识，就是要切实增强对党的认同感、归属感、责任感，真正做到在党爱党、在党为党、在党忧党、在党言党。强化组织意识，时刻想到自己是党的人，是组织的一员，相信组织、依靠组织，自觉接受组织安排和纪律约束，坚决做到党员个人服从党的组织，少数服从多数，下级组织服从上级组织，全党各个组织和全体党员服从党的全国代表大会和中央委员会。

加强组织纪律性必须落实组织制度。长期以来，我们党形成了许多好的组织制度，但现在一些制度没有得到很好的落实，成为"稻草人"和摆设，损害了组织纪律的严肃性。习近平同志强调："执行组织纪律就要明确，哪些事能做、哪些事不能做，哪些事该这样做、哪些事该那样做，哪些事可以个人对组织或组织对个人、哪些事必须组织对组织，哪些事可以简化程序、哪些事只能按程序办，哪些事该发扬民主、哪些事该坚持集中，哪些事由自己决定、哪些事该请示报告，都要规定得明明白白。"① "要切实执行组织纪律，不能搞特殊、有例外，各级党组织要敢抓敢管，使纪律真正成为带电的高压线。"落实组织制度，应重点落实以下几种。

一是坚决执行民主集中制，做到一切重大问题，坚持集体领导、民主集中、个别酝酿、会议决定的原则，由集体讨论决定。坚决防止个别酝酿变成私下授意、会议讨论变成简单通过、集体决定变成主要负责同志定调，坚决反对搞家长制、"一言堂"。应由集体研究决定的事项，不得以个人或少数人、领导圈阅决定等方式作出决定。坚持集

---

① 《十八大以来重要文献选编》(上)，中央文献出版社2014年版，第770页。

体领导和个人分工负责相结合，做到事事有人管、人人有专责。

二是坚决服从组织决定、听从指挥。自觉强化组织意识，做到不该知道的不要打听，不该看的不要索取，不该说的不要传播，不该干的不要干，始终相信组织、依靠组织、服从组织。正确处理个人和组织的关系，对组织决定的事项、安排的工作必须无条件服从，坚决执行。不得拿“功劳”当“资本”，跟组织讨价还价；不得在组织作出决定后发牢骚、闹情绪、撂挑子、唱反调；不得违背组织决定，以任何借口拖延、阻挠组织决定的执行，甚至欺骗组织、对抗组织。

三是严格请示报告制度。习近平同志指出：“当前，在请示报告制度方面存在不少问题。有的干部目无组织，干了什么、人跑到哪里去了，组织上都不知道，泥牛入海无消息。有事要找他，众里寻他千百度，颇费周折。孔子说‘游必有方’，我们的领导干部特别是高级干部要是连这一条都做不到，那就成问题了。对不请示报告的干部，党组织要格外注意，可能就是要出问题的前兆。有的领导干部不知哪来的神通，办了好几个身份证，违规办了因私护照甚至持有外国绿卡，有的有几本港澳通行证，有的把老婆孩子都送到国外去了，根本没给组织上说一声，没把组织当回事！这些都要查，查出来就要处理，不搞下不为例。领导干部独来独往、天马行空，迟早会出问题。”① 党员干部应牢固树立组织纪律观念，严格按照组织原则、职责权限和工作程序办事，重要事项该请示的要请示、该报告的要报告，不得超越权限办事，不得先斩后奏，不得我行我素。

四是严格党内组织生活制度。坚持党内同志一律平等，坚持言行一致、表里如一、敢讲真话，坚决反对看领导眼色说话办事，拿原则作交易。党内组织生活必须主题鲜明、具有教育意义，坚决反对把党

---

① 习近平关于党风廉政建设和反腐败斗争论述摘编》，中央文献出版社、中国方正出版社 2015 年版，第 39 页。

内组织生活混同一般工作会议，等同于群众性活动。每个党员应自觉参加“三会一课”，坚决反对领导干部以特殊党员自居，不参加双重组织生活、不接受组织监督和制度约束。本着对自己、对同志、对班子、对党高度负责的态度，以整风精神开展批评和自我批评，坚决反对相互吹捧、评功摆好、“一团和气”。

五是严格执行个人事项报告制度。坚持忠诚老实，对组织不说假话。按照要求报告婚姻、收入、房产、投资、子女就业等事项，涉及个人身体健康等方面的其他重大变化也要及时报告。坚持“凡提必查”，对拟提拔为副处级以上干部人选，一律进行核查核实。对有意瞒报的，一律不得提拔任用。

六是严格遵守干部选拔任用制度。习近平同志强调：“要严明组织人事纪律，对违反组织人事纪律的坚决不放过，对跑官要官、买官卖官的决不姑息，发现一起，查处一起。”① 坚持好干部标准和“三严三实”要求，树立重品行、重实干、重公认的导向，大力选拔信念坚定、政治可靠、埋头苦干、甘于奉献、品德高尚、清正廉洁的干部。严格遵守干部选拔任用的标准、程序和规定，严格干部人事纪律，从严从实选干部配班子，着力营造风清气正的选人用人环境。坚持干部能上能下，坚决调整不称职、不胜任的干部。严禁党员干部违反有关规定在经济实体、社会团体等单位中兼职。

加强组织纪律性必须加强组织管理。习近平同志在十八届中央纪委三次全会上强调：“要切实加强组织管理，引导党员、干部正确对待组织的问题，言行一致、表里如一，讲真话，讲实话，讲心里话，接受党组织教育和监督。”他还指出：“党委是起领导核心作用的，各方面都应该自觉向党委报告重大工作和重大情况，在党委统一领导下

① 《习近平关于党风廉政建设和反腐败斗争论述摘编》，中央文献出版社、中国方正出版社2015年版，第35页。

尽心尽力做好自身职责范围内的工作。报告一下有好处，集思广益，群策群力，事情能办得更好。”① 党的各级组织及主要负责人要坚持原则，敢抓敢管，动真碰硬，敢于板起脸来开展批评，努力在全党形成敢于批评、善于批评的氛围，不断增强党内生活的政治性、原则性、战斗性。党员领导干部特别是主要负责同志不能把个人意见强加给集体、强加给组织，不能用个人决定代替组织决定。任何时候任何情况下，都要自觉防止个人凌驾于组织之上。党员、干部要正确处理个人与组织的关系，对党组织要忠诚老实，敢于坚持真理，不要见风使舵，不能学“逢人且说三分话，未可全抛一片心”那一套市侩哲学！对党组织要说实话、道实情。党内应该平等相待，决不能搞人身依附关系，决不能搞小山头、小圈子、小团伙。同时，还要在全党进一步强化组织观念、程序观念。习近平同志指出：“对违反民主集中制原则、拒不执行或擅自改变党组织作出的决定、个人或少数人决定重大事项的，对在党内搞非组织活动、破坏党的团结统一的，对不严格执行请示报告等组织制度的，对长期不参加党组织活动、不能履行党员义务的，必须及时批评教育；情节严重的，要给予组织处理或纪律处分。”②

---

① 《十八大以来重要文献选编》（上），中央文献出版社 2014 年版，第 772 页。

② 《十八大以来重要文献选编》（上），中央文献出版社 2014 年版，第 770—771 页。

第八章　坚持制度治党，提高管党治党科学水平

依靠法规制度从严治党，是最可靠、最有效、最持久的治党方式。制度作为稳定性、普遍性、强制性的行为规矩，在有效管权管事管人，有效防止坏人任意横行，有效保护好人充分做好事方面，发挥着不可替代的重要作用。党的十八大以来，习近平同志在深刻把握党的建设的规律基础上，提出制度治党的重大命题，具有重大而深远的历史意义，是马克思主义政党建设理论的重大创新。党的十八届四中全会《决定》强调“依据党规党纪管党治党”。坚持制度治党、依规治党，形成制度治党新局面，实质是用法治思维和法治方式管党治党，是我们党管党治党总思路的新飞跃。

第一节　制度治党是管党治党最有效的方式

制度建设是党的建设的重要组成部分，对于提高党的执政能力，规范党的执政行为，保持和发展党的先进性和纯洁性，都具有重要意义。党的十八大以来，习近平同志高度重视党的制度建设，着眼管党治党、执政治国的战略，对新形势下构建党内法规制度体系、全面提高党的建设科学化水平提出明确要求、作出重要部署。他反复指出，制度不在多，而在精，在于务实管用，突出针对性和指导性，如果空洞乏力，起不到应有的作用，再多的制度也会流于形式。

一、制度治党依规治党是全面从严治党的重要保障

党的制度就是把长期以来党的领导工作中和党内生活中的经验教训加以总结和概括，形成党的成员必须共同遵守的党内法规、条例、规则等党的制度，并狠抓贯彻落实。制度建设带有根本性、全局性、稳定性和长期性，是巩固思想、组织、作风、反腐倡廉等各方面建设成果的保证。习近平同志高度重视制度治党、依规治党。他反复强调，要把党内法规建设作为事关党长期执政和国家长治久安的重大战略任务，摆到更加突出位置，切实抓紧抓好。他还指出：“小智治事，中智治人，大智立法。治理一个国家、一个社会，关键是要立规矩、讲规矩、守规矩。”① 习近平同志关于制度治党、依规治党的思想和理论，是对我们党关于法规制度建设理论的新发展。

党中央历来高度重视党的制度建设。早在1922年，党的二大通过的《中国共产党章程》，就明确规定关于党员、组织、会议、纪律等各方面的规章制度。1927年，毛泽东领导著名的三湾改编，确立“将党的支部建在连上”的制度。1938年，毛泽东在党的六届六中全会上指出，为使党内关系走上正轨，“须制定一种较详细的党内法规，以统一各级领导机关的行动”，第一次提出“党内法规”这一重要概念。1945年党的七大党章明确规定：“党内民主的集中制，照党章规定，即是在民主基础上的集中和在集中指导下的民主。”“党内的秩序，是由个人服从组织，少数服从多数，下级服从上级，全党各个部分组织统一服从中央的原则来建立的。”② 1948年1月，中央作出《关于建立报告制度》的规定，同年9月，中央又作出《关于健全党委制》的决定。新中国成立以后，以毛泽东同志为核心的党的第一代

---

① 《习近平关于党风廉政建设和反腐败斗争论述摘编》，中央文献出版社、中国方正出版社2015年版，第132页。

② 《刘少奇选集》上卷，人民出版社1981年版，第359页。

中央领导集体，总结和继承民主革命时期党的制度建设的经验和传统，对执政党的制度建设科学化进行了积极的探索和实践。毛泽东创造性地提出实现民主集中制的目标。他指出："造成一个又有集中又有民主，又有纪律又有自由，又有统一意志又有个人心情舒畅、生动活泼，那样一种政治局面，以利于社会主义革命和社会主义建设。"① 还明确提出建立党代表常任制，初步建立党内监督制度。

党的十一届三中全会以后，以邓小平同志为核心的党的第二代中央领导集体，在深刻反思和总结"文化大革命"的原因和教训的基础上，指出："国要有国法，党要有党规党法。党章是最根本的党规党法。没有党规党法，国法就很难保障。""我们过去发生的各种错误，固然与某些领导人的思想、作风有关，但是组织制度、工作制度方面的问题更重要。这些方面的制度好可以使坏人无法任意横行，制度不好可以使好人无法充分做好事，甚至会走向反面。""领导制度、组织制度问题更带有根本性、全局性、稳定性和长期性。这种制度问题，关系到党和国家是否改变颜色，必须引起全党的高度重视。"② 党的十二大通过的新党章，对党的民主集中制和党的干部制度等作了一系列新的规定。以江泽民同志为核心的党的第三代中央领导集体，形成了以"三个代表"重要思想为核心的党的建设理论，提出了把制度建设贯穿于党的思想、组织、作风建设之中的重要思想，明确了党的制度建设应包括强化党章约束、健全党的制度体系、完善民主集中制、深化干部制度建设改革等理论内容。江泽民指出，"各级党组织和每个党员都要严格按照党的章程和党内法规行事，严格遵守党的纪律"。进入新世纪，随着党的建设新的伟大工程深入推进，胡锦涛明确指出："要适应新形势新任务的要求，加强以党章核心的党内法规制度体系建

① 《建国以来毛泽东文稿》第6册，中央文献出版社1992年版，第543页。

② 《邓小平文选》第2卷，人民出版社1994年版，第147页、第333页。

设”，第一次提出建设党内法规体系这一重大任务。党的十六大以来，党的制度建设不断推进，党中央提出了提高党的建设科学化水平的伟大命题，颁布出台了《中国共产党党员权利保障条例》《公开选拔党政领导干部暂行规定》《党的地方委员会全体会议对下一级党委、政府领导班子正职拟任人选和推荐人选表决办法》《党政领导干部辞职暂行规定》《关于党政领导干部辞职从事经营活动有关问题的意见》《党政领导干部职务任期暂行规定》《党政领导干部任职回避暂行规定》《中国共产党巡视工作条例（试行）》《关于实行党风廉政建设责任制的规定》等一系列规章制度，提高了新时期党的制度建设科学化水平。

党的十八大以来，习近平同志在论述加强党的思想建、组织建设、作风建设、反腐倡廉建设时，无一例外地强调制度建设的重要性，体现了党中央以制度管权管事管人的决心和信心，体现了完善和发展中国特色社会主义制度，推进国家治理体系和治理能力现代化的决心和信心。党的十八大刚结束，中央就制定出台了《关于改进工作作风、密切联系群众的八项规定》，随后，中央相继印发《关于加强新形势下发展党员和党员管理工作的意见》《关于在全党深入开展党的群众路线教育实践活动的意见》《中国共产党党内法规制定条例》《中国共产党党内法规和规范性文件备案规定》《建立健全惩治和预防腐败体系 2013—2017 年工作规划》《2013—2017 年全国干部教育培训规划》《党政机关厉行节约反对浪费条例》《党政领导干部选拔任用工作条例（修订稿）》《关于加强基层服务型党组织建设的意见》《关于完善党员干部直接联系群众制度的意见》《中国共产党发展党员工作细则》《2014—2018 年全国党政领导班子建设规划纲要》《中国共产党党组工作条例（试行）》《中国共产党巡视工作条例》《推进领导干部能上能下若干规定（试行）》《中国共产党地方委员会工作条例》《中国共产党廉洁自律准则》《中国共产党纪律处分条例》等。党的群众路线教育实践活动，专门把整改落实、建章立制作为一个关键环节，目的就是把有效做法经验总结提升、形成长效机制。党的十八届三中全会，对全面深化改革若干重大问题作出决定，其中一项重要内容就是对深化党的建设制度改革作出部署。目前，正在起草、修订党内监督条例、问责条例等一系列党内法规制度。这些制度的出台，为制度治党依规治党提供了坚实的实践基础，为调节党内关系，指导党内生活，规范党员行为，保证党的事业健康顺利发展提供根本保障。

二、提高制度设计的科学性

党的制度建设是党的建设科学化的重要保障。习近平同志指出："要把党内法规制度建设作为事关党长期执政和国家长治久安的重大战略任务，加快构建以党章为根本、若干配套党内法规为支撑的党内法规制度体系，扎紧制度的笼子。""要加快构建内容协调、程序严密、配套完备、有效管用的党内法规制度体系，保证权力运行有规可依、违规必究。"以科学制度保障党的建设，最根本的是严格遵循执政党建设规律进行制度建设，不断增强党内生活和党的建设制度的严密性和科学性，既要有实体性制度又要有程序性制度，既要明确规定应该怎么办又要明确规定违反规定怎么处理，减少制度执行的自由裁量空间，推进党的建设的科学化、制度化、规范化。长期以来，我们制定的不少制度规定流于形式，其中一个重要原因就是制度本身不科学，脱离实际、没有可行性，有的规定过于原则、操作性不强，有的只有要求没有问责、刚性约束力不够，还有的规定交叉重复甚至文件打架。制度好可以使坏人无法任意横行，制度不好可以使好人无法充分做好事，甚至会走向反面。

党的制度建设是党执政治国经验的总结和党的建设内在规律的体现。习近平同志在论述如何建立和完善党的制度时，强调要"把中央要求、实际需要、新鲜经验结合起来，制定新的制度，完善已有的制度，废止不适用的制度"，要"本着于法周延、于事简便的原则，注重实体性规范和保障性规范的结合和配套，确保针对性、操作性、指导性强”。当前，推进党的制度建设的主要任务，就是要突出抓好党的十八届三中全会《决定》提出的党的制度建设改革的各项任务落实。党的建设制度改革，必须把握好正确政治方向，充分发挥党总揽全局、协调各方的领导核心作用，确保党始终成为中国特色社会主义事业的坚强领导核心。紧紧围绕提高党科学执政、民主执政、依法执政水平深化党的建设制度改革，更好团结带领全国各族人民实现“两个一百年”奋斗目标、实现中华民族伟大复兴的中国梦。党的组织制度改革，重点是坚持和完善民主集中制、严格党内生活，进一步健全和完善党内民主制度体系。干部人事制度改革，重点在完善科学有效的选人用人机制上下功夫，通过制度改革和严格执行制度，解决长期存在的老大难问题，使各方面优秀干部充分涌现。党的基层组织建设制度改革，着力点是使每个基层党组织都成为坚强战斗堡垒，党的组织、党的工作要做到全覆盖，让党的旗帜在每一个基层阵地上都高高飘扬起来。加强党员队伍教育管理和服务，确保进口严、出口畅、管得好、作用大。完善人才工作领导体制和工作格局，形成具有国际竞争力的人才制度优势，把各方面优秀人才集聚到党和国家事业中来。深化党的纪律检查体制改革，关键在落实党风廉政建设主体责任和监督责任。各级党委的主体责任是前提、是基础，各级领导干部既要洁身自好、管住自己，更要敢于担当，切实抓好党风廉政建设和反腐败工作。党的作风制度改革，重点抓好健全领导干部带头改进作风、深入基层调查研究机制，完善直接联系和服务群众制度；改革会议公文制度，从中央和国家机关做起带头减少会议、文件、简报，着力改进会风文风；健全严格的财务预算、核准和审计制度，着力控制“三公”经费支出和楼堂馆所建设；规范并严格执行领导干部工作生活保障制度；完善并严格执行领导干部亲属经商、担任公职和社会组织职务、出国定居等相关制度规定，努力构建为民务实清廉的长效机制。

习近平同志强调，“把中央要求、实际需要、新鲜经验结合起来，制定新的制度，完善已有的制度，废止不适用的制度。”“抓制度要把握共性，研究个性特点，注重体现作风建设要求，体现机关管理和干部管理规律，体现广大群众意愿，确保形成的制度易知易行、长期管用。”习近平同志的这些重要论述，对于我们提高制度建设规范化、标准化、科学化具有重要指导作用。在建立健全党的建设各项制度时，应切实贯彻好，注意把握好以下三点：一是坚持务实管用，注重针对性和实用性。就是要贴近实际、合乎时宜、切实管用。突出规范对象的岗位特点和行业特征，针对各行各业实际工作中的易发常发问题，作出务实管用的制度规定，不能笼而统之、大而化之，不能无的放矢。要有重点、重质量、讲实效，不能一味追求数量，防止用形式主义反对形式主义。二是坚持简便易行，注重可行性和操作性。就是要便于理解、便于操作、便于执行。防止制度内容繁杂、空洞无物，使笼统的规定尽量明确化，使原则的表述尽量具体化，确保建立的制度可执行、可监督、可检查、可问责，让大家记得住、传得开、行得通。三是坚持于法周延，注重科学性和规范性。就是要尊重规律、符合规律、严谨周密。抓紧对已有制度进行梳理，该修改的修改，该完善的完善，着力形成整体配套、系统完备的制度体系，防止“制度缺位”和“制度打架”。

三、把权力关进制度的笼子里

习近平同志指出：“要坚持用制度管权管事管人，抓紧形成不想腐、不能腐、不敢腐的有效机制，让人民监督权力，让权力在阳光下运行，把权力关进制度的笼子里。”① “没有健全的制度，权力没有关

① 《习近平关于党风廉政建设和反腐败斗争论述摘编》，中央文献出版社、中国方正出版社2015年版，第130页。

进制度的笼子里，腐败现象就控制不住。在这次教育实践活动中，建章立制非常重要，要把笼子扎紧一点，牛栏关猫是关不住的，空隙太大，猫可以来去自如。”① “要健全权力运行制约和监督体系，有权必有责，用权受监督，失职要问责，违法要追究，保证人民赋予的权力始终用来为人民谋利益。”② “要加强对权力运行的制约和监督，把权力关进制度的笼子里，形成不敢腐的惩戒机制、不能腐的防范机制、不易腐的保障机制。”③ 这些重要论述，深刻表明了制约和监督权力的极端重要性和紧迫性，对于我们深化政治体制改革，着力规范权力行使，保证人民赋予的权力真正用来为人民谋利益，意义重大。把权力关进制度的笼子，是习近平同志关于加强党的制度建设的一个核心思想，充分体现了我们党用法治思维和法治方式管党治党、执政治国的理念，体现了对党的制度建设规律性的深刻认识，体现了努力实现党的各方面制度更加成熟更加定型的目标要求。

把权力关进制度的笼子里，就是把权力运行纳入制度轨道，用制度监督、规范、约束、制衡权力，保证权力正确行使而不被滥用。正确行使权力，让权力更好地为人民服务，历来是马克思主义经典作家和我们党高度重视的大问题。阳光是最好的防腐剂。马克思、恩格斯说过：一切公职人员必须“在公众监督之下进行工作”，这样“能可靠地防止人们去追求升官发财”和“追求自己的特殊利益”。早在延安时期，毛泽东在《为人民服务》一文中就指出：“因为我们是为人民服务的，所以，我们如果有缺点，就不怕别人批评指出。不管是什么人，谁向我们指出都行。”他在回答黄炎培提出的历史周期律问题

---

① 《习近平关于党风廉政建设和反腐败斗争论述摘编》，中央文献出版社、中国方正出版社 2015 年版，第 125 页。

② 《习近平关于党风廉政建设和反腐败斗争论述摘编》，中央文献出版社、中国方正出版社 2015 年版，第 121 页。

③ 《十八大以来重要文献选编》（上），中央文献出版社 2014 年版，第 136 页。

时就提出，只有让人民起来监督政府，政府才不敢松懈；只有人人起来负责，才不会人亡政息。邓小平特别强调，如果我们不受监督，不注意扩大党和国家的民主生活，就一定要脱离群众，犯大错误。江泽民指出，在我们党内，决不允许存在超越于党组织和党的纪律之上、不接受监督的特殊人物。胡锦涛指出，建立健全权力运行制约和监督体系，保证党和国家机关按照法定权限和程序行使权力。这些要求都对加强对权力运行的制约和监督具有重要指导作用。如何靠制度治党，仍然是我们面临的一个重大课题。

习近平同志指出："从查处的腐败案件看，权力不论大小，只要不受制约和监督，都可能被滥用。""我们的制度不少，可以说基本形成，但不要让它们形同虚设，成为'稻草人'，形成'破窗效应'。很多情况没有监督，违反了也没有任何处理。这样搞，谁会把制度当回事呢?"① 我国权力结构和运行机制，总体上符合我国国情，能够实现好、维护好、发展好最广大人民根本利益。但要看到，还存在权力配置和结构不尽科学，决策权、执行权和监督权之间有的没有形成相互制约，有的部门和岗位权力过大，一个处几个人就有管着几千万元、几亿元甚至数十亿元资金的权力，并且随意性比较大；权力往往过分集中于主要领导干部手中，少数主要领导干部凌驾于组织之上，搞"一言堂"；有的部门之间职责交叉，有好处就抢，有责任就推；有的领导干部什么事都管，什么权力都敢用，随意插手工程建设、人事招聘甚至司法审判，为自己或亲属谋取私利；有的权力不是依法设立，或者不是依法行使，有的领导干部常常因为程序违法而使工作陷于被动；权力运行过程不够公开透明，暗箱操作和"潜规则"问题突出，对权力的监督不够有力，各种监督的合力不强等问题。以上这些

---

① 《习近平关于党风廉政建设和反腐败斗争论述摘编》，中央文献出版社、中国方正出版社 2015 年版，第 128 页。

问题的存在，使权力没有受到有力有效的制约和监督，以致滥用权力现象时有发生。

习近平同志指出："加强对权力运行的制约和监督，会影响到领导干部的舒适度。问题是，领导干部手中的权力都是人民赋予的，领导干部使用权力，使用得对不对，使用得好不好，当然要接受党和人民监督。不想接受监督的人，不能自觉接受监督的人，觉得接受党和人民监督很不舒服的人，不具备当领导干部的起码素质。"① 他还强调："要完善党内权力运行和监督机制，实行权责对应，坚决反对特权，防止滥用职权。执政党对资源的支配权力很大，就该有一个权力清单，什么权能用，什么权不能用，什么是公权，什么是私权，要分开，不能公权私用。"② 把权力关进制度的笼子里，必须针对存在的问题，对症下药，加快打造科学、合理、严密、结实的"制度铁笼"，以此规范权力运行，防范权力滥用。构建决策科学、执行坚决、监督有力的权力运行体系。构建制度的"笼子"，首先要强化制约，合理分解权力，科学配置权力，明确职责定位和工作任务，不同性质的权力由不同部门、单位、个人行使，形成科学的权力结构和运行机制。在理清权力事项的基础上，合理分解配置一把手的权力、重点岗位的权力、上一层级的权力，从制度机制上防止权力过分集中和扩张甚至滥用，通过优化权力结构为打造制度的"笼子"奠定基础。制度的"笼子"要透明，权力运行的过程和结果都要公开，"晒权""亮权"，让权力拥有者时刻感到党和人民在监督，意识到"众目睽睽难逃脱"，以公开防止"暗箱操作"，让违规行为"无处藏身"。推行地方各级政府及其工作部门清单制度，对权力进行审核确认，该调整的调整，

① 《十八大以来重要文献选编》（上），中央文献出版社 2014 年版，第 136 页。

② 《习近平关于党风廉政建设和反腐败斗争论述摘编》，中央文献出版社、中国方正出版社 2015 年版，第 129 页。

该削减的削减，该限制的限制，该下放的下放，对超越法律法规范围的权力坚决予以取消，制定并向社会公布权力清单，依法公开权力运行流程，让权力在阳光下运行，让广大干部群众在公开中监督，保证权力正确行使。“出笼”要严惩，着力改进对领导干部特别是一把手行使权力的监督，加强领导班子内部监督，加强党内监督、审计监察、审计监督、巡视监督，健全民主监督、法律监督、舆论监督机制，重视运用和规范互联网监督。增强惩治的严厉性，综合运用法律、组织、经济等处罚措施，加大惩治力度，特别是对严重损害公众利益的滥用权力行为，要予以重罚，让“出笼者”得不偿失，使人人敬畏制度，以有力的惩治保证权力规范运行。

第二节　坚持制度治党必须坚持党章的根本地位

坚持制度治党、依规治党，首要的是坚持党章的根本地位和权威性。党章是立党、治党、管党的总章程，是全党最基本、最重要、最全面的行为规范。习近平同志当选十八届中央委员会总书记后对外发表的第一篇署名文章就是《认真学习党章　严格遵守党章》，这充分表明中央对全党学习党章、遵守党章、贯彻党章、维护党章的高度重视，也充分体现了党章在习近平同志心中占据最重要位置，充分体现了他对全党学习贯彻党章的殷切期望和明确要求。习近平同志指出：“认真学习党章、严格遵守党章，是加强党的建设的一项基础性经常性工作，也是全党同志的应尽义务和庄严责任，对强化全党党章意识，增强党的创造力、凝聚力、战斗力具有极为重要的作用。”① 在十八届中央纪委六次全会上，他强调“全面从严治党首先要尊崇党章”。2016 年在全党开展的“学党章党规、学系列讲话，做合格党

① 习近平：《认真学习党章　严格遵守党章》，《人民日报》2012 年 11 月 20 日。

员”学习教育中，把学党章作为重要学习内容。自觉学习党章、遵守党章、贯彻党章、维护党章是坚持制度治党依规治党的首要任务，是加强党的建设的重要举措。

一、党章是党的根本大法

党章是党的整体意志的集中体现，是党的历史经验的法规结晶，是适应党的任务和现实需要的法规利器，是贯穿于党的一切活动和规范党员思想行为的最高准则。习近平同志指出：“党章是党的总章程，集中体现了党的性质和宗旨、党的理论和路线方针政策、党的重要主张，规定了党的重要制度和体制机制，是全党必须共同遵守的根本行为规范。没有规矩，不成方圆。党章就是党的根本大法，是全党必须遵循的总规矩。”①

党章在党内具有宪法的地位和作用，在党的制度建设中处于核心地位，党内其他所有法规的效力都要受到党章效力的制约，党内其他任何法规的制定都要以党章为基础和依据。党章具有最高的权威性，集中代表了全党的意志，是把握党的正确方向的根本准则，是坚持从严治党方针的根本依据，是党员加强党性修养的根本标准，是规范党内政治生活、调整党内关系、制约全党行为的总章程。党章具有强烈的实践性，是党在长期实践中形成的宝贵经验和智慧结晶，它统领党的建设各项工作，包括党的思想建设、组织建设、作风建设、反腐倡廉建设和制度建设，党员和党组织学习、遵守、贯彻和维护党章的过程，都是围绕党章开展的实践活动。党章具有鲜明的时代性，是随着形势和任务的变化、时代和实践的发展而不断丰富和发展的，具有与时俱进的品格。

我们党历来高度重视制定和完善党章。1921 年 7 月，党的一大通

---

① 习近平：《认真学习党章　严格遵守党章》，《人民日报》2012 年 11 月 20 日。

过了《中国共产党纲领》，确定党的名称为“中国共产党”和党的奋斗目标，提出了党的政治主张。这是一部具有党章性质的党纲。1922年7月，党的二大对党的纲领作了重大修改，分为最低纲领和最高纲领，并通过了党的第一部党章——《中国共产党章程》。此后，几乎党的历届党代会都对党章进行了修改与完善。党的七大党章是民主革命时期一部最完备的党章。1956年9月召开的党的八大，是中国共产党执政后召开的第一次全国代表大会。八大党章充分体现了执政党建设的新特点，明确提出了对执政党建设的新要求，反映了我们党探索执政党建设的新成果。党的九大党章、十大党章和十一大党章，这些党章都是在特殊历史条件下制定出来的，不可避免带有“左”的错误的痕迹。1982年9月召开的十二大，通过了新的《中国共产党章程》。党章再次重申并明确党的性质，正确解释了党的指导思想，明确了现阶段我国的主要矛盾和党的任务，在总纲中体现了新形势新任务对执政党建设的新要求。这表明在改革开放的新时期，中国共产党开始了执政党建设的新探索。现行党章的主体是党的十二大修改制定的。30多年来，在保持党章基本内容稳定的前提下，根据形势和任务发展变化，党的十三大、十四大、十五大、十六大、十七大、十八大都对党章作了不同程度的修改。习近平同志指出，在90多年的奋斗历程中，我们党总是认真总结革命建设改革的成功经验，及时把党的实践创新、理论创新的重要成果体现到党章中，从而使党章在推进党的事业、加强党的建设中发挥了重要指导作用。

二、全面掌握党章基本内容

党的十八大通过的党章，集中全党智慧，体现全国人民的共同心愿，保持党章总体稳定，吸收党的十七大以来党的重大理论创新和实践发展成果，集中体现了党的基本理论、基本路线、基本纲领、基本经验和基本要求，集中体现了党的各项方针政策，为规范各级党组织和党员、干部行为，指导党的工作和党的建设提供了新的指南。认真学习党章，严格遵守党章，关系到增强党的创造力、凝聚力、战斗力，关系到巩固党的执政地位，关系到党的事业兴衰成败和生死存亡。习近平同志强调：“把党章学习教育作为经常性工作来抓，通过日常学习、专题培训等形式，组织党员学习党章。要把学习党章作为各级党校、干校培训党员领导干部的必备课程。要把检查学习和遵守党章情况作为组织生活会、民主生活会的重要内容。通过学习教育，使全党同志对党章内化于心、外化于行。”①

认真学习党章，首先要重点学习掌握党的性质、宗旨、指导思想、奋斗纲领和重大方针政策，党员义务和权利，党的制度和各级党组织的行为规范，党的各级领导干部的基本条件，党的纪律等基本内容。其次要深刻领会掌握党章的新要求。习近平同志把十八大党章的新要求作了以下几个方面的概括，一是把科学发展观同马克思列宁主义、毛泽东思想、邓小平理论、“三个代表”重要思想一道，确立为党的行动指南。二是完整表述了中国特色社会主义道路、中国特色社会主义理论体系、中国特色社会主义制度，全面揭示了中国特色社会主义的科学内涵。三是把生态文明建设纳入中国特色社会主义事业总体布局。四是把加强党的执政能力建设、先进性和纯洁性建设，整体推进党的思想建设、组织建设、作风建设、反腐倡廉建设、制度建设，全面提高党的建设科学化水平，建设学习型、服务型、创新型的马克思主义执政党等内容写入党章，并对党员义务、党的基层组织和党的干部的要求作了充实。学习党章，就要认真学习这些新要求，深刻领会，全面把握。

把学习党章同学习党的十八大精神紧密结合起来，同学习中国特色社会主义理论体系紧密结合起来，同学习习近平总书记系列重要讲

---

① 习近平：《认真学习党章　严格遵守党章》，《人民日报》2012 年 11 月 20 日。

话精神结合起来。一是深刻理解把科学发展观同马克思列宁主义、毛泽东思想、邓小平理论、“三个代表”重要思想一道确立为党的指导思想的重大意义，深入领会科学发展观的精神实质，增强贯彻落实科学发展观的自觉性和坚定性，坚定不移走科学发展之路。二是深刻理解在党章中完整表述中国特色社会主义道路、中国特色社会主义理论体系、中国特色社会主义制度的重大意义，深刻领会中国特色社会主义的科学内涵，增强道路自信、理论自信、制度自信、文化自信，坚定不移推进中国特色社会主义伟大事业。三是深刻理解把生态文明建设纳入中国特色社会主义事业总体布局的重大意义，深入领会生态文明建设的指导原则和主要着力点，自觉把生态文明建设融入经济建设、政治建设、文化建设、社会建设各方面和全过程。四是深刻理解党章增写党的建设总体要求新内容和关于党员、党的基层组织、党的干部新要求的重大意义，深入领会各项新内容新要求的科学内涵，坚持用党章指导和规范党的建设各项工作，全面提高党的建设科学化水平。

三、严格遵守党章各项规定

学习党章是基础和必要前提，遵守是实质和根本要求。严格遵守党章，就是要自觉加强党性修养，牢固树立党章意识。习近平同志指出：“全党要牢固树立党章意识，真正把党章作为加强党性修养的根本标准，作为指导党的工作、党内活动、党的建设的根本依据，把党章各项规定落实到行动上、落实到各项事业中。”① 他指出，全党同志要不断增强纪律观念，严守党的纪律特别是政治纪律，而严格遵守党章则是最重要的政治纪律。党章意识是党员对党章的感知、认同、遵从及理解的综合表现。目前，一些党员党章意识弱化、淡化，导

---

① 习近平：《认真学习党章 严格遵守党章》，《人民日报》2012 年 11 月 20 日。

致有的忘记自己是一名党员、忘记自己曾在党旗下宣誓、忘记党员义务与责任，有的对党员基本权利、应尽义务和党的纪律了解很少，等等。因此，严格遵守党章，强化党章意识尤其重要。要按照习近平同志强调的那样，在各级党组织的全部活动中，都要坚持引导广大党员、干部特别是领导干部自觉学习党章、遵守党章、贯彻党章、维护党章，自觉加强党性修养，增强党的意识、宗旨意识、执政意识、大局意识、责任意识，切实做到为党分忧、为国尽责、为民奉献。

严格遵守党章，就是要维护党章的权威性和严肃性。目前，一些地方党组织制定的制度规定不符合党章要求，有的党组织和党员存在有章不依、执章不严、违章不究的现象，一些党员干部把党章说起来重要、做起来次要、执行起来不要，以个人想法和判断解决党内矛盾，个人权威大于党章权威，等等。对此，需要高度重视，认真对待。第一，建立健全党内制度体系，要以党章为根本依据。党章是党内制度建设的总规则，是制定党内其他规章制度的依据和基础，党内其他规章制度要把党章的有关规定具体化，具体内容不能与党章相抵触。任何地方、任何部门制定的党内法律法规定必须在党章允许的范围内，不得超越更不能违反党章的要求。第二，判断各级党组织和党员、干部的表现，要以党章为基本标准。党章规定了党的组织制度，规定了基层党组织的基本任务，规定了党员的义务和权利，规定党的干部的基本条件，是各级党组织和党员、干部的行为准则，需要认真遵守，并以此判断其表现情况。第三，解决党内矛盾，要以党章为根本规则。矛盾无处不在，无时不有，我们党是在矛盾中发展前进的。党内的矛盾和问题，一定要按照党章规定来处理、来解决，决不能把党内矛盾藏着、捂着，也决不能用解决敌对分子的办法来解决。

加强对遵守党章、执行党章情况的督促检查。习近平同志强调："各级党委和纪委要首先加强对维护党章、执行党的路线方针政策和决议情况的监督检查……确保党的集中统一，保证党中央政令畅通。”通过监督检查，把党组织和党员、干部的具体行为与党章的规定对照，对党章意识不强、不按党章规定办事的及时提醒，对严重违反党章规定的行为坚决纠正，对符合规定要求的就肯定和鼓励，规范党组织和党员、干部应该怎样做和不准怎样做。把检查中发现的问题直截了当、开门见山地指出来，促使党组织和党员、干部反思和自省，更深层地发掘党组织和党员、干部内在的自觉意识，使他们按照党章的要求来改造自己的主观世界，促使他们的思想和行为提高到党章所要求的水平上来，促进全党共同来维护党章的权威性和严肃性。

四、党员领导干部要做学习党章、遵守党章的模范

学习党章、遵守党章是全党的一项重大任务。领导干部处在重要岗位，负有重要责任，模范地学习党章、遵守党章，就能对广大党员形成示范作用、带动效用。习近平同志指出：“各级领导干部要把学习党章作为必修课，走上新的领导岗位的同志要把学习党章作为第一课，带头遵守党章各项规定。凡是党章规定党员必须做到的，领导干部要首先做到；凡是党章规定党员不能做的，领导干部要带头不做。”

党员领导干部要以身作则，以高度的政治责任感，做认真学习党章、严格遵守党章的模范和表率。习近平同志强调：“要严格按照党章规定的党员领导干部必须具备的六项基本条件，提高自身素质和能力，经常检查和弥补自身不足。特别要要坚定理想信念、坚持实事求是、推动科学发展、密切联系群众、加强道德修养、严守党的纪律等方面为广大党员作出表率。”① 具体来说，就是要做坚定理想信念的表率，重视党的理论学习，改造世界观，不断提高理论素养和思想水平，在大是大非面前头脑清醒，方向明辨，经得住各种考验，保持共

① 习近平：《认真学习党章　严格遵守党章》，《人民日报》2012 年 11 月 20 日。

产党人的政治本色。做坚持实事求是的表率，坚持实事求是，就能兴党兴国；违背实事求是，就会误党误国。坚持一切从实际出发，理论联系实际，在实践中检验和发展真理，说老实话、办老实事、做老实人，及时发现和纠正思想认识上的偏差、决策中的失误、工作中的缺点，及时发现和解决存在的各种矛盾和问题，有效应对前进道路上的各种风险和挑战，扎扎实实做好各项工作。做推动科学发展的表率，树立科学的发展观和正确的政绩观，坚持全面发展、协调发展和可持续发展，绝不能搞那些劳民伤财、破坏环境的“政绩工程”“形象工程”“面子工程”。做密切联系群众的表率，坚持党的群众路线，从群众中来、到群众中去，深入基层调查研究，联系群众，了解群众，服务群众，做好新形势下的群众工作，切实解决损害群众利益的突出问题，妥善处理人民内部矛盾。做加强道德修养的表率，自觉践行党章倡导的社会主义新风尚和共产主义道德，按照为民务实清廉的要求，牢固树立正确的权力观、利益观、地位观，清清白白做官，堂堂正正做人，踏踏实实做事，常修为政之德、常思贪欲之害、常怀律己之心，努力做一个高尚的人，一个纯粹的人，一个有道德的人，一个脱离了低级趣味的人，一个有益于人民的人。做严守党的纪律的表率，严格执行党章关于民主集中制的各项规定，并落实到制定决策、选人用人等领导工作各个环节。带头执行党的政治纪律、组织纪律和财政纪律，自觉维护中央权威，做到令行禁止，保证中央政令畅通，落实请示报告制度，严守组织要求，维护党的团结统一。严格执行党章关于党内政治生活的各项规定，敢于坚持原则，勇于开展批评和自我批评，带头弘扬正气、抵制歪风邪气。

认真学习党章、严格遵守党章，关键在落实，做到各级党组织和全体党员的思想和行动统一到党章上来，按照习近平同志在中纪委二次全会上指出的那样，每一个共产党员特别是领导干部都要自觉用党章规范自己的一言一行，在任何情况下都做到政治信仰不变，政治立场不移，政治方向不偏，不论担任何种职务，从事何种工作，首先要明白自己是一名在党旗下宣过誓的共产党员，要用入党誓词来约束自己。

第三节　着力提高制度执行力

坚持制度治党依规治党，“良法”是前提，执行是关键。习近平同志在党的群众路线教育实践活动工作会议上指出：“制度一经形成，就要严格遵守，坚持制度面前人人平等、执行制度没有例外，坚决维护制度的严肃性和权威性，坚决纠正有令不行、有禁不止的各种行为，使制度真正成为党员、干部联系和服务群众的硬约束，使贯彻党的群众路线真正成为党员、干部的自觉行动。”① 对此，要以严格、认真的精神抓好党内法规制度的贯彻落实，着力提高制度的执行力。

一、牢固树立制度意识，增强执行制度的自觉性

提高制度的执行力，首要的是树立制度意识。习近平同志在中央政治局第二十四次集体学习的讲话中指出：“要强化法规制度意识，在全党开展法规制度宣传教育，引导广大党员、干部牢固树立法治意识、制度意识、纪律意识，形成尊崇制度、遵守制度、捍卫制度的良好氛围。”增强制度意识和观念，是抓好制度执行落实的前提。缺乏制度意识和观念，不仅不能自觉遵守、执行、落实制度，而且会阻碍制度发挥其应有的效用。

树立制度意识，应增强对制度权威性的认识。制度的权威性是由制度性质所决定的，制度具有根本性、全局性、稳定性和长期性。制度具有根本性，是指党的制度建设是从党的长期活动中形成并被全党所认可的，是党的根本行为准则，是全党共同意志和共同利益的体现，制度一旦形成，对全党具有普遍适用性、强制性和约束力。同

① 《十八大以来重要文献选编》（上），中央文献出版社 2014 年版，第 318—319 页。

时，党的制度是同党的组织自身的特点、性质、目标、任务紧密联系在一起的，对党的路线、方针、政策的实现起着非常重要的保障性作用，要加强党的建设，必须有一套科学、完整的规章制度。制度具有全局性，是因为党的制度不是只与党的工作的某一具体方面相联系，而是与党的工作的所有重要方面相联系，制度的完善与否直接关系到党的工作和思想建设、组织建设、作风建设、反腐倡廉建设等各方面建设成效。制度具有稳定性，是因为党的每一项制度，一经制定和颁布，就具有一定的独立性和法规性，它不会因领导人的改变而改变，也不会因领导人的看法和注意力的改变而改变。制度具有长期性，是因为党的制度是以法规和条文的形式，把一定时期内党内政治生活中的成功经验和优良传统系统起来、固定下来，既可以指导和规范现实党内生活，又可以为将来党组织总结自身的新鲜经验奠定稳定的基础，对保持党的传统和经验的长期性和连续性，对加强党的建设起着长远的根本性的作用。

习近平同志强调："党的各级组织要积极探索纪律教育经常化、制度化的途径，多做提提领子、扯扯袖子的工作，使党员、干部真正懂得，党的纪律是全党必须遵守的行为准则，严格遵守和坚决维护纪律是做合格党员、干部的基本条件。"① 坚持思想教育先行，把普及法治精神、增强制度意识、筑牢遵纪守法思想基础，作为制度建设的前置条件，通过广泛深入的宣传教育，使尊崇制度的理念深入人心，让广大党员深刻认识制度的价值、领会制度的精神、熟知制度的内容，强化党员干部特别是各级领导干部的崇规意识、守规意识、执规意识，真正从内心深处敬畏和认同法规制度，形成遵规守纪的思想自觉和主动执行落实制度的习惯，把执行落实制度转化为工作标准和自觉行动。

---

① 习近平：《在党的群众路线教育实践活动总结大会上的讲话》，《人民日报》2014 年 10 月 9 日。

二、坚持制度面前没有特权，执行制度没有例外

制度的生命力在于执行，束之高阁会造成制度浪费，形同虚设会损害制度权威。习近平同志在党的群众路线教育实践活动总结大会上的讲话中指出："要增强制度执行力，制度执行到人到事，做到用制度管权管事管人。制定制度要广泛听取党员、干部意见，从而增加对制度的认同。要坚持制度面前人人平等、执行制度没有例外，不留'暗门'、不开'天窗'，坚决维护制度的严肃性和权威性，坚决纠正有令不行、有禁不止的行为，使制度成为硬约束而不是橡皮筋。"① 他在河北调研时指出，很多问题，不是没有政策规定，而是有政策规定却不执行。有些政策规定是约束性的，有些明确是刚性要求，却成了"稻草人"，成了摆设。这样就会形成"破窗效应"，打碎一块玻璃没人管，最后所有玻璃都会被打碎，因为打了不受惩罚。很多方面都政策规定，现在也还适用，就是因为讲面子、讲人情，最后都被突破了。他在中央政法工作会议上指出："要狠抓制度执行，扎牢制度篱笆，真正让铁规发力、让禁令生威。"② 坚持一手抓制度建设、一手抓制度执行，把制度执行放到与制度建设同等重要的位置，用严格的执行保证制度建设实际效果。

"有制度不执行，比没有制度危害还要大。"从以往的情况看，一些单位重制定、轻执行的现象并不少见。一些部门、单位把制度写在纸上、挂在嘴上、放在墙上，束之高阁、当作摆设，导致建章立制成了"跑龙套"，规章制度变成"稻草人"；有的有令不行、有禁不止，或者平时把制度喊得震天响，但只打雷不下雨或者雷声大雨点小，在制度实施上避重就轻，遇到问题绕着走；有的在制度实施中对人不对

① 习近平：《在党的群众路线教育实践活动总结大会上的讲话》，《人民日报》2014 年 10 月 9 日。

② 《习近平关于党风廉政建设和反腐败斗争论述摘编》，中央文献出版社、中国方正出版社 2015 年版，第 127 页。

事，对领导干部开小灶，让领导干部有特权，使得制度在领导面前成为一种摆设。这些问题应引起各级党组织高度重视，坚决维护制度的严肃性和权威性，坚持制度面前人人平等、执行制度没有例外，严格用制度管权管事管人，使解决“四风”问题达到釜底抽薪、正本清源的效果。

“令在必信，法在必行。”习近平同志指出：“各级领导干部特别是一把手一定要发挥示范带头作用，上行下效、上率下行，让遵守法规制度蔚然成风，切实做到有规可依、有规必依、执规必严、违规必究。”“要严格责任追究，对于违规、变通、规避行为，发现一起查处一起。”制度规定不是摆设，必须以踏石留印、抓铁有痕的精神，不折不扣地贯彻执行，确保落实到位，防止“破窗”效应，善始善终、善作善成。一是一把手要带头执行制度。制度执行，一把手是关键。只要一把手率先自我垂范、带头树立标杆、主动先行一步，领导班子其他成员就能同频共振、上下一心，所在部门和单位的其他干部就会拧成一股绳、同唱一首歌，共同执行制度、落实制度。二是营造严格执行制度的良好氛围。制度落地生根，前提是制度在心中扎根。抓制度落实，要在提高党员干部党性修养、制度意识、执行意识上下功夫，真正使每个党员干部都具有重视制度、执行制度的思想意识，每个单位都形成遵规有责的浓厚氛围。三是立足从细微处抓起。“天下难事，必作于易；天下大事，必作于细。”规章制度一经确立，就要从小事抓起，从具体事情抓起，坚决执行到底、落实到位，决不允许打折扣、做选择、搞变通，彻底打消一些干部的侥幸心理、观望态度，正风肃纪，形成威慑。四是加强对执行制度情况的监督检查，落实监督制度，用监督传递压力，用压力推动落实。对违规违纪、破坏法规制度踩“红线”、越“底线”、闯“雷区”的，要坚决严肃查处，不以权势大而破规，不以问题小而姑息，不以违者众而放任，不留“暗门”、不开“天窗”，不留死角和空白点，做到零容忍，以严格有效的规章制度根治各类问题，充分发挥出制度的刚性约束作用，使制度真正成为党员干部联系和服务群众的硬约束，使贯彻党的群众路线真正成为党员干部的自觉行动。

三、建立健全执行制度责任机制

构建完善的责任落实机制，是保证制度执行的根本。习近平同志在党的群众路线教育实践活动总结大会上的讲话中指出："从严治党，必须增强管党治党意识、落实管党治党责任。历史和现实特别是这次活动都告诉我们，不明确责任，不落实责任，不追究责任，从严治党是做不到的。"① 管党治党，重在落实责任。只有责任到位，管党才能做到真管，治党才能做到严治。作为一级党委及其主要负责人，必须强化主业意识，强化责任担当，将管党治党作为分内职责、首要职责，牢固树立抓好党建工作是本职、抓不好党建工作是失职、不抓党建工作是渎职的责任意识，切实担负起贯彻、遵守、执行党章和党规党法的政治责任。

落实责任首先要明确责任、细化责任。习近平同志在中央政治局第二十四次集体学习时指出，"要把法规制度执行情况纳入党风廉政建设责任制检查考核和党政领导干部述职述廉范围，通过严肃追究主体责任、监督责任、领导责任，让法规制度的力量在反腐倡廉建设中得到充分释放。纪律检查机关要加大监督检查力度，对有令不行、有禁不止的，不仅要严肃查处直接责任人，而且要严肃追究相关领导人员的责任。"党的制度执行的责任是具体的而不是笼统的，推动责任落实也必须有可操作性的办法和措施，确保能够有效地考责、问责和追责。党委组织部门、宣传部门等要各负其责、尽职尽责。各级纪检机关要履行好监督党内法规制度贯彻执行情况的职责，执行党规党纪

---

① 习近平：《在党的群众路线教育实践活动总结大会上的讲话》，《人民日报》2014 年 10 月 9 日。

不讲情面，大是大非问题不搞通融。

落实制度执行责任，重在严格问责。习近平同志指出："要健全问责机制，坚持有责必问、问责必严，把监督检查、目标考核、责任追究有机结合起来，形成法规制度执行强大推动力。问责的内容、对象、事项、主体、程序、方式都要制度化、程序化。"对执行法规制方面出现的倾向性问题，该提醒的要提醒，该批评的要批评，该制止的要制止，不搞无原则的一团和气，不回避矛盾和问题，不怕得罪人，不当好好先生。对那些不讲是非、不讲原则的问题，对那些违反党纪国法的现象，无论发生在哪儿、无论涉及到谁，都要严肃处理，绝不姑息迁就。对违反制度的倾向和行为，应注意防范、敢抓敢管，坚持原则、碰硬较真，切实维护制度的严肃性权威性，确保制度落实到位，不让制度形同虚设、流于形式。对于那些有令不行、有禁不止，随意变通、弹性执行，拿制度不当回事的单位和个人，要照章办事、严肃查处，防止"破窗效应"。"制度是块钢，谁碰谁受伤。"只有令行禁止、严格问责，才能让人们对制度心存敬畏，制度也才真正有生命力。

第九章　坚持聚精会神抓党建，落实从严治党责任

全面从严治党，首在落实责任。只有责任到位，管党才能做到严管、治党才能做到真治。习近平同志反复强调，抓党建必须抓责任制，抓责任制必须抓责任人，抓责任人必须抓第一责任人，落实到党委书记身上，落实到各级党组织。他在中央纪委六次全会上指出，各级党组织要担负起全面从严治党的主体责任。深入学习贯彻习近平同志关于落实全面从严治党责任的要求，就要强化责任担当，发挥人民监督作用，把握从严治党规律，以责任压力激发工作动力，以责任落实推动全面从严治党新要求落实，推动党的建设各项工作任务落实。

第一节　把抓好党建作为最大的政绩

习近平同志指出“各级各部门党委（党组）必须树立正确政绩观，坚持从巩固党的执政地位的大局看问题，把抓好党建作为最大的政绩。如果我们党弱了、散了、垮了，其他政绩又有什么意义呢？”①在十八届中央纪委六次全会上，他又指出：“全面从严治党，核心是加强党的领导，基础在全面，关键在严，要害在治。‘全面’就是管

① 习近平：《在党的群众路线教育实践活动总结大会上的讲话》，《人民日报》2014年10月9日。

全党、治全党，面向8700多万党员、430多万个党组织，覆盖党的建设各个领域、各个方面、各个部门，重点是抓住‘关键少数’。‘严’就是真管真严、敢管敢严、长管长严。‘治’就是从党中央到省市县党委，从中央部委、国家机关部门党组（党委）到基层党支部，都要肩负起主体责任。”这是对马克思主义政绩观的丰富和发展，是对新形势下全面加强党的建设提出的新要求。我们要认真贯彻习近平同志这一要求，切实履行管党治党责任，以必成的信心、严抓的耐性、常抓的韧劲，围绕服务保障全面建成小康社会、全面深化改革、全面推进依法治国，努力做好党的建设各项工作，全面推进党的建设新的伟大工程，确保党始终成为中国特色社会主义事业的坚强领导核心。

一、建立责任制是马克思主义政党管党治党的一贯要求

习近平同志在中央政治局第十六次集体学习时指出：“要聚精会神抓好党的建设，按照树立科学理念、积极改革创新、遵循客观规律、注重实际成效的思路，切实把从严治党的要求落到实处，使我们党越来越成熟、越来越强大、越来越有战斗力。这是全党的政治责任，首先是中央政治局的政治责任。”我们共产党人的忧患意识，就是忧党、忧国、忧民意识，这是一种责任，更是一种担当。

“责任”有两层含义，一是指分内应做的事，二是指如果没做好分内应做的事而应承担的过失。“制”是指制度、规定、机制。责任制其实就是明确事情由谁来干、干什么、怎么干、干好了怎么办、干不好怎么办的一种机制。党建工作责任制，就是按照党要管党、从严治党要求，运用现代管理理念对党建工作进行全要素、全过程、全方位管理，进一步明晰党建工作责任主体、细化党建工作责任目标、丰富党建工作责任内容、推动党建工作责任运行、确保党建工作任务落实的工作机制。建立健全并落实党建工作责任制，是我们党正确把握和自觉运用马克思主义执政党建设规律，进一步加强党的执政能力建设、先进性和纯洁性建设的创新举措，对于全面加强党的思想建设、组织建设、作风建设、反腐倡廉建设和制度建设，使党的建设更加体现时代性、把握规律性、富于创造性，不断提高党的建设科学化水平具有重要意义。

马克思和恩格斯在领导第一国际、第二国际建设的实践中，确立了落实党建责任的基本原则，在批判向拉萨尔派作原则让步的爱森纳赫派人时提出了承担理论责任和政治责任的要求，有效地抵制了党内在思想理论和政治纲领上不负责任的做法。十月革命胜利后，列宁领导布尔什维克党积极开展自身建设，领导建立工农检察院，改革党的工作原则，改组党的领导机构和监督机构，积极倡导建立责任、义务、权利相统一的党的领导体制和党的监督体制。中国共产党成立之初就建立健全了党内各项制度，以制度规范和约束党员、党的干部、党的各级组织的责任，对于没有很好履行自身责任者实行责任追究制度。1929 年 12 月召开的古田会议确立了党对军队的绝对领导地位，明确了军队党的政治工作责任制。在延安时期，党中央建立了党的建设工作责任制，从中央到地方各级党组织的工作制度不断完善，党的建设责任得到有效落实，党的战斗力、凝聚力和动员力极大提高。

新中国成立后，党中央对落实党建工作责任制工作一直高度重视。在党的十四届四中全会通过的《关于加强党的建设几个重大问题的决定》中，第一次明确提出“各级党委都要健全抓好基层党组织建设的责任制”。1998 年出台的《中国共产党党和国家机关基层组织工作条例》明确要求：“各级地方党委、机关工委和部门党组（党委）要建立机关党的工作责任制，加强对机关党的工作的领导和指导。”2006 年，中央出台了《关于建立健全地方党委、部门党组（党委）抓基层党建工作责任制的意见》，进一步明确地方党委、部门党组（党委）抓基层党建工作的责任。2012 年，中央组织部又下发了《关于加强行业系统基层党建工作的意见》，对建立健全党委统一领导、组织部门牵头协调、行业系统具体指导的基层党建工作体制作出具体规定。习近平同志在党的群众路线教育实践活动总结大会上指出："经过这些年努力，各级建立了党建工作责任制，党委抓、书记抓、各有关部门抓、一级抓一级、层层抓落实的党建工作格局基本形成。"① 可以说，党的建设责任制的建立和不断完善，提升了党的建设制度化、规范化和科学化水平，增强了党组织的创造力、凝聚力和战斗力，为全面推动经济社会发展提供了坚强的思想、组织和作风保证。

二、增强全面从严治党责任意识

习近平同志强调："是不是各级党委、各部门党委（党组）都做到了聚精会神抓党建？是不是各级党委书记、各部门党委（党组）书记都成为了从严治党的书记？是不是各级各部门党委（党组）成员都履行了分管领域从严治党责任？一些地方和部门还难以给出令人满意的答案。"② 这"三问"振聋发聩、发人深思，直指要害、鞭辟入里，每一名党员干部都应警醒起来，对党建工作高度重视起来。

对各级各部门党委（党组）及其主要负责同志来说，抓好党建工作是最大的主业，是不可推卸的分内职责。应当看到，绝大多数地方和部门党委（党组）落实党建工作责任制是好的，党建工作成效是显著的。但不愿、不想、不会、不敢抓党建工作的现象仍然不同程度存在。有的认为抓党建比较虚，不容易出显绩；有的认为经济工作才是"硬的"，党建是"软的"，"不抓不显眼，抓了不长脸"，甚至把两者对立起来，认为抓党建会影响中心工作，让党建为发展"让路"；有的认为党建工作"说起来重要、做起来次要、忙起来不要"，甚至一年一次党建会都不召开；有的存在对付、应付思想，满足于一般性号

① 习近平：《在党的群众路线教育实践活动总结大会上的讲话》，《人民日报》2014年10月9日。

② 习近平：《在党的群众路线教育实践活动总结大会上的讲话》，《人民日报》2014年10月9日。

召和表面功夫，工作抓而不紧、抓而不细、抓而不实、抓而不长，看起来在管党治党，但没有管到位上、严到份儿上；有的只管业务看不见党务，既很少花心思和精力去抓党建工作，也难于把党建优势运用到业务工作上来；有的领导干部对“数据”十分敏感，满脑子“跨越式”、言必称“增长率”，有的只管部门工作，只求部门利益最大化，对党建工作不闻不问、漠不关心；有的担心管得过严，会束缚手脚、影响活力，激化问题、引发矛盾，怕得罪人、当老好人；有的党建考核仍存在“吃大锅饭”“干好干坏一个样”现象，加之党建工作“又苦又累、经费短缺、难出政绩”，相当部分的干部不愿从事党务工作，导致党组织书记只挂帅不出征，当“二传手”“甩手掌柜”，对党建工作谋划少、抓得少、露面少；等等。这些问题，既不符合党要管党、从严治党的一贯方针，也与党的事业和党的建设的现实要求格格不入，根本是对抓好党建在思想上没有引起应有的重视，在工作中没有摆到应有的位置。党建工作抓偏、抓轻、甚至不抓，党心散了，人心伤了，就会影响党组织创造力、凝聚力、战斗力，最终使党的事业蒙受巨大损失。

习近平同志强调：“从严治党，必须增强管党治党意识、落实管党治党责任。”① 各级党委要真正成为聚精会神抓党建的党委，强化责任意识，牢固树立“抓好党建是本职，不抓党建是失职，抓不好党建是不称职，党建出问题是渎职”的理念，牢固树立“抓好党建是最大政绩”的理念，克服“重经济、轻党建”“重业务、轻党务”思想，从巩固党的执政地位的大局看问题，深刻认识到抓党建就是抓发展、抓发展就必须抓党建，把党建工作摆到重要位置，列入重要议事日程，坚持党建工作和中心工作一起谋划、一起部署、一起考核，把

---

① 习近平：《在党的群众路线教育实践活动总结大会上的讲话》，《人民日报》2014年10月9日。

每个领域、每条战线、每个环节的党建工作抓具体、抓深入、抓扎实，做到党委全委会每年至少听取一次党建工作报告，党委常委会（党组会）每半年召开一次党建工作专题会议，党建工作领导小组每季度召开一次党建工作例会，领导小组办公室每月召开一次党建工作协调推进会，每年组织开展一次“三级联述联评联考”，坚决防止“一手硬、一手软”。各级党委书记、部门党委（党组）书记要真正成为从严管党治党的书记，亲力亲为、敢抓敢管，切实做到重要工作亲自部署、重大问题亲自研究、重点环节亲自协调、重大事项亲自督办。各级各部门党委（党组）成员要自觉履行好分管领域从严管党治党的责任，细化落实“一岗双责”的工作措施，确保把各战线、各领域、各环节党建工作抓实抓细抓紧，抓出成效。各级党建工作领导小组要制定年度党建工作要点，每季度进行一次分析调度，通过组织开展督查、党代表监督等经常性督促检查，传导工作压力，推动任务落实。

三、承担好、落实好全面从严治党责任

责任就是使命，使命重于泰山。落实党建工作责任是我们党坚持党要管党、从严治党的重要举措，是新形势下加强和改进党的建设、推动党的建设各项工作任务落到实处的基础和保证。习近平同志在党的群众路线教育实践活动总结大会上指出：“历史和现实特别是这次活动都告诉我们，不明确责任，不落实责任，不追究责任，从严治党是做不到的。”① 他在中央纪委六次全会上指出：“全面从严治党是各级党组织的职责所在。从党风廉政建设主体责任到全面从严治党主体责任，不只是字面上的变化，更是实践的发展、认识的深化。党风廉政建设和反腐败工作是全面从严治党的一部分，党的建设必须全面从

① 习近平：《在党的群众路线教育实践活动总结大会上的讲话》，《人民日报》2014 年 10 月 9 日。

严，各级党组织及其负责人都是责任主体。”明确责任、落实责任、追究责任是一个有机整体，环环相扣、缺一不可。各级党组织和党员干部要站在巩固党的执政地位的战略高度，把抓好党建作为最大责任承担好、落实好。习近平同志强调：“我们的责任，就是同全党同志一道，坚持党要管党、从严治党，切实解决自身存在的突出问题，切实改进工作作风，密切联系群众，使我们党始终成为中国特色社会主义事业的坚强领导核心。”① 在推进责任落实过程中，坚持做到述职述党建、评议评党建、考核考党建、选拔任用干部看党建，推动形成党委抓、书记抓、各有关部门抓，一级抓一级、层层抓落实的党建工作格局。

坚持述职述党建。贯彻落实党建工作责任制，关键在于各级党组织书记这个第一责任人。要确保第一责任人认真履行职责，仅靠觉悟和自觉性是不够的，必须有制度约束，从上级党组织监督和广大党员干部群众监督这两个方面来保证。健全党委（党组）书记向上级党组织报告党建工作制度，探索建立党委（党组）班子成员向本级党组织报告履行党建工作责任制度，不断完善市县乡党委书记抓基层党建工作联述联评联考制度。开展各级党组织书记党建工作专项述职活动，通过第一责任人围绕党建工作的主要职责单独进行述职，重点陈述抓党建工作的思路、措施、成效、不足和原因，以及下一步工作的打算，用硬性的约束促使第一责任人履行管党责任，形成“抓住关键人、带动一班人”的局面。

坚持评议评党建。对各级党组织书记的专项述职进行评议，是各级党组织加强和改进工作的重要依据，也是促进党建工作责任制落实的重要手段。通过建立广泛、畅通、有效的述职评议渠道，提高评议

---

① 习近平：《人民对美好生活的向往，就是我们的奋斗目标》，《习近平谈治国理政》，外文出版社 2014 年版，第 4—5 页。

的真实性、有效性和公信度。认真抓好上级点评和群众评议，党组织书记述职后，一方面上级党组织负责同志要进行现场点评，既要评价党建工作面上情况，又要评价书记本人工作情况；既要评价党建工作的创新，又要评价书记推进工作方法、思路的创新；既要点出基层组织建设存在的不足，又要点出书记推进工作的不足。另一方面，参评人员可以就述职内容进行现场提问，之后填写测评表，对述职进行民主评议，按照“好、较好、一般、较差”四个等次作出评价，提出意见建议。

坚持考核考党建。开展对落实党建工作责任制的考核是督促其落实党建工作职责的重要措施。只有不断加大考核力度，提高考核质量，才能使考核发挥应有的导向作用，真正成为落实党建工作责任制的“指挥棒”和“风向标”。习近平同志指出：“对各级各部门党组织负责人特别是党委（党组）书记的考核，首先要看抓党建的实效，考核其他党员领导干部工作也要加大这方面的权重。”① 建立健全党建工作考核评价机制，把党建工作纳入地方、部门绩效考核与领导班子和领导干部年度实绩考核，作为各级党组织班子工作总结和党员领导干部述职述德述廉报告的重要内容，实现党建工作考核同经济社会发展、业务工作考核同步进行。同时，考核要坚持突出重点、简便易行的原则，基于党建工作责任内容进行设计，着重考核能够客观反映党建工作本质、主流和真实水平的关键项目，确保考核不空、不虚、不偏。每年考核结束后，把考核情况在一定范围内进行通报，为考核对象进行整改及谋划下一步工作提供依据。

坚持任用干部看党建。把党建工作考核结果作为领导班子工作实绩评定的重要内容，作为党员领导干部选拔任用、奖励惩戒的重要依

---

① 习近平：《在党的群众路线教育实践活动总结大会上的讲话》，《人民日报》2014 年 10 月 9 日。

据，树立“任用干部看党建”的选人用人风向标。强化正面激励，对党建工作责任制落实好、党建工作成绩突出、党建考核评价等次为优秀的党组织和党务干部，作为评选先进典型的重要依据，加大宣传表彰力度，发挥示范引领作用。对受表彰的各级党组织书记，按照有关规定晋升工资档次、级别，推荐列入后备干部，优先考虑提拔使用。党建工作的责任是具体的而不是笼统的，推动责任落实必须能够有效地问责追责。建立健全党建工作问责机制，运用巡视督查、专题检查等方式，加强对落实党建责任的经常性检查督办力度，及时发现管党治党责任落实方面的问题。坚持有错必纠、有责必问，对管党治党履职不到位、措施不得力的，要对相关责任人及时进行诫勉谈话，限期整改；对因失职、渎职、不称职造成严重后果，导致一个地方、部门和分管领域政治生态出现不良苗头和倾向的，致使不正之风滋长蔓延，甚至发生“塌方式”腐败的，要追究领导责任，该调整的调整，该处理的处理，决不能搞下不为例、法不责众、法外开恩，通过问责推动管党治党责任得到真正落实。

第二节　发挥人民监督作用，把握从严治党规律

人民群众是中国共产党的执政基础和力量源泉，从严治党必须接受群众的监督，构建人民监督的运行机制。习近平同志指出：“得民心者得天下，失民心者失天下，人民拥护和支持是党执政最牢固的根基。人民群众中蕴藏着治国理政、管党治党的智慧和力量，从严治党必须依靠人民。”① 推进党的建设只有顺应时代潮流，积极应对新形势下出现的新问题，坚持按客观规律办事，才能把党建设成为战无不胜的马克思主义政党。习近平同志指出：“从严治党有其自身规律，

① 习近平：《在党的群众路线教育实践活动总结大会上的讲话》，《人民日报》2014年10月9日。

对我们这样一个老党大党来说，从严治党更有其自身规律。”①

一、全面从严治党必须依靠人民

人民拥护和支持是党执政最牢固的根基。人民群众是历史的创造者。习近平同志指出：“坚持群众路线，就要坚持人民是决定我们前途命运的根本力量。”② 人民拥护、群众满意，是我们党长期执政的重要保证，是我们党一切工作的出发点和落脚点，也是衡量党的工作的一个根本标准。早在延安时期，我们党就注重发挥人民监督作用，毛泽东与民主人士黄炎培著名的“窑洞对”就能充分证明，当时黄炎培向毛泽东提出如何跳出“其兴也勃焉，其亡也忽焉”的“历史周期率”问题时，毛泽东胸有成竹地回答：“我们已经找到了新路，我们能跳出这周期率。这条路，就是民主。”③ 只有让人民监督政党，政党才不敢松懈。只有人人起来负责，执政党地位才能屹立不倒。人民群众是真正的英雄。长期以来，我们党形成了“一切为了群众，一切依靠群众，从群众中来，到群众中去”的群众路线，这是对人民群众是推动从严治党的智慧和力量之源的深刻总结。群众的实践最丰富最生动，办法就在群众中。习近平指出：“人民群众中蕴藏着无穷的智慧和创造力，要虚心向他们求教问策，把政治智慧的增长、执政本领的增强、领导艺术的提高深深扎根于人民群众的实践沃土中，不断从人民群众中吸取营养和力量。”④ 推动执政党建设的伟大事业，解决执政党存在的各种问题，管好党治好党，都必须深入基层、深入群众，拜群众为师、向群众学习。从严治党存在哪些问题、怎样找到破

---

① 习近平：《在党的群众路线教育实践活动总结大会上的讲话》，《人民日报》2014 年 10 月 9 日。

② 《十八大以来重要文献选编》（上），中央文献出版社 2014 年版，第 697 页。

③ 习近平：《深入学习中国特色社会主义理论体系　努力掌握马克思主义立场观点方法》，《求是》杂志 2010 年第 7 期。

④ 习近平：《深入学习中国特色社会主义理论体系　努力掌握马克思主义立场观点方法》，《求是》杂志 2010 年第 7 期。

解办法、如何落到实处、如何一抓到底，人民群众看得最清楚、最有发言权；党员干部形象如何、作风怎样、能力如何、是否清正廉洁，人民感受最真切、最有评判权。因此，从严治党不能没有人民参与，必须依靠人民，发挥人民监督作用。

把评判权交给人民群众。群众的眼睛是雪亮的，群众的意见是我们最好的镜子。只有织密人民监督之网，开启全天候探照灯，才能让“隐身人”无处藏身。习近平同志指出：“实践证明，集中教育实践活动必须打开大门、依靠群众，让群众来监督和评判，才能做到不虚不空不偏。”① 当前，我们在发挥人民监督作用总体向好的同时，还有明显不足，主要表现在“围绕经济社会发展听意见多、围绕从严治党听意见少”，“请上来听意见多、走下去听意见少”，等等。这些不足，主要是因为在一些党员领导干部眼中，抓党建同抓发展相比不重要、比较“虚”，不容易出成绩，有的认为一年开几次会就可以了，所以不重视、不上心；有的党员、干部以为自己更高明，觉得群众的能力不如自己，提的意见都是家长里短，对抓工作没用处，不愿意接受群众监督、听取群众意见。为此，习近平同志强调：“各级党组织和党员、干部的表现都要交给群众评判。群众对党组织和党员、干部有意见，应该欢迎他们批评指出。群众发现党员、干部有违纪违法问题，要让他们有安全畅通的举报渠道。群众提出的意见只要对从严治党有好处，我们就要认真听取、积极采纳。”② 织网群众监督之网，全天候探照灯“长亮”，关键在行动。注重强化外力推动，坚持真开门、开大门，让群众参与，让人民监管，诚恳请群众评判。请群众评判，就要认真听取群众的意见，虚怀若谷，闻过则喜，有则改之，无

---

① 习近平：《在党的群众路线教育实践活动总结大会上的讲话》，《人民日报》2014年10月9日。

② 习近平：《在党的群众路线教育实践活动总结大会上的讲话》，《人民日报》2014年10月9日。

则加勉。就要认真对待群众的意见，对照检查，有针对性地采取措施，抓好整改，务求实效。请人民评判，不能毕其功于一役，热闹一阵子，必须常抓不懈，一以贯之，建立长效机制。

畅通建言献策渠道和监督渠道。这是发挥人民监督作用的应有之义。习近平同志指出："让人民支持和帮助我们从严治党，要注意畅通两个渠道，一个是建言献策渠道，一个是批评监督渠道。"① 畅通人民建言献策渠道，有助于从严治党有的放矢、对症下药；畅通人民批评监督渠道，有助于从严治党保持常态长效。在现实中，若群众利益表达渠道不畅，矛盾就会积聚、激化，让事态扩大，进而引发群体性事件；若各级党组织对建言献策置若罔闻、对批评监督无动于衷，那么管党治党就会变成"自说自话、自弹自唱""闭门修炼、体内循环"。

对此，畅通渠道就要创新方式，一方面，要发挥好传统监督方式的作用，充分发挥人大和政协的监督作用，支持人大代表、政协委员依照法律法规和章程提出批评和建议，加大人大代表建议和政协委员提案办理力度。更好地发挥民主党派、工商联、无党派人士的参政议政、民主监督的作用。加强舆论监督，引导各级各类媒体通过适当方式对管党治党中出现的问题进行监督，对媒体反映的问题要认真核实并解决。认真受理群众来信来访，对群众反映的党员、干部工作、生活、经济、作风等方面问题要及时核查，对打击报复举报人的要严肃处理。

另一方面，要适应信息时代特点，利用网络等新媒体让群众建言有门、监督有路。现在，每天很多人都会习惯性地点开中央纪委监察部网站，看看又有什么"猛料"。网站开设"晒晒'四风'隐身衣"

① 习近平：《在党的群众路线教育实践活动总结大会上的讲话》，《人民日报》2014 年 10 月 9 日。

“克服纪律松弛现象”等10余个“每月E题”吸引了1万多名网友开展讨论、参与监督。在网站首页显著位置设置的“12388”举报专区，实现了“鼠标直通中央纪委”，极大地方便了群众的监督举报。同时，也要看到，监督渠道建设呈加速之势，“服务热线”“政务网站”等如雨后春笋般涌现，让人忧虑的是，一些监督渠道只是“看起来很美”，其实徒具形式、毫无用处。保障人民群众的知情权、畅通监督批评的渠道，是发挥人民监督作用的两个依托，缺一个，发挥人民监督作用都难以落实到位。

同时，还要沉下身子，走进群众，向群众请教。习近平强调："各级干部要多沉下身子、走近群众，就从严治党问题多向群众请教。"① 各级各部门党委（党组）要认真贯彻党的群众路线，坚持教育实践活动开门搞活动的做法，建立健全民意调查、公示听证、咨询评议等制度，通过召开座谈会、个别访谈、网络问政、上门征求意见等多种方式，经常性地向群众了解管党治党工作中存在的问题和不足，听取群众的意见和建议，及时整改群众反映强烈的突出问题并以适当方式公开整改落实情况。党员干部下一次基层并不难，难的是一辈子深入基层、扎根基层、服务基层，并始终做到以基层为家，与百姓为友。只有始终如一、坚持到底，才能真正让“下基层”成为一种规矩，一种常态，才能真正不搞形式、不走过场，才能真正做到情为民所系、权为民所用、利为民所谋。

二、深入探索从严治党规律

规律是事物发展过程中的本质联系和必然趋势，具有普遍性、重复性等特点。它是客观的，是事物本身所固有的，不以人们的主观意志为转移的必然联系。人们不能创造、改变和消灭规律，但能认识与

---

① 习近平：《在党的群众路线教育实践活动总结大会上的讲话》，《人民日报》2014年10月9日。

利用它来改造自然界和人类社会并能造福于人类。全面从严治党的规律关键在“全面”和“从严”。“全面”则强调必须覆盖思想建设、组织建设、作风建设、反腐倡廉建设和制度建设等各个领域，不留死角、不留空白。“从严”则强调治党过程中教育要严、标准要严、执纪要严、惩治要严、制度要严，使“严”成为党的建设工作的常态。在推进党的建设新的伟大工程中，我们就是要在“全面”和“从严”这个关键点去找规律、找办法，更加自觉地把握和运用马克思主义政党建设的客观规律，研究新情况、解决新问题、总结新经验，以科学理论指导从严治党、以科学制度保障从严治党、以科学方法推进从严治党。

我们党历来重视对党的建设历史经验的总结，揭示和把握从严治党的客观规律，在党要管党、从严治党的重大问题上坚持按照客观规律想问题、作决策、办事情。90 多年来，党领导具有中国特色的革命、建设与改革事业走过了一条不平坦的道路，并根据历史方位和中心任务的变化，创造性把马克思主义建党理论运用到党的事业和党的建设实践当中，坚持党要管党、从严治党，不断提高管党治党水平。习近平同志在《关于新中国六十年党的建设的几点思考》一文中深刻总结了 60 年党的建设进程的主要特点和主要成绩，提出了 60 年党的建设实践的启示。其中启示有五条：第一，必须坚持把马克思主义基本原理同中国具体实际和时代特征相结合，坚定不移地走中国特色社会主义道路；第二，必须紧紧围绕党的中心任务尤其是发展这个党执政兴国的第一要务来加强和改进党的建设，确保党建工作始终服务于经济社会发展；第三，必须坚持立党为公、执政为民，把实现好、维护好、发展好最广大人民的根本利益作为党的建设必须始终遵循的宗旨、方向和目的，始终保持党同人民群众的血肉联系；第四，必须坚持和健全民主集中制，发展党内民主，维护中央权威，不断增强党的蓬勃活力和团结统一；第五，必须以党的执政能力建设和先进性建设为主线，以改革创新为动力，推动党的思想建设、组织建设、作风建设、制度建设和反腐倡廉建设相互促进，从整体上提高党的建设水平。这些启示，就是结合新中国成立60年我们党、我们国家走过的伟大历程，从党的建设实践中深刻总结和提炼的，是党的建设规律性认识，对于全面从严治党具体重要借鉴意义。为此，习近平同志指出："我们党在长期实践中，不断总结自己正反两方面经验，也积极借鉴国外执政党建设的经验教训，深刻认识到了一些从严治党规律，这些都要继续运用好。"①

新世纪以来，我们党所处的内外部环境较之前都发生了明显的变化，这些变化对党的执政方式和执政能力等方面都提出了诸多新的要求，影响从严治党的因素更加复杂，提出了很多新课题。党的建设是一项庞大而复杂的系统工程，需要我们从中找准规律和着力点。习近平同志指出："我们要深入基层、深入实际，深入研究管党治党实践，通过纵向和横向的比较，进行去伪存真、由表及里的分析，正确把握掩盖在纷繁表面现象后面的事物本质，深化对从严治党规律的认识。"② 对于拥有8800多万党员的世界第一大党来讲，更有其自身可遵循的规律。对此，我们要按照党的十八大的要求，增强紧迫感和责任感，牢牢把握加强党的执政能力建设、先进性和纯洁性建设这条主线，坚持解放思想、改革创新，坚持党要管党、从严治党，全面加强党的思想建设、组织建设、作风建设、反腐倡廉建设、制度建设，增强自我净化、自我完善、自我革新、自我提高能力，建设学习型、服务型、创新型的马克思主义执政党，确保党始终成为中国特色社会主义事业的坚强领导核心。习近平同志就如何积极探索从严治党规律提出了有效办法，他指出："要注重把继承传统和改革创新结合起来，把总结自身经验和借鉴世界其他政党经验结合起来，增强从严治党的

① 习近平：《在党的群众路线教育实践活动总结大会上的讲话》，《人民日报》2014年10月9日。

② 习近平：《在党的群众路线教育实践活动总结大会上的讲话》，《人民日报》2014年10月9日。

系统性、预见性、创造性、实效性，使从严治党的一切努力都集中到增强党自我净化、自我完善、自我革新、自我提高能力上来，集中到提高党的领导能力和执政能力、保持和发展党的先进性和纯洁性上来。”① 在具体工作中，就是要加强对管党治党理论的学习研究和理解把握，全面深入学习马克思主义建党学说，深入学习党在长期实践中形成的管党治党理论，更好地认识和把握从严治党规律。强化问题导向，对党的建设实践中出现的新情况新问题认真分析研究解决。同时，充分发挥党建研究机构作用，加强理论研讨，以理论创新成果推动党的建设实践创新、制度创新。认真总结基层从严治党的成功做法和经验，引导各级党组织和广大党员干部积极探索、大胆实践，努力创造可复制、可推广的先进经验。对实践证明富有成效、党员干部群众普遍认可的经验和做法，及时转化为制度办法、固化为体制机制，大力总结推广。坚持以改革创新精神推进从严治党，注重把继承传统和改革创新结合起来，积极探索创新从严治党的理念、思路和方法，不断增强从严治党的系统性、预见性、创造性、实效性，深入推进党的建设制度改革，统筹谋划，协调推进，狠抓落实，用改革的办法破解管党治党难题，不断推动全面从严治党工作创新发展。

第三节 开创全面从严治党新境界

办好中国的事，关键在党，关键在人。“打铁还需自身硬”。习近平同志就任中共中央总书记伊始就向全党全社会庄严宣示，“我们的责任，就是同全党同志一道，坚持党要管党、从严治党，切实解决自身存在的突出问题”②。他强调，全面从严治党，就要认认真真管，

---

① 习近平：《在党的群众路线教育实践活动总结大会上的讲话》，《人民日报》2014 年 10 月 9 日。

② 《习近平谈治国理政》，外文出版社 2014 年版，第 4 页。

实实在在严，只要真管真严、敢管敢严、长管长严，而不是管一阵放一阵、严一阵松一阵，就没有什么解决不了的问题。全面从严治党的号角已经吹响，任务已经明确，关键是全体党员干部齐心协力、统筹兼顾、真抓实干、推动落实，开创全面从严治党新境界。

一、坚持依靠学习开创新境界

习近平同志强调："中国共产党人依靠学习走到今天，也必然要依靠学习走向未来。"① 中国共产党是一个在学习马克思主义的基础上建立、发展、壮大起来的政党。党的力量在于组织，组织的生命在于不断学习。我们党始终把理论学习摆在首位，早在延安时期，毛泽东同志就提出"来一个全党的学习竞赛"，形成了"认字就在背包上，写字就在大地上，课堂就在大路上，桌子就在膝盖上"的可贵学习精神。毛泽东同志在延安在职干部教育动员大会上指出，我们队伍里边有一种恐慌，不是经济恐慌，也不是政治恐慌，而是本领恐慌。过去学的本领只有一点点，今天用一些，明天用一些，渐渐告罄了。好像一个铺子，本来东西不多，一卖就完，空空如也，再开下去就不成了，再开就一定要进货。我们干部的"进货"，就是学习本领，这是我们许多干部所迫切需要的。党在执政后，一刻也没有放松学习。毛泽东同志反复强调学习的重要性，强调指出："情况是在不断地变化，要使自己的思想适应新的情况，就得学习。即使是对于马克思主义已经了解得比较多的人，无产阶级立场比较坚定的人，也还是要再学习，要接受新事物，要研究新问题。"进入改革开放时期，邓小平同志倡导全党同志一定要善于学习，善于重新学习；江泽民同志号召全党学习、学习、再学习；胡锦涛同志强调全党同志一定要有学习的紧迫感，抓紧学习、刻苦学习。以习近平同志为总书记的党中央非常重视学习，中央政治局带头坚持学习，使以学兴党、以学资政成为我们

① 《习近平谈治国理政》，外文出版社2014年版，第407页。

党治国理政的鲜明特色。党的十八大提出建设学习型、服务型、创新型马克思主义执政党的重大战略任务，把学习型放在第一位，这说明学习是第一位的任务，充分体现了我们党对全党同志加强学习的高度重视，把学习摆在更加突出的位置，这也是我们党更加成熟的重要标志。

当前，随着世情、国情、党情的发展变化，党的建设面临着许多新情况新问题。抓好党建工作，开创全面从严治党新境界，就是要正确认识和妥善处理这些不断出现的新情况新问题。而要认识好、解决好这些问题，唯一的途径就是增强我们自己的本领。增强本领就要加强学习，既把学到的知识运用于实践，又在实践中增长解决问题的新本领。习近平同志指出，领导干部如果不加强读书学习，知识就会老化，思想就会僵化，能力就会退化，就难以做好领导工作，就会贻误党和人民的事业。他还强调："同过去相比，我们今天学习的任务不是轻了，而是更重了。这是由我们面临的形势和任务决定的。"① 只有加强学习，才能增强党建工作的科学性、预见性、主动性，才能使领导和决策体现时代性、把握规律性、富于创造性。因此，要坚持干什么学什么、缺什么补什么的原则，有针对性地学习掌握做好领导工作、履行岗位职责所必备的各种知识，努力使自己真正成为行家里手、内行领导。通过加强学习和实践，用人类社会创造的丰富知识来充实自己，努力提高思想政治能力、动员组织能力、驾驭复杂矛盾能力，为推进全面从严治党打牢坚实的基础。

二、坚持调查研究开创新境界

调查研究是做好领导工作的一项基本功，调查研究能力是领导干部整体素质和能力的一个组成部分。习近平同志指出，领导干部不论阅历多么丰富，不论从事哪一方面工作，都应始终坚持和不断加强调查研究。回顾我们党的发展历程可以清楚地看到，什么时候全党从上

① 《习近平谈治国理政》，外文出版社 2014 年版，第 401 页。

到下重视并坚持和加强调查研究，党的工作决策和指导方针符合客观实际，党的事业就顺利发展；而忽视调查研究或者调查研究不够，往往导致主观认识脱离客观实际、领导意志脱离群众愿望，从而造成决策失误，使党的事业蒙受损失。重视调查研究，这既是正确认识客观世界，做到科学决策的唯一办法，又是领导干部一切工作的切入点和重要环节，掌握领导或指导实际工作发言权的唯一途径。

当前，全面从严治党任务繁重，需要解决的问题层出不穷。抓好党建工作，开创全面从严治党新境界，既要超前谋划、抓好顶层设计，又要突出重点，出台政策，一个问题一个问题地突破解决。研究问题、制定政策、推进工作，必须进行全面深入的调查研究。习近平同志在武汉调研时指出："调查研究是谋事之基、成事之道。没有调查，就没有发言权，更没有决策权。"他强调："调查研究，是对客观实际情况的调查了解和分析研究，目的是把事情的真相和全貌调查清楚，把问题的本质和规律把握准确，把解决问题的思路和对策研究透彻。"搞好调查研究，必须坚持经常、坚持深入、坚持务实，重在找问题、察实情、问民计。找问题，就是深入到基层、党员、群众中去，了解和掌握党员群众最盼、最急、最忧、最怨的问题，发现党的建设面临的重大理论和实际问题。察实情，就是多层次、多方位、多渠道地调查了解情况，既了解基层党建的真实状况、真实面貌，又研究党员群众的真实心理、真实情感；既听党员群众的顺耳话，又听党员群众的逆耳话；既让党员群众反映情况，又请党员群众提出意见。问民计，就是坚持从群众中来、到群众中去，带着问题下去，广泛听取群众意见，既到党的机关部门听取党员干部的意见，也到田间地角听取普通党员、普通群众的意见；既到党建工作好的地方去听意见，也到党建工作薄弱、党组织软弱涣散、困难较多、情况复杂、矛盾尖锐的地方去听意见，综合分析、反复比较，找出解决问题的思路和办法。

三、坚持实事求是开创新境界

习近平同志指出："实事求是，是马克思主义的根本观点，是中国共产党人认识世界、改造世界的根本要求，是我们党的基本思想方法、工作方法、领导方法。不论过去、现在和将来，我们都要坚持一切从实际出发，理论联系实际，在实践中检验真理和发展真理。"① 坚持实事求是，就是坚持一切从实际出发来研究和解决问题，坚持理论联系实际来制定和形成指导实践发展的正确路线方针政策，坚持在实践中检验真理和发展真理。我们党就是靠实事求是起家和发展兴旺起来的。毛泽东思想活的灵魂是贯穿其中的立场、观点、方法，它们有三个基本方面，这就是实事求是、群众路线、独立自主。毛泽东同志说："'实事'就是客观存在着的一切事物，'是'就是客观事物的内部联系，即规律性，'求'就是我们去研究。"实践反复证明，坚持实事求是，就能兴党兴国；违背实事求是，就会误党误国。

当前，一些党组织和党员干部在坚持实事求是的思想路线方面还存在一些必须引起注意的问题。比如，有的常年坐在办公室，很少下基层，很少接触党员群众，对党的组织下情若明若暗，接"地气"不够；有的一切从本本出发，唯上、唯书、不唯实；有的故步自封、因循守旧，思想和工作落后于客观形势的要求；有的不按客观规律办事，急功近利，党建工作点好面差；有的为了迎合或满足某种需要，说假话、大话、空话，甚至弄虚造假；有的怕担风险，明哲保身，明知是错的，却听之任之，不批评制止；有的不喜欢听真话、实话，不愿意修正错误、择善而从。凡此种种，都违背了实事求是的要求，虽然不是主流，但如果不重视、不警惕、不纠正，其消极影响和后果不可低估。抓好党的建设各项工作，开创全面从严治党新境界，就必须

---

① 习近平：《在纪念毛泽东同志诞辰120周年座谈会上的讲话》，《人民日报》2013年12月27日。

把握实事求是这个精髓，以解放思想、实事求是、遵循规律的精神去分析、解决党的建设面临的情况和问题，努力使党的建设各项举措符合客观规律、符合实际要求、符合群众意愿。

四、坚持改革创新开创新境界

改革创新是发展中国特色社会主义的强大动力，也是推进党的建设各项工作的不竭动力。习近平同志指出，“改革创新始终是鞭策我们在改革开放中与时俱进的精神力量”“惟改革者进，惟创新者强，惟改革创新者胜”“生活从不眷顾因循守旧、满足现状者，从不等待不思进取、坐享其成者，而是将更多机会留给善于和勇于创新的人们”。党的建设改革创新，是时代发展进步的迫切要求。我们党是马克思主义执政党，党的性质、宗旨和历史使命决定了党既要敢于和善于在自己所领导的伟大事业中坚持改革创新，又要敢于和善于在自身建设中坚持改革创新。我们党在长期执政中积累了治国理政和加强自身建设的宝贵经验，同时在深刻变化的社会环境中也面临许多前所未有的新课题新考验。只有以改革创新精神推进党的建设，党才能始终站在时代前列，党的建设才能更加富有实际成效。

改革创新永无止境。抓好党的建设各项工作，开创全面从严治党新境界，就必须以改革创新精神加以推进，若采取“新瓶装旧酒”的办法只会在原地“打转转”，不管用也不奏效。以改革创新精神加强党的建设，从根本上说，就是要确保党的各方面建设更好地为发展中国特色社会主义服务。通过党的思想建设、组织建设、作风建设、反腐倡廉建设和制度建设的改革创新，使我们党始终保持与时俱进的品质，始终保持先进性和纯洁性，使党的全部工作始终符合时代要求和人民期待。大力推进理论创新，党的十八大以来，习近平同志在围绕治国理政、管党治党提出一系列新思想、新论断、新观点、新举措的基础上，创造性地提出“四个全面”战略布局，这是我们党治国理政方略与时俱进的新创造、马克思主义与中国实践相结合的新飞跃。我们要加强对“四个全面”战略布局的研究阐释，为全面从严治党提供理论支撑。大力推进制度创新，制度治党是坚持党要管党、从严治党的重要途径和根本方法。制度创新是其他各方面创新的保障。把制度创新摆在更加突出的位置上，推进党的建设制度改革，既抓制度制定，又抓制度落实，对机制不健全的着力改进，对群众反映强烈的坚决整治，务求改革成效看得见、摸得着。大力推进实践创新，实践创新是理论创新和制度创新的基础和源泉。党的十八大对加强党的建设作出了全面部署，提出了八个方面的主要任务。贯彻落实这些部署和任务，就是推进党的建设实践创新，取得实践成果，并且由实践检验。

五、坚持真抓实干开创新境界

空谈误国，实干兴邦。习近平同志指出：“责任成就事业、决定成败、推动效率”，“全面建成小康社会要靠实干，基本实现现代化要靠实干，实现中华民族伟大复兴要靠实干”。工作靠抓，事业靠干。我们共产党人最反对空谈、强调实干、注重落实。毛泽东要求共产党员一定要有“认真实干”的精神，强调“一件事不做则已，做则必做到底，做到最后胜利”，“什么东西只有抓得很紧，毫不放松，才能抓住。抓而不紧，等于不抓”。邓小平同志强调“少说空话、多干实事”，凡事都“要落在实处”，“开会、讲话都要解决问题”。“世界上的事情都是干出来的，不干，半点马克思主义都没有”。江泽民强调“落实，落实，再落实，因为这是做好一切工作的关键环节”，“不要在层层表态、层层开会、层层造声势上做文章，而要在层层抓落实、层层抓解决问题上下功夫”。胡锦涛强调“要坚持发扬共产党人的革命精神和坚持科学求实态度的统一，脚踏实地，埋头苦干，坚决反对形式主义和官僚主义”。如何只是纸上谈兵而不真抓实干，再宏伟的蓝图都会落空，再美好的梦想也不可能成真。

是不是真抓实干，是态度问题、思想问题、事业心问题；能不能真抓实干，是能力问题、水平问题、方式方法问题。抓好党的建设各项工作，开创全面从严治党新境界，说到底，要靠各级党组织、党员干部特别是领导干部认认真真去抓、踏踏实实去干。发扬钉钉子精神。习近平同志强调："我们要有钉钉子的精神，钉钉子往往不是一锤子就能钉好的，而是要一锤一锤接着敲，直到把钉子钉实钉牢，钉牢一颗再钉下一颗，不断钉下去，必然大有成效。如果东一榔头西一棒子，结果很可能是一颗钉子都钉不上、钉不牢。"① 治国必先治党，治党务必从严。靠实干办好实事，靠实干提升实效，靠实干做出实绩。不浮躁、不急躁，一锤一锤接着敲，一步一个脚印把党的建设各项任务落实好。坚持讲认真。习近平同志强调："我们共产党人最讲认真，讲认真就是要严字当头，做事不能应付，做人不能对付，而是要把讲认真贯彻到一切工作中去，作风建设如此，党的建设如此，党和国家一切工作都如此。"② 讲认真，就是要做到无私无畏、敢于担当，各级党组织和全体党员都要对党的建设负起责任、挑起重担，坚持原则不退缩、敢作敢为不推诿、尽心竭力不懈怠，让组织和群众放心、信任。坚持以身作则。习近平同志抓党建、谈党建，都体现了以身作则的崇高风范。中央八项规定一出台，习近平同志带头执行，吹来政坛新风；党的群众路线教育实践活动，他在中央政治局会议上带头开展批评和自我批评；对教育实践活动联系点，他带头去指导，体现严格、认真要求；对党的建设存在的问题，他稳扎稳打向前推进，一个一个解决，不断积小胜为大胜。各级党员干部要像习近平同志那样，以身作则，不折腾、不反复，扎实抓好党的建设各项工作，切实把全面从严治党任务落到实处，做出经得起实践、人民、历史检验的实绩。

---

① 《习近平谈治国理政》，外文出版社2014年版，第400页。

② 习近平：《在党的群众路线教育实践活动总结大会上的讲话》，《人民日报》2014年10月9日。

后　记

深入学习习近平总书记系列重要讲话精神，既是党员干部思想进步的根本途径，也是做好各项工作的根本遵循。对一名专门研究党的建设的工作人员来说，系统学习习近平总书记系列重要讲话精神，特别是习近平总书记关于党的建设的重要论述，全面把握讲话精神实质、领会精髓要义、掌握活的灵魂，是一种职责使命，一种责任担当，一种精神力量。

为更好地学习消化习近平总书记关于党的建设的重要思想，我坚持一边学习，一边梳理总结。习近平总书记一提出新观点、新论断、新思想，就反复学习、反复思考，并动手写出学习体会文章。几年下来，就形成了若干篇这样的学习体会文章。经过一番系统的梳理，觉得对习近平总书记全面从严治党思想有了一个初步的研究，可以形成一个小册子方便党员干部在学习工作中查找相关论述。于是，我产生了把它出版出来的想法。当我与出版社同志沟通的时候，编辑同志对此也非常赞赏。但由于自己水平所限，与专家学者相比，学理性明显不足；与基层同志要求相比，操作性明显不强，对此不免有一些惆怅。经过一段时间的思想斗争之后，丑媳妇总要见公婆，不拿出来让大家看看，怎能让大家提出批评意见，怎能了解到还存在哪些差距、哪些不足，也只有这样，才能有动力改进不足，较快推动自己更好地进步。对此，我不揣浅陋结集面世，忠诚向行家请教、请大家批评指正。

在这里，我要特别感谢的是，在本书的写作过程中，得到了时任中央党的建设工作领导小组成员兼秘书组组长、中央政策研究室副主任江金权研究员的悉心指点和热情鼓励，他还在百忙之中审阅文稿，在一些重要观点上把关定向，提出宝贵的修改意见，并抽出宝贵时间为本书作序；得到了华中师范大学马克思主义学院院长秦在东教授的细致指点和关怀关照，促使我自我加压，把想法变成行动；党建读物出版社责任编辑为之付出了辛勤劳动和大量心血。对此，我铭记在心，表示衷心的感谢。

在这里，我要特别说明的是，习近平总书记全面从严治党思想，既是推动党的建设实践创新的根本要求，又是深化理论探索的新的起点。我对习近平总书记全面从严治党思想研究，还只是一个起步，仅仅还是探索性的尝试。习近平总书记全面从严治党思想随着实践的推进，还将进一步丰富、发展和完善，我将结合自己的本职工作，继续加强对这一课题的深入研究。

作 者

2016 年 6 月